藝薈中西——海上絲綢之路視角下的
十九世紀澳門與廣東地區圖像展誌慶

溯源寶據

公元二〇二四年四月
何厚鏵

何厚鏵

全国政协副主席何厚铧先生题词

艺荟中西

海上丝绸之路视角下的19世纪澳门与广东地区图像

The Meeting of
Chinese and Western Art
Nineteenth-Century Images of
Macao and Guangdong in the Context of
the Maritime Silk Road

Fusão Artística entre a
China e o Ocidente
Imagens de Macau e Guangdong do Século XIX
na Perspectiva da Rota Marítima da Seda

汪　蓝　主编
张志庆　赵洗尘　副主编

创于1897
商务印书馆
The Commercial Press

图书在版编目(CIP)数据

艺荟中西：海上丝绸之路视角下的19世纪澳门与广东地区图像：汉文、英文、葡文 / 汪蓝主编. — 北京：商务印书馆，2024
ISBN 978-7-100-23321-7

Ⅰ. ①艺… Ⅱ. ①汪… Ⅲ. ①文化交流-文化史-中国、西方国家-图集 Ⅳ. ①K203-64

中国国家版本馆CIP数据核字(2024)第010193号

本书所附地图不代表编者立场
审图号：GS(2024)1691号

特邀主编：吕 澎
编　　辑：王晓荣、游 艺、刘 艺、林银焕、
倪俊明、张 恒、姬安琪(Ângela Ruano)
英语翻译：沈 至、龚之允、Stephen Nashef
葡语翻译：张敏芬、Pedro Sobral
装帧设计：华正娟、王艺静

艺荟中西
海上丝绸之路视角下的19世纪澳门与广东地区图像
汪 蓝 主编
张志庆 赵洗尘 副主编

商 务 印 书 馆 出 版
(北京王府井大街36号 邮政编码100710)
商 务 印 书 馆 发 行
北京雅昌艺术印刷有限公司印刷
ISBN 978-7-100-23321-7

2024年8月第1版　开本 787×1092 1/8
2024年8月第1次印刷　印张 44½
定价：568.00元

主办单位

澳门科技大学

合作单位

银川当代美术馆

支持单位

澳门特别行政区政府文化发展基金

展览名称

艺荟中西——海上丝绸之路视角下的19世纪澳门与广东地区图像展

策 展 人

汪　蓝

学术委员会主任

吕　澎

项目指导

张志庆、赵洗尘

编辑出版

王晓荣、游　艺、刘　艺、张　恒、姬安琪(Ângela Ruano)

展览统筹

陈建新、张钊瀛、赵子懿

展览宣传

李国华、陈　新、高立鹏、张　云、黄雅晨

展览设计

简　枫

展出地点

中央美术学院美术馆、天津美术馆、广州美术学院美术馆、澳门科技大学美术馆、银川当代美术馆

国家艺术基金2023年度传播交流推广资助项目
澳门特别行政区政府文化发展基金资助
本画册为“艺荟中西——海上丝绸之路视角下的19世纪澳门与
广东地区图像展”配套成果
（立项编号：2023-A-04-107-442）

主编简介

汪蓝，中国美术学院美术学博士，旅法艺术家，现任澳门科技大学人文艺术学院教授，博士生导师。主要研究方向为美术史、中外文化交流史、艺术创作与理论。曾获澳门特别行政区政府文化局学术研究奖学金，先后主持过澳门科技大学研究基金、澳门基金会、澳门高等教育基金、国家艺术基金等多个学术研究项目，并多次获学术成果奖和教学杰出奖。参与澳门高等艺术教育建设及学术研究活动，并致力于推动澳门艺术创作与国际文化艺术交流活动，现为澳门美协理事、澳门国际油画学会副会长、中国书画人才专业委员会理事、澳门中国画研究生创研会副会长、沪澳经济文化发展协会副会长、澳门古典音乐学会会长。

目 录
Contents
Sumário

前　言

汪　蓝

自古以来，粤港澳地区文化一脉相承，广州和澳门是中国与海外交往的重要口岸。2023 年 4 月国家主席习近平在广州与法国总统马克龙会晤时就指出，1000 多年前，广州就是海上丝绸之路的一个起点，是中国重要的对外枢纽和中西文化交流的重要窗口与桥梁。而澳门曾隶属于广州府香山县，东西海上航线开通以来，澳门作为广州的“外港”，成为“海上丝绸之路”的重要枢纽，为中国对外经济贸易和文化交流发挥了重要的作用。

“大航海时代”加速了以海上丝绸之路为纽带的中西方贸易往来与文化交流。1557 年，葡萄牙人借助臻于成熟的远洋航海技术，流寓澳门并与明朝通商往来，这也标志着第一次“西画东渐”的开始。澳门作为西方绘画进入中国的第一站，因其地缘、历史成为中西方绘画艺术互相影响的重要通道。1580 年，随商船而来的意人利耶稣会传教士罗明坚（Michele Ruggieri）带来了有记录以来最早的西方圣像画。此后，利玛窦（Matteo Ricci）于 1601 年抵达北京，携带了 3 件圣像画献给明神宗皇帝，由其门徒澳门人游文辉绘制的《利玛窦像》也是迄今为止人们所知的第一幅由中国人绘制的油画作品。18—19 世纪是“西画东渐”的第二次高潮。19 世纪以旅居澳门的钱纳利（George Chinnery）为代表的西方画家，以及广州林呱为代表的中国画家留下了一批反映 19 世纪人物、风俗、风景等题材的绘画作品，即“洋风画”。这些作品真实、生动地记录了澳门、广州、香港地区的风土人情和城市景观，既是一份历史的记录，也是一份宝贵的艺术遗产。同时，随着海上贸易的发展、科学技术的进步，地图绘制技术日趋完善。东西方的地图反映了澳门与广东珠江沿岸的变迁，以及对于世界的态度与观看海洋的不同视角。在此期间，东西方视觉文化在互相影响、互相借鉴的基础上产生了视觉语言的调适，以此形成了全球化背景下的新艺术。商业化的“洋风画”以及西方“中国风”风格的形成，都是在此背景下发生的。在当今全球化语境下“一带一路”倡议以及“人类命运共同体”建设正成为国际社会的发展共识，对于这段文化艺术交流史的再审视，无疑有着重要而深刻的意义。

“艺荟中西——海上丝绸之路视角下的19世纪澳门与广东地区图像展”以澳门科技大学图书馆收藏的澳门及广东地图，以及银川当代美术馆收藏的洋风画为主，采用全景式和沉浸式的方式，向观众展示了19世纪海上丝绸之路的重要节点——澳门、广州等通商口岸的城市景观与历史变迁。该展是对19世纪中西艺术相互交融现象的一次全方位的视觉图像展现，主办方希望通过此次展览及学术研讨会，呈现最新的艺术史研究动态和学术发展趋向，以全球化的视角和辩证的历史观来诠释视觉文化平等交流的内涵与意义。

展览内容共分两部分：

第一部分展示了70多幅中西古地图，以此说明地理认知与视觉文化之间、艺术与科学之间的复杂关系。地图史的发展反映和记录了人类认识与征服自然的过程，从真实世界的三维空间到点、线、面的图形语言表述，再现了人类对于物质世界从具象描绘到抽象概念的转换过程，充满着人类的智慧、想象和创造力，地图是艺术与科学的完美结合。古代地图作为大航海时代认知世界和文化交流的重要工具，从中体现出对文明探究的多重维度，并且地图绘制语言的革新也深刻反映了中西之间视觉文化的调适。同时，古地图也是研究澳门乃至中国在中西方文化交流及早期全球化方面的重要资料。本次展出的70多幅地图作品是从澳门科技大学图书馆馆藏作品中挑选出来的，其中有最早由法国绘图师弗朗索瓦·费罗杰绘制的《澳门港城图》、拉菲特·德·博拉斯埃的《葡属澳门城及其周边平面图》等精美的手绘彩色地图。澳门科技大学图书馆承担澳门基金会资助的长期科研项目“全球地图中的澳门”，在全球范围内收集、整理与澳门相关的古地图，并组织学术研究、图书出版和数据库建设。澳科大图书馆目前是国内地图资料数据收集最多、最丰富的大学图书馆。该地图项目累计获资助超过500万元，现正在进行第八期的工作，收集了超过7500幅中、西文古地图，先后举办了超过10场古地图展及3次国际研讨会，这些是研究中西方文化交流及早期全球化的重要资料。

第二部分是从银川当代美术馆丰富的藏品中精选出的17—19世纪澳门及广东地区的100多幅洋风画，题材主要涉及广州、澳门、香港地区的市井生活、港埠风景、商旅贸易、肖像画等。银川当代美术馆收藏了清代至民国初期的外销画（洋风画）200多件（组），时间跨越近3个世纪，是目前国内该类型收藏中最丰富的美术馆。这些作品题材内容丰富多彩，生动地复原了一段消失的东西绘画艺术交流史。这部分展品包括郎世宁的《乾隆皇帝半身冬装像》、乔治·钱纳利的《自画像》、奥古斯特·博尔热的《搬家》、林呱的《金发女郎》等油画或通草水彩画作品，真实地展示从宫廷到民间的中西方艺术互相借鉴和发展的历史情形，已是今天研究历史和艺术史极为珍贵的文献。一方面，欧洲的绘画作为异域文明的艺术趣味与手法被引入中国；另一方面，来华商人将在中国完成的绘画带入欧洲，拓展了欧洲人的东方视野和艺术风格，大量的订单需求促使西方绘画在中国本土生根发芽，以致在东南沿海不仅生存着一些西方画家，而且培育了像林呱这样精于西画的中国画家群体。其中文献丰富而最有代表性的欧洲画家当属前述提及的钱纳利。这位毕业于英国皇家美术学院、有着传奇经历的英国画家不仅留下了大量关于中国广东地区沿海城市的风俗、人物、风景图画，而且事实上他的绘画也直接影响到了中国的画工和画家。这些珍贵的作品在世界范围内大量传播与存在，为今天的研究者提供了丰富的历史图像，使我们能从不同的学科角度去研究和解读这段丰富的中国早期油画史、绘画史与文化史。

将古地图及中国早期洋风画一起展示，不仅有利于探究文化的传播以及图像的意义，同时也有利于解读地缘文化与文化交流之间的关系，这不仅仅是一份历史的记录，也是一份宝贵的艺术遗产，体现了中华民族精神的包容性和海纳百川的气度。民族精神是动态的、与时俱进的，能继承传统又能超越传统，它们迥然不同的时代精神和艺术风格，表现出不同时代的特点，生动地勾画出中国近代美术史的发展演进轨迹，体现出一种整体的中华民族精神，这是一笔巨大的文化财富。

本次展览项目是在习近平主席“一带一路”的倡议指引下，以及粤港澳大湾区发展规划国家改革开放重大战略的形势下开展的。“重提”澳门作为中国油画500年历史的开端，通过举办展览，以图证史，将很好地解答中国艺术史上的中西艺术交流问题，并一改往昔有关中国油画的艺术史研究相对寥落的景况；同时，也为研究澳门在中西文化艺术交流中的地位与作用提供坚实的依据。展览将直观呈现东西方文化交流互鉴的真实风貌，重现海上丝绸之路视觉图像艺术。2015年，习近平主席在参观西安博物院时指示：“要保护文物，更要利用文物，要让历史说话，让文物说话。”本项目所展示的内容，正是体现了这一指示及对“一带一路”倡议最生动的诠释，为古代海上丝绸之路的文化交流提供了有力的佐证，也从侧面反映了当时东西方文化交流和贸易往来的繁荣景象，将早期中外文化交流融合的最生动、直观的面貌展现于世，对弘扬中国古代优秀文化起到积极的推动作用。

油画自传入中国之后，迄今已发展成为中国从业人员最多、影响力最大的画种之一，但对于中国油画的早期历史及其艺术实践的情况，还有待更多的专家学者进行深入的历史梳理与研究。事实上，回望历史更多是为了“面向未来”，从艺术史角度研判澳门对于中国油画的重要性，以粤港澳大湾区的文化建设为平台，借展览之际，组织开展相关的专题学术论坛，将重新认识中国油画的起点——澳门——在中国艺术史中的重要性与历史地位，突出澳门在近代东西方文明交汇中的重要转承作用，以及呈现澳门历史文化之当代价值。借举办展览为契机，重新审视澳门的多元文化及外销画的历史地位和艺术价值，传承中华优秀传统文化，树立文化自信，倡导“美育在澳门”的教育强国理念，挖掘澳门在粤港澳大湾区文化建设方面的历史价值，丰富澳门文化之内涵，打造澳门当代城市文化品牌形象。

总之，澳门既是中国早期对外开放并最先融入西方文明发展过程的城市，同时也是中国历史上“海上丝绸之路”的重要节点。在中国重新定义世界文明发展格局、推动构建人类命运共同体的今天，全面、准确地认识澳门在中华文明发展史上的重要地位，对于推动“一带一路”建设，落实建设粤港澳大湾区的国策，为澳门获得更好的发展机遇，具有重要的现实意义。

本画册是澳门科技大学“艺荟中西——海上丝绸之路视角下的 19 世纪澳门与广东地区图像展”的展陈作品的结集。该巡展项目获得国家艺术基金 2023 年度传播交流推广类立项资助。展览配套画册由国家艺术基金、澳门特别行政区政府文化发展基金资助，并获得了银川当代美术馆、澳门科技大学图书馆等借展单位的大力支持；巡展单位，包括中央美术学院美术馆、天津美术馆、天津美术学院、广州美术学院美术馆等，积极提供展馆予以支持，在此深表感谢！

2023 年 12 月于巴黎

本书“历史地图”篇章的地图主要由澳门科技大学图书馆“全球地图中的澳门”项目提供。

Provided by the “Global Mapping of Macao” project of the Macau University of Science and Technology Library.

Fornecido pelo projecto “Cartografia Global de Macau” da Biblioteca da Universidade de Ciência e Tecnologia de Macau.

Foreword

Wang Lan

The cultures of Guangdong, Macao and Hong Kong have been intertwined since time immemorial, with Macao and Guangzhou acting as major ports through which China associated with the world beyond. During his meeting with French President Macron in Guangzhou in April 2023, President Xi Jinping pointed out that the Maritime Silk Road started in Guangzhou over one thousand years ago. The city was an important hub for Chinese foreign relations, a bridge for cultural exchange between China and the West. Macao was once under the jurisdiction of Guangzhou's Xiangshan County. Since the opening of sea routes between East and West, Macao has functioned as Guangzhou's "outer port," becoming an important hub on the Maritime Silk Road and playing a pivotal role for China in terms of foreign economic trade and cultural exchange.

The Age of Sail accelerated cultural and trade relations between China and the West along the Maritime Silk Road. In 1557, the Portuguese used their sophisticated nautical technology to settle in Macao and start trade with the Ming Dynasty, leading to the introduction of Western art to the East. Macao was the first stop for Western paintings arriving in China, its particular geographical history making it an important gateway through which Chinese and Western paintings influenced one another. In 1580, Michele Ruggieri, an Italian Jesuit priest who arrived in Macao with the merchant ships, brought with him Western iconography, marking the first recorded instance of such artworks arriving on Chinese shores. Later, in 1601, Matteo Ricci arrived in Beijing and presented the Wanli Emperor with three icons, including a portrait of Matteo Ricci painted by Macao native Manuel Pereira Yeou, which is thought to be the first oil painting produced by a Chinese artist. The 18th and 19th centuries were the second high point for artistic exchange between East and West. In the 19th century, Western painters in Macao and Chinese painters in Guangzhou, of whom the most representative figures were George Chinnery and Lamqua, respectively, produced a series of paintings depicting the people, customs and scenery of the era, artworks that were later referred to as yangfenghua, Western-style painting. These artworks provided vivid and accurate records of the culture and city life in Macao, Guangzhou and Hong Kong, at once a series of historical documents and also an invaluable part of our artistic heritage. At the same time, with the development of maritime trade and the advancement of science and technology, cartographic techniques improved. Eastern and Western maps drawn of the area reveal the changes that took place in Macao and areas along the Pearl River coast in Guangdong, as well as varying global attitudes and maritime perspectives. During this period, the aesthetic cultures of China and the West blended and interacted with one another, developing their visual language in the light of their mutual influence to produce a new kind of art that reflected this era of globalization. The commercial of Western-style painting and the formation of Western Chinoiserie aesthetics both occurred against this historical backdrop. Today, in the context of such international development concepts as "the Belt and Road" and "Community with a Shared Future for Mankind," reexamining the impact of the history of this cultural and artistic exchange on visual imagery is no doubt particularly important and profoundly enlightening.

Featuring Western-style painting contained in the collections of the Museum of Contemporary Art Yinchuan, as well as maps of Macao and Guangdong collected by the Macao University of Science and Technology Library, the exhibition adopts a panoramic and immersive approach to provide viewers with an insight into the cityscapes and historical evolution of the main hubs on the Maritime Silk Road in the 19th century—Macao, Guangzhou and other trading cities along the coast. The exhibition is an all-encompassing visual presentation of the phenomenon of mutual artistic influence between China and the West as it took place in the 19th century. The organizers hope to reflect in this exhibition and its academic symposium the latest art historical research approaches and academic trends with a view to providing an interpretation of this equal exchange of visual cultures in a global context and from a dialectical historical perspective.

The exhibition is divided into two parts.

The first part of the exhibition consists of more than seventy ancient maps from China and the West, which demonstrate the complex relation between cognitive and visual culture, as well as art and the sciences. Maps transform the three-dimensional space of the real world into a graphical-linguistic representation consisting of points, lines and areas. The improvement of cartographical techniques throughout history reflects humanity's evolving understanding and subjugation of nature, an example of the process by which humans moved from interpreting the world by way of figurative depictions to conceiving of it in terms of abstract concepts. Maps are full of human ingenuity, imagination and creativity, a perfect combination of art and science. As an important tool for understanding the world and cultural exchange during the Age of Sail, ancient maps reveal the multidimensional nature of world exploration. The innovations that took place in the language of cartography also reflect how Chinese and Western visual cultures adapted as they interacted with one another. Furthermore, ancient maps are also an important source of information for the study of Macao and China in the context of Sino-Western exchange and early globalisation. More than seventy maps have been selected from the Macao University of Science and Technology Library collection for this exhibition, including such beautiful hand-drawn coloured maps as *Map of Macao City and Port* by French cartographer François Froger, *Portuguese Plan of the City of Macao and Its Surroundings* by Lafitte de Brassier. The Macao University of Science and Technology Library has embarked upon a long-term research program entitled "Global Mapping of Macao," which seeks to collect and catalog ancient maps related to Macao and carry out various research, publication, and database construction projects, making it the library with the richest collection of cartographic data in China. This map research program has already received more than 5 million yuan in funding and is currently in its eighth phase with a collection of more than 7500 ancient maps in both Chinese and European languages. They have organised more than ten ancient map exhibitions and participated in three international conferences, providing an invaluable resource for the study of cultural exchanges between the East and West in the early stages of globalisation.

The second part consists of more than one hundred Western-style paintings produced in Macao and Guangdong from the 17th to the 19th centuries, which were selected from the rich collections at the Museum of Contemporary Art Yinchuan. These paintings depict city life, port scenery and commercial activities taking place in the areas around Guangzhou, Hong Kong and Macao. The Museum of Contemporary Art Yinchuan collection contains more than 200 individual or series of export paintings (Western-style paintings), spanning three centuries from the Qing Dynasty to the Republican Era and portraying a wide and rich range of subject matters. It is the largest collection of its sort in China and serves as a vivid resurrection of a historical period of cultural exchange between East and West that was at risk of falling into obscurity. It includes such oil and watercolour paintings as Giuseppe Castiglione's *Portrait of Emperor Qianlong in a Winter Coat*, George Chinnery's *Self-Portrait*, Auguste Borget's *A Chinese Family Moves*, and Lamqua's *Portrait of a Lady*. Whether depicting subjects in the imperial court or on the city streets, paintings such as these provide an authentic insight into the development of both Chinese and Western art and artists as they drew inspiration from one another. They are valuable documents for contemporary research into art history and history more broadly. On the one hand, the painting aesthetic and artistic techniques of an exotic civilisation entered China in the form of European paintings, while on the other, merchants who came to China brought Chinese paintings back to Europe, broadening Europeans' perspectives on the East and its art. Huge demand and a large number of orders for Western painting caused the style to take root in China, not only in the form of Western painters living in the coastal regions in China's southeast, but also by way of the Chinese painters it gave rise to like Lamqua, who were skilled in Western painting styles. A European painter about whom there exists extensive documentation is the aforementioned George Chinnery, a graduate from the Royal Academy of Arts who in the course of his eventful life not only left behind numerous pictures portraying the customs, people and scenery of Guangdong's coastal regions, but also had a direct impact on Chinese artisans and painters. These precious works were produced and disseminated on a vast scale, which provides researchers today with a wealth of historical images from which to study and interpret the history of early Chinese oil painting, Chinese painting more generally, and Chinese civilisation from a variety of disciplinary perspectives.

Exhibiting early Chinese oil paintings alongside ancient maps not only provides insight into the dissemination of culture and the significance of images, but also illuminates how local cultures are affected by cultural exchange. As well as being a historical record, it also forms an invaluable part of China's artistic heritage, manifesting the inclusive and magnanimous spirit of the Chinese people and nation. A nation's spirit is dynamic, evolving with the times. It inherits from the past even as it reaches beyond the tradition. The zeitgeist and aesthetic of each era are distinctive, reflecting its unique characteristics and vividly embodying the trajectory and evolution of China's modern art history, as well as the spirit of the Chinese nation as a whole. Such works are a great cultural treasure.

This project is under the guidance of President Xi Jinping's great proposal for "the Belt and Road" Initiative and the Outline Development Plan for the Guangdong-Hong Kong-Macao Greater Bay Area, which is a major initiative in the nation's reform and opening up policy. Through the visual historical documents that comprise this exhibition, we can return to Macao as the place that started China's five-hundred-year history of oil painting, thereby both providing an excellent insight into the question of Sino-Western artistic exchange in the context of Chinese art history, as well as changing the rather meagre landscape of art historical research into Chinese oil painting. It will also provide a significant academic basis for raising Macao's status as an important player in the cultural and artistic exchange between China and the West. The exhibition provides an authentic visual representation of the landscape of East-West cultural exchange by looking back upon the era's visual imagery through the lens of the Maritime Silk Road. In 2015, on a visit to Xi'an, President Xi Jinping explained, "We should protect and make use of cultural relics. We should let history and cultural relics speak for themselves." The items on display in this exhibition come together to form a vivid interpretation of President Xi's words of guidance and the great program that is "the Belt and Road" Initiative by providing both strong evidence for cultural exchange along the ancient Maritime Silk Road more generally and insight into a specific cross-section of the thriving environment of cultural and commercial exchange between East and West. To unequivocally present to the world the cultural exchange between China and foreign countries in its most vibrant aspect will play a positive role in promoting the excellence of Chinese traditional culture.

Since its introduction to China, oil painting has developed into the painting medium with the largest number of practitioners and the greatest influence in China. However, the study of the early history of Chinese oil painting and its artistic practices is still in need of further in-depth historical research. The purpose of looking back upon our history is mostly to better face our future. Using the cultural construction and development of the Guangdong-Hong Kong-Macao Greater Bay Area as a platform and the form of the exhibition as an opportunity to appraise Macao's role in the history of Chinese oil painting from an art historical perspective by organising and carrying out academic forums exploring these themes will serve to enhance the role and status in Chinese art history of the island of Macao where Chinese oil painting was born, highlight the important role Macao plays as an intermediary link between the cultures of the East and West, and demonstrate the value Macao's history and culture have for us today. The exhibition is an opportunity to re-examine Macao's multiculturalism and the historical status and artistic value of export paintings, to convey the excellence of Chinese traditional culture, to build cultural self-confidence, to promote the national strength educational concept of "Art Education in Macao," to reshape the historical value of Macao in the cultural construction of the Guangdong-Hong Kong-Macao Greater Bay Area, to reveal the depth of Macao's culture, and establish a brand image for Macao's contemporary culture.

In conclusion, as the first city in China to open up to the outside world and integrate into the development of Western civilisation, Macao has also always been an important hub on China's Maritime Silk Road. At a time when China is redefining the mode of development of world civilisation and promoting the construction today of a Community with a Shared Future for Mankind, a comprehensive and accurate understanding of Macao's important position in the history of Chinese civilisation will have important practical significance for the promotion of "the Belt and Road" projects, the implementation of national policies regarding the Guangdong-Hong Kong-Macao Greater Bay Area, and the procurement of better development opportunities for Macao.

This catalog contains a collection of the pieces exhibited at the Macao University of Science and Technology's The Meeting of Chinese and Western Art: Nineteenth-Century Images of Macao and Guangdongin the Context of the Maritime Silk Road. This touring exhibition was awarded the 2023 China National Arts Fund Project Grant in the category of Communication and Promotion. The accompanying catalog was funded by the China National Arts Fund and Cultural Development Fund of the Macao Special Administrative Region Government and received strong support from such institutions as the Museum of Contemporary Art Yinchuan and the Macao University of Science and Technology Library. For both the venues provided in support of the exhibition by such institutions as the CAFA Art Museum, the Tianjin Art Museum, the Tianjin Academy of Fine Arts and the Art Museum of Guangzhou Academy of Fine Arts, and the positive response it received on its tour, we express our deepest gratitude!

Paris, December 2023

Prefácio

Wang Lan

Desde a antiguidade, as culturas de Guangdong, Hong Kong e Macau têm estado interligadas, sendo Guangzhou e Macau portos importantes para os contactos entre a China e países estrangeiros. Durante o seu encontro com o Presidente francês Emmanuel Macron em Guangzhou em abril de 2023, o Presidente Xi Jinping sublinhou que Guangzhou era o ponto de partida da Rota Marítima da Seda há mais de mil anos, constituindo um ponto chave para as relações exteriores da China e servindo como ponte importante para os contactos culturais entre o Oriente e o Ocidente. Macau fez outrora parte da jurisdição do distrito de Xiangshan da prefeitura de Guangzhou. Com a abertura das rotas marítimas entre o Oriente e o Ocidente, Macau tornou-se um porto importante da Rota Marítima da Seda enquanto "porto exterior" de Guangzhou, desempenhando um papel significativo na economia, no comércio exterior e no intercâmbio cultural da China.

A Era dos Descobrimentos acelerou as relações comerciais e os contactos culturais entre a China e o Ocidente, tendo a Rota Marítima da Seda como elo. Em 1557, os portugueses, aproveitando tecnologias avançadas de navegação oceânica, estabeleceram-se em Macau e deram início às relações comerciais com a dinastia Ming, das quais resultou a introdução da pintura ocidental no Oriente. Enquanto primeiro porto de entrada das pinturas ocidentais na China, Macau tornou-se um canal importante para a influência mútua no âmbito da pintura entre a China e o Ocidente em virtude da sua localização geográfica e da sua história. Em 1580, o jesuíta iltaliano Michele Ruggieri chegou a Macau a bordo de um navio mercante, trazendo com ele as primeiras iconografias ocidentais de que há registo. Mais tarde, em 1601, Matteo Ricci chegou a Beijing, levando três ícones para oferecer ao imperador Shenzong da dinastia Ming. Entre estes, destaca-se o Retrato de Matteo Ricci, pintado pelo seu discípulo macaense Manuel Pereira Yeou e que é até hoje reconhecida como a primeira pintura a óleo conhecida produzida por um chinês. Já os séculos XVIII e XIX constituíram o segundo período áureo da introdução da pintura ocidental no Oriente. No século XIX, pintores ocidentais e chineses, representados respectivamente por figuras como George Chinnery em Macau e Lamqua em Guangzhou, produziram uma série de pinturas conhecidas como "pinturas ao estilo ocidental" e que retrataram as gentes, costumes e paisagens da época. Obras como estas descreveram, de forma autêntica e vívida, a vida quotidiana, os costumes e a paisagem urbana de Macau, Guangzhou e Hong Kong, constituindo não apenas documentos históricos, como também um valioso património artístico. Concomitantemente, com o desenvolvimento do comércio marítimo e o avanço da ciência e da tecnologia, as técnicas da cartografia tornaram-se cada vez mais avançadas. Os mapas da China e do Ocidente reflectiam as mudanças ocorridas em Macau e ao longo da costa do rio das Pérolas na província de Guangdong, assim como as diferentes perspectivas em relação ao mundo e à observação do mar. Durante esse período, as culturas visuais da China e do Ocidente influenciaram--se e aprenderam-se uma com a outra, desenvolvendo as suas linguagens visuais e dando origem a uma nova arte no contexto da globalização. Foi neste contexto que ocorreu a comercialização da pintura ao estilo ocidental e o surgimento da "Chinoiserie" no Ocidente. No actual cenário da globalização e de conceitos de desenvolvimento internacional, nomeadamente a Iniciativa Faixa e Rota e a ideia da criação de uma Comunidade do Futuro Compartilhado para a Humanidade, a reavaliação dessa história de intercâmbio cultural e artístico reveste-se, sem dúvida, de grande e profundo significado.

Fusão Artística entre a China e o Ocidente: Exposição de Imagens de Macau e Guangdong do século XIX na Perspectiva da Rota Marítima da Seda baseia-se na exibição de mapas de Macau e de Guangdong pertencentes ao acervo da Biblioteca da Universidade de Ciência e Tecnologia de Macau, assim como de pinturas de exportação pertencentes ao Museu de Arte Contemporânea de Yinchuan. Adoptando uma abordagem panorâmica e imersiva, a exposição visa mostrar ao público as paisagens urbanas e as transformações históricas de Macau, Guangzhou e outros portos comerciais da Rota Marítima da Seda no século XIX. A exposição pretende traçar um quadro visual e abrangente da fusão artística entre a China e o Ocidente que teve lugar durante o século XIX. Através deste evento e dos simpósios académicos a serem realizados no seu âmbito, os organizadores esperam tornar acessíveis as mais recentes abordagens de investigação e tendências de desenvolvimento académico no ramo da história da arte, no sentido de interpretar as implicações e o significado da igualdade no intercâmbio cultural visual a partir duma perspectiva de globalização e duma visão histórica dialéctica.

A exposição divide-se em duas partes:

A primeira parte apresenta mais de 70 mapas antigos da China e do Ocidente, que demonstram a complexa relação entre conhecimento geográfico e cultura visual, assim como o relacionamento intricado entre arte e ciência. O progresso na história da cartografia reflecte e testemunha o processo de compreensão e conquista da natureza pelo ser humano, passando da representação trimensional do mundo real para uma linguagem gráfica composta de pontos, linhas e superfícies, assim como reproduz a transformação da representação concreta do mundo material para conceitos abstratos. Esses mapas, receptáculo de sabedoria, imaginação e criatividade humanas, representam uma combinação perfeita entre a arte e a ciência. Como ferramentas importantes de compreensão do mundo e de intercâmbio cultural durante a Era dos Descobrimentos Marítimos, os mapas antigos revelam várias dimensões em busca da civilização. Além disso, as inovações ocorridas no âmbito da linguagem de elaboração cartográfica também reflectem profundamente a adaptação das culturas visuais chinesa e ocidental à medida que intergiam entre si. Ao mesmo tempo, os mapas antigos são também documentos importantes para o estudo de Macau, e até mesmo de toda a China, no contexto do intercâmbio sino-ocidental e nos estágios iniciais da globalização. Para esta exposição, foram seleccionados mais de 70 mapas do acervo da Biblioteca da Universidade de Ciência e Tecnologia de Macau, incluindo belos mapas coloridos feitos à mão, como o Mapa do Porto de Macau do cartógrafo francês François Froger, e o Plano da Cidade de Macau e os Seus Arredores de Lafitte de Brassier. A Biblioteca da Universidade de Ciência e Tecnologia de Macau é uma entidade participante no projecto de investigação a longo prazo da Fundação Macau intitulado Mapeamento Global de Macau, que tem como objectivo a recolha e inventariação de mapas antigos relacionados a Macau provenientes de todo o mundo, assim como a organização de eventos académicos, publicação de livros e criação de uma base de dados. Actualmente, a Biblioteca da Universidade de Ciência e Tecnologia de Macau é a biblioteca universitária com a maior e a mais rica colecção de dados cartográficos na China. Este projecto cartográfico recebeu já um financiamento cumulativo de mais de 5 milhões de yuans e encontra-se actualmente na sua oitava fase, tendo recolhido mais de 7500 mapas antigos tanto em chinês como em línguas ocidentais. Foram realizadas mais de dez exposições de mapas antigos e três conferências internacionais, que proporcionam recursos valiosos para o estudo tanto dos contactos culturais sino-ocidentais como dos estágios iniciais da globalização.

A segunda parte é composta por mais de 100 pinturas para exportação (também conhecidas como pinturas ao estilo ocidental) de Macau e da região de Guangdong, datadas dos séculos XVII a XIX e cuidadosamente seleccionadas a partir do rico espólio do Museu de Arte Contemporânea de Yinchuan. Estas pinturas retratam uma variedade de temas relacionados principlamente com a vida quotidiana, paisagens portuárias, actividades comerciais, retratos e outros aspectos das regiões de Guangzhou, Hong Kong e Macau. O Museu de Arte Contemporânea de Yinchuan conta com um acervo de mais de 200 pinturas (ou conjuntos) para exportação (pinturas ao estilo ocidental) que abrange um período de três séculos, desde a dinastia Qing até ao início da República da China. Trata-se actualmente da mais rica colecção deste género na China. Estas obras ocupam-se de uma ampla variedade de temas, que evocam de modo vívido um período histórico marcado pela introdução das pinturas ocidentais no Oriente e que foi esquecido ao longo do tempo. Esta parte da exposição inclui pinturas a óleo e aguarelas, como o Busto do Imperador Qianlong em Traje de Inverno da autoria de Giuseppe Castiglione, o Auto-retrato de George Chinnery, a Mudança de Casa de Auguste Borget, e a Mulher Loira de Lamqua. Quer tenham como tema a corte imperial ou a vida do povo comum, estes trabalhos proporcionam-nos uma visão autêntica da história do desenvolvimento da arte chinesa e ocidental, assim como do modo como estas se inspiraram mutuamente. Trata-se de documentos extremamente valiosos para as investigações dos nossos dias, tanto no domínio da história geral como da história da arte. Por um lado, a pintura europeia foi introduzida na China, acompanhada do sentido estético e das técnicas artísticas de uma civilização pouco conhecida. Por outro lado, os mercadores que faziam trato com a China trouxeram pinturas produzidas na China e direccionadas para os mercados europeus, ampliando assim as perspectivas das populações europeias sobre o Oriente e o seu estilo artístico. A enorme procura e o considerável número de encomendas de pinturas promoveu o surgimento e florescimento da pintura ao estilo ocidental na China, levando não apenas a que pintores ocidentais se fixassem nas regiões costeiras do Sudeste chinês, mas também ao surgimento de grupos de artistas chineses especializados em pintura ao estilo ocidental, como Lamqua. Entre os artistas europeus, destaca-se o supramencionado George Chinnery, sobre o qual possuimos a documentação mais rica e representativa. Este pintor britânico formado pela Academia Real de Arte da Inglarerra teve uma vida lendária e deixou-nos não apenas uma grande quantidade de obras que retrataram costumes, pessoas e paisagens das cidades costeiras da região de Guangdong na China, como também exerceu um impacto directo sobre os artesãos e pintores chineses. As suas valiosas obras encontram-se um pouco por todo o mundo e proporcionam aos investigadores de hoje uma enorme variedade de imagens históricas, permitindo-nos estudar e interpretar, partindo de diferentes perspectivas disciplinares, os primeiros estágios da rica história da pintura a óleo, da história da pintura em geral e da história cultural na China.

Expor mapas antigos acompanhados destas primeiras pinturas chinesas a óleo não só contribui para o estudo da disseminação da cultura e da importância das imagens, como também facilita a interpretação das relações entre a geocultura e o intercâmbio cultural. Estamos perante não apenas registos históricos, mas também um valioso legado artístico que reflecte o espírito inclusivo e aberto da nação chinesa. O espírito de uma nação é dinâmico e evolui com o tempo. Ele continua as tradições, mas também as transcende. O espírito e o estilo artístico de cada época são distintos, reflectindo as características dos diferentes períodos e retratando vividamente a trajectória e evolução da história da arte moderna da China, assim como o espírito geral da nação chinesa. Isso é de um enorme valor em termos culturais.

Este projecto de exposição realiza-se sob a orientação da grande Iniciativa Faixa e Rota proposta pelo presidente Xi Jinping, e no âmbito do Plano do Desenvolvimento da Área da Grande Baía Guangdong-Hong Kong-Macau, uma grande estratégia de reforma e abertura a nível nacional. Através das obras pictóricas e históricas que compõem esta exposição, é-nos possível revisitar Macau como o local que marcou o início dos 500 anos da história da pintura a óleo na China. O evento representa um contributo significavo para dar resposta a questões relativas aos contactos artísticos sino-ocidentais na história da arte chinesa, para além de contrariar a relativa escassez de estudos sobre a história da pintura a óleo na China. Ao mesmo tempo, procura-se também constituir uma base académica sólida que eleve o estatuto de Macau e coloque em destaque o seu papel importante no intercâmbio cultural e artístico entre a China e o Ocidente. A exposição apresentará de forma directa e vívida a verdadeira história do intercâmbio e da aprendizagem entre as culturas do Oriente e do Ocidente, recriando a arte da cultura visual da Rota Marítima da Seda. Em 2015, durante uma visita ao Museu de Xi'an, o presidente Xi Jinping afirmou, *"Devemos proteger as relíquias culturais, mas também devemos aproveitá-las. Devemos deixar a história e as relíquias culturais falarem por si mesmas."* As peças exibidas nesta exposição não apenas vão ao encontro dessa afirmação, como também possibilitam uma interpretação mais vívida da grande Iniciativa Faixa e Rota, fornecendo provas claras dos intercâmbios culturais ao longo da antiga Rota Marítima da Seda e também mostrando, de modo indirecto, a prosperidade das trocas comerciais e intercâmbios culturais entre o Oriente e o Ocidente naquela época. A exposição pretende apresentar ao mundo os aspectos mais vívidos e autênticos dos primeiros estágios da fusão e dos contactos culturais da China com países estrangeiros, desempenhando assim um papel positivo na promoção da explêndida cultura antiga da China.

Após a introdução da pintura a óleo na China, esta tornou-se uma das formas de pintura mais influentes e com o maior número de praticantes na China de hoje. No entanto, a história dos estágios iniciais da pintura a óleo e das suas práticas artísticas na China ainda requer investigações de cariz histórico e análises aprofundadas por parte de mais especialistas e académicos. Na verdade, revisitar a história serve para preparar-nos melhor para o futuro, e permite avaliar a importância de Macau para a pintura a óleo na China sob uma perspectiva artística. Fazendo uso da plataforma da construção e do desenvolvimento cultural da Área da Grande Baía Guangdong-Hong Kong-Macau, durante a exposição serão organizados fóruns académicos temáticos no sentido de reconhecer a importância e o papel histórico de Macau como ponto de partida da pintura a óleo da China no âmbito da história da arte chinesa, destacar o papel significativo de Macau com elo de convergência entre as civilizações oriental e ocidental na época moderna e demonstrar o valor da história cultural de Macau para a época contemporânea. Entre os objectivos desta exposição, estão a reavaliação da cultura diversificada de Macau, do estatuto histórico e do valor artístico das pinturas para exportação em Macau; a perpetuação da esplêndida cultura tradicional chinesa; o desenvolvimento da auto-confiança cultural; a promoção da "educação estética em Macau" baseada no ideal de um país forte em termos educativos; a exploração do valor histórico de Macau no âmbito do desenvolvimento cultural da Área da Grande Baía Guangdong-Hong Kong-Macau, no sentido de aumentar o valor cultural de Macau e criar a imagem de uma cidade cultural moderna.

Em suma, Macau não só foi uma das primeiras cidades da China a se abrirem ao mundo exterior e a se integrarem no processo de desenvolvimento da civilização ocidental, como foi também um nó importante da Rota Marítima da Seda na história chinesa. Na época presente, em que a China está a redefinir o modo de desenvolvimento da civilização mundial e a promover a criação duma comunidade do futuro compartilhado para a humanidade, possuir um entendimento geral e correcto da posição importante de Macau na história do desenvolvimento da civilização chinesa é de grande significado prático para promover a Faixa e Rota, implementar a política nacional de construção da Área da Grande Baía Guangdong-Hong Kong-Macau e trazer a Macau melhores oportunidades de desenvolvimento.

O presente catálogo contém a colecção de obras exibidas na exposição Fusão Artística entre a China e o Ocidente: Exposição de Imagens de Macau e Guangdong do século XIX na Perspectiva da Rota Marítima da Seda, organizada pela Universidade de Ciência e Tecnologia de Macau. Este projecto de exposição itinerante recebeu o financiamento do Fundo Nacional de Artes da China para o ano de 2023, na categoria de comunicação e promoção. O catálogo da exposição foi financiado pelo Fundo Nacional de Artes da China e pelo Fundo de Desenvolvimento Cultural do Governo da Região Administrativa Especial de Macau, contando também com o generoso apoio de instituições como o Museu de Arte Contemporânea de Yinchuan e a Biblioteca da Universidade de Ciência e Tecnologia de Macau. Contámos também com a colaboração activa e o apoio na disponibilização de espaços para a exposição pelas galerias das diversas cidades que acolheram o evento, incluindo a Galeria da Academia Central de Belas Artes, a Galeria de Tianjin, a Galeria da Academia de Belas Artes de Tianjin, a Galeria da Academia de Belas Artes de Guangzhou, entre outras.

A todas as entidades envolvidas, expressamos a nossa mais profunda gratidão.

Paris, dezembro de 2023

第一篇章

历史地图

山海形胜

汪 蓝

在人们旅行还不是很方便的古代，人们通过地图了解世界，地图传递着关于位置、航线、地貌、人种、物产等的各种讯息。在现实中，地图还具有许多不同的功能，依据功能的不同可以划分为：城市地图、航海图、水文图、交通图、军事地图等等。古罗马哲学家西塞罗曾说过："谁控制了海洋，谁就控制了世界。"大航海时代以来每一幅古地图都为我们揭开一段尘封的往事，视觉地呈现历史的变迁。

国际地图学协会（ICA）给地图学的定义是："地图学是制作地图的艺术、科学和技术，以及把地图作为科学和艺术作品的研究。"瑞士地图学权威、第一任国际地图学协会主席伊姆霍夫（Imhof）再三强调："制图学是一门带有强烈艺术倾向的科学技术。"地图兼具科学的严谨性和艺术想象的特征，是采用二维的方式记录三维世界的一种形式，是对世界抽象化、概念化、图形化的体现。

地图绘制的历史从来不是某个因素或者天才绘图师决定的，它是人类几千年来科学技术进步的结果和国家意志的体现。中国古代很早就有了使用地图的记录。"河伯献图"就是关于古代使用地图的传说。周朝时召公为修建都城，曾绘制了洛邑城址图。《管子·地图篇》中指出："凡兵主者，必先审知地图。"《战国策·燕策》中也有荆轲刺秦王"图穷而匕首见"的记载。《战国策·赵策》还提到"臣窃以天下地图案之，诸侯之地五倍于秦"，说明当时的地图已经有了按比例缩放的方法。另外，据《周官》记载，周朝已经有了专门管理地图的官员"职方氏""大司徒""土训"等，分别掌管土地之图、土地物产图、矿藏分布图等。可见春秋战国以后，地图已被广泛运用于社会生产和军事活动等。长沙马王堆出土的地图，是公元前168年绘于丝织物上的地形图、驻军图和城邑图，是存世较早的实物地图，已经开始使用地图符号来标注城市、山脉，用蓝色来绘制河流、湖泊，用红色虚线来表示道路，等等，不仅采用了有色彩的绘制方式，其符号化的倾向也与现代地图非常相近，地图的绘制方法和水平已经达到了非常高的水平。晋朝裴秀（224—271）的《禹贡地域图》是最早有记载的中国地图集，其序中提出了对中国古代地图绘制影响很大的“制图六体”，是我国西晋至明末1400多年间地图绘制的基本理论和方法，也是我国传统的“计里画方”方法绘制地图的理论基础。它的出现标志着裴秀在先人的基础上发展和完善了古代地图学，走在了当时世界地图学的前列，是中国对于世界古代地图学的贡献。唐代地图学家贾耽（730—805）用了16年时间编绘了一幅全国地图《海内华夷图》，传至宋代时被刻制在石碑上。北宋时期还编绘出第一幅大型的全国总舆图《淳化天下图》，由各地400余幅地图编制而成。宋代地理与地图学家沈括（1031—1095）通过实地考察和查阅资料，编绘了《大下州县图》共20幅，还编写了我国古代地理学名著《梦溪笔谈》。元明两朝在地图学上也有了很大发展和进步：郭守敬（1231—1316）第一个提出了“海拔高程”的概念。元代另一个地理与地图学家朱思本（1273—1333），历经10年游历考证，汇编了《舆地图》，成为明清两代地图的范本。明朝著名航海家郑和（1371—1433）先后7次下西洋，历时20多年，到达30多个国家，他与同行者编著了我国第一部航海图集——《郑和航海地图集》，被收集在《武备志》一书中，其中有海图24张、陆地图20张，地名达500多个，对我国古代地图学的发展做出了重大贡献。

在地中海，早期有一种带有导航作用的“Portolano”地图，13世纪的意大利人已开始使用，这是一种航海指南说明，列出了沿海城镇和海岸线，但在评估距离和方向方面不如地图准确。从15世纪开始，向往东方文明和财富的欧洲人，希望摆脱阿拉伯人对东西方贸易的垄断，另辟新的海上贸易航线，与东方直接通商。航海技术的进步和对地球地理的新认知，使得地图的绘制有了很大的发展，也使最早的两个海上强国葡萄牙和西班牙的海上探险成为可能。葡萄牙人沿着非洲西海岸逐步向南推进，沿途建立了无数的殖民“飞地”。而西班牙国王则资助热那亚人哥伦布，于1492年发现了安的列斯群岛，揭开了美洲新大陆的面纱。为了避免这两个伊比利亚半岛国家在发现新领地问题上的纷争，1494年6月7日，罗马教宗亚历山大（Alexander VI）与葡萄牙、西班牙国王达成《托德西利亚斯条约》（Tratdo de Tordesillas），这份协议后来奠定了今天东西世界格局的雏形。

地理大发现之后，随着葡萄牙、荷兰、英国、法国等海上强国相继开拓了东方航线，航海科学与制图技术也得到了迅猛的发展。最初对东方航线的认识，主要来自各国的地理文献资料，起初是葡萄牙人和荷兰人，后来是英国人。这些文献以印刷和手稿的形式在法国流传，至17世纪，法国后来居上，成为世界地理科学中心，专门制作生产当时最醒目和精准无比的地图，并涌现了一批优秀的制图师家族。

此次展出的地图主要分为四个部分：来自舆图的交流、澳门城市变迁、粤港澳大湾区的古航线、法国使团首航中国行。通过广东与澳门地图的展示，我们能够看到澳门城市不同时期的发展和变迁，以及广东在历史上作为中国对外贸易与文化交流的桥梁作用；同时了解到当时法国在地图绘制上的演变与进步，代表了从17世纪伊始欧洲在科学技术上的进步，以及对于航海制图的重视；东方贸易航线的开拓和探索，促使了法国地图学的快速发展，形成了世界制图史上又一个高潮，代表了当时地图绘制的最高水平。

Wondrous Mountains and Seas

Wang Lan

In ancient times, when travel was not yet convenient, people used maps to understand the world. Maps conveyed various information about locations, routes, topography, ethnicities, and resources. In reality, maps serve many different functions and can be classified based on their purposes, such as city maps, nautical charts, hydrographic charts, transportation maps, military maps, and more. The ancient Roman philosopher Cicero once said, "He who controls the sea controls the world." Each ancient map unveils a chapter of dusty history and presents us with visuals of the vicissitudes of time.

The International Cartographic Association (ICA) defines cartography as "the discipline dealing with the art, science, and technology of making and using maps." The Swiss cartography authority and the first president of the ICA, Eduard Imhof, reiterates that "Cartography is a scientific technique with a strong artistic inclination." Maps combine scientific rigor with the imaginative features of art and represent the three-dimensional world in a two-dimensional manner. It is a manifestation of the abstraction, conceptualization, and visualization of the world.

The history of mapmaking is not determined by a single factor or a genius cartographer; it is a result of thousands of years of scientific and technological progress and a reflection of national will. Ancient China had early records of map use: He Bo Xian Tu (The River Deity presenting a map), for instance, is a legend of map use. During the Zhou Dynasty, the Duke of Shao produced the plan map of the city of Luo for the construction of the capital. In the chapter "On Maps" in *Guanzi*, it is said that "All military commanders must first examine and come to know maps." There is also the record of Jing Ke's assassination of Emperor Qin Shi Huang in "Strategies of Yan" from *Strategies of the Warring States*, stating, "a dagger was revealed at the end of a map scroll." "Strategies of Zhao" also mentioned: "I privately examine the maps of the world, and the territories of the vassal states are five times larger than that of Qin." This indicates that at that time, maps already employed a method of proportional scaling. Moreover, according to the records of *Rites of Zhou*, during the Zhou Dynasty, there were already officials tasked explicitly with managing maps, known as Zhi Fang Shi, Da Si Tu, and Tu Xun, each responsible for maps of land, land resources, and the distribution of minerals, respectively. This indicates that after the Spring and Autumn Period and the Warring States period, maps were extensively used in various aspects of social production and military activities. The maps unearthed from the Mawangdui site in Changsha are topographic, garrison, and city maps drawn on silk around 168 BCE. They are some of the earliest physical maps. They already use map symbols to label cities and mountains, using blue to depict rivers and lakes, red dashed lines for roads, and more. Not only do they employ a colored drawing method, but their inclination towards symbolism is also remarkably similar to modern maps. This suggests that the maps' drawing techniques and standards had already reached a high level even at that early stage. *The Maps of the Tributaries of Yu* by Pei Xiu of the Jin Dynasty (224–271) is the earliest recorded collection of Chinese maps. Its preface introduces the influential "six principles of cartography" that significantly impacted ancient Chinese mapmaking. These principles formed the fundamental theory and methods for mapmaking in China from the Western Jin Dynasty to the end of the Ming Dynasty, spanning over 1400 years; they were also the theoretical foundation of the Chinese traditional mapmaking method of Ji Li Hua Fang rectilinear grid system. This work marks Pei Xiu's development and refinement of ancient Chinese cartography, placing him at the forefront of world cartography. It stands as China's contribution to the field of ancient world cartography. The Tang Dynasty cartographer Jia Dan (730–805) spent 16 years creating a national map titled *Hai Nei Hua Yi Tu* (*Map of Chinese and Non-Chinese Territories*), later engraved on stone tablets during the Song Dynasty. In the Northern Song period, the first large-scale national atlas, *Chun Hua Tian Xia Tu*, was compiled using over 400 maps from various regions. Shen Kuo, a geographer and cartographer in the Song Dynasty (1031–1095), conducted on-site investigations and consulted materials to create the *Tian Xia Zhou Xian Tu*, consisting of 20 maps. He also authored the famous ancient Chinese geographical work *Dream Pool Essays*. During the Yuan and Ming dynasties, significant progress and development occurred in cartography. Guo Shoujing (1231–1316), for instance, first introduced the concept of altitude. Another notable geographer and cartographer from the Yuan Dynasty was Zhu Siben (1273–1333), who, after ten years of travel and research, compiled the *Yu Di Tu*, which became a model for maps in the Ming and Qing dynasties. In the Ming Dynasty, the renowned navigator Zheng He conducted seven maritime expeditions to the western seas. Over more than 20 years, he visited more than 30 countries. Zheng He and his fellow navigators compiled China's first maritime atlas, *Zheng He's Navigation Map*, which was included in the book *Wubei Zhi* (*Treatise on Armament Technology*). This atlas comprised 24 sea charts and 20 land maps and included more than 500 location names, making a significant contribution to the development of ancient Chinese cartography.

In the Mediterranean, early navigational maps known as Portolan maps were used by Italian sailors in the 13th century. They served as maritime guides, detailing coastal towns and shorelines. However, compared to conventional maps, they were less accurate in assessing distances and directions. From the 15th century onward, Europeans, in search of Eastern civilizations and wealth and looking to break free from Arab monopolies on East-West trade, explored new maritime trade routes and sought direct engagement with the East. Advances in navigation technology and a renewed understanding of Earth's geography facilitated significant developments in mapmaking, which made explorations of the first two maritime powers, Portugal and Spain, possible. While Portuguese sailors gradually moved south along the west coast of Africa, establishing numerous colonial enclaves, the Spanish monarch sponsored Christopher Columbus, a Genoese explorer, who, in 1492, discovered the Antilles archipelago, unveiling the mystery of the New World. Pope Alexander VI facilitated the signing of the Treaty of Tordesillas on June 7, 1494, to prevent disputes between these Iberian powers over newly discovered territories. This agreement later laid the foundation for the contemporary geopolitical structure of the Eastern and Western worlds.

After the Age of Discovery, as maritime powers like Portugal, the Netherlands, England, and France opened up maritime routes to the East, the science of navigation and cartography experienced rapid development. Initially, knowledge about the Eastern routes primarily came from geographical literature, first from the Portuguese and Dutch and later from the English. These documents, in printed and manuscript form, circulated in France, and by the 17th century, France emerged as a leading center for world geographical science. It became a hub for producing the most prominent and accurate maps of that time, giving rise to several outstanding cartographer families.

The exhibited maps are divided into four main sections: insights from cartogrphic exchanges, the changes of the city of Macao, ancient maritime routes of the greater bay area, the first voyage of the French embassy to China. Viewing the maps from Macao and Guangdong, we can discern the development and changes in Macao and Guangzhou over different periods. These maps also shed light on Guangdong's historical role as a bridge for China's foreign trade and cultural exchanges. Additionally, they provide insights into the advancements in science and technology in 17th-century Europe, their emphasis on and facilitation of navigation and cartography, and the evolution and progress in French mapmaking. The exploration and opening of the Eastern trade routes spurred the rapid development of cartography; cartography reached another peak in the history of mapmaking in the world and reached the highest level.

Maravilhosas Montanhas e Mares

Wang Lan

Em tempos antigos, quando viajar não era tão fácil como agora, o mundo era conhecido através dos mapas. Estes instrumentos transmitem diversas informações, tais como localidades, rotas, topografia, etnias e produtos locais. Na prática, os mapas desempenham também outras funções diferentes, podendo ser classificados de acordo com os seus propósitos específicos: mapas urbanos, cartas náuticas, mapas hidrográficos, mapas de transporte, mapas militares, entre outros. O filósofo romano Cícero disse certa vez: "*Quem controla os mares, controlará o mundo.*" Cada mapa antigo revela-nos um passado deixado para trás pela história, apresenta-nos uma imagem palpável das mudanças ao longo do tempo.

Conforme definida pela Associação Internacional de Cartografia (AIC), a cartografia é "*a arte, ciência e técnica de produzir mapas, bem como o estudo dos mapas como obras científicas e artísticas.*" Eduard Imhof, uma autoridade suíça em cartografia e o primeiro presidente da AIC, salientou repetidamente que "*a cartografia é uma técnica científica com forte inclinação artística.*" Os mapas combinam o rigor científico com as características da imaginação artística, sendo uma forma de registar um mundo tridimensional num suporte bidimensional. São produto de uma abstração, conceptualização e visualização do mundo.

A história da elaboração de mapas nunca foi determinada por um único factor ou pelo génio de um cartógrafo apenas. É antes o resultado do progresso científico e tecnológico da humanidade ao longo de milhares de anos, assim como a expressão da vontade de uma nação. O uso de mapas foi registado muito cedo na China antiga. A história Hebo Xiantu (A Divindade do Rio Oferece um Mapa), por exemplo, é uma lenda sobre o uso de mapas na antiguidade. Durante a dinastia Zhou, o Duque de Shao traçou o mapa da cidade de Luo com vista à construção da sua capital. No capítulo "Sobre Mapas" de *Guangzi*, lemos que "*todos os comandantes militares devem primeiro examinar e conhecer mapas.*" No capítulo "Estratégias de Yan" das *Estratégias dos Reinos Combatentes*, aquando do assassinato do imperador Qin Shi Huang por Jin Ke, refere-se que "*uma adaga escondida foi revelada quando o mapa foi totalmente aberto*". No mesmo livro, no capítulo "Estratégias de Zhao" menciona também que *"eu, em particular, examinei os mapas de todo o império e notei que as terras dos senhores feudais eram equivalentes a cinco vezes a extensão do território de Qin."* Tal indica que, naquela época, os mapas empregavam já métodos de escala proporcional. Além disso, de acordo com os registos dos *Ritos de Zhou*, durante a dinastia Zhou havia já oficiais especialmente encarregados dos mapas. Mais concretamente, os cargos de Zhi Fang Shi, Da Si Tu e Tu Xun eram responsáveis respectivamente por mapas topográficos, de recursos locais e de distribuição de recursos minerais. Pode ver-se que, após os períodos da Primavera e do Outono e dos Reinos Combatentes, os mapas já eram amplamente utilizados tanto nas actividades produtivas da sociedade como nos movimentos militares. Os mapas desenterrados no sítio arqueológico de Mawangdui em Changsha contêm informações relativas à topografia e à localização de guarnições militares e de centros urbanos desenhados. Foram traçados em seda e datam por volta de 168 a.C. Esses mapas são exemplos de mapas físicos mais antigos, nos quais já eram utilizados símbolos para marcar cidades e montanhas, usada a cor azul para representar rios e lagos, linhas tracejadas vermelhas para representar estradas, etc. Além de serem compostos por traçados coloridos, a tendência para a utilização de símbolos nesses mapas aproxima-os bastante dos mapas modernos. Tanto em termos de metodologia como da qualidade de elaboração, estes mapas representam um nível bastante avançado para a época. *Yugong Diyu Tu* (*Os Mapas de Tributos de Yu*), produzidos por Pei Xiu (224-271) da dinastia Jin, são o atlas chinês mais antigo de que há registo. No prefácio a estes mapas, são apresentados "seis elementos da cartografia" que exerceram uma influência muito significativa na produção de mapas na China antiga. Estes elementos constituíram não apenas a teoria e a metodologia fundamentais para a elaboração de mapas durante os mais de 1400 anos decorrentes desde a dinastia Jin Ocidental até aos finais da dinastia Ming, como também serviu de base teórica para o método tradicional de elaboração de mapas na China, conhecido como o "método de elaboração de mapas à escala proporcional". Os *Mapas de Tributos de Yu* representam um avanço significativo do desenvolvimento e aperfeiçoamento da cartografia antiga chinesa

por parte de Pei Xiu, colocando a produção de mapas da China na vanguarda da cartografia mundial na época e dando um contributo chinês para a cartografia antiga a nível mundial. Jia Dan (730–805), um cartógrafo da dinastia Tang, dedicou 16 anos à produção de um mapa de todo o reino intitulado *Hainei Huayi Tu* (*Mapa dos Territórios Chineses e Não-Chineses*), que foi posteriormente gravado em pedra durante a dinastia Song. Na dinastia Song do Norte, foi criado o primeiro mapa do reino em grande escala, o *Chun Hua Tianxia Tu* (*Mapa Nacional de Chun Hua*), composto por mais de 400 mapas de diversas regiões. Shen Kuo (1031–1095), um geógrafo e cartógrafo da dinastia Song, baseou-se em investigações *in loco* e na consulta de documentação para elaborar o *Tianxia Zhouxian Tu* (*Mapas de Regiões e Distritos da China*), composto por 20 mapas. O mesmo Shen Kuo foi também o autor da famosa obra de geografia da China antiga *Mengxi Bitan* (*Ensaios Escritos no Jardim Mengxi*). Durante as dinastias Yuan e Ming, a cartografia assistiu a um desenvolvimento e progresso notáveis. Guo Shoujing (1231–1316) foi o primeiro a introduzir o conceito de altitude. Zhu Siben (1273–1333), outro geógrafo e cartógrafo da dinastia Yuan, compilou o *Yu Di Tu* (*Mapa de Territórios*) após dez anos de viagens e investigações, e o seu trabalho estabeleceu-se como modelo para os mapas nas dinastias Ming e Qing. Zheng He (1371–1433), o célebre navegador da dinastia Ming, realizou sete expedições marítimas aos mares do Oeste, visitando mais de 30 países ao longo de 20 anos. Ele e os seus colegas navegadores compilaram o primeiro atlas de navegação da China, intitulado *Zhenghe Hanghai Dituji* (*Atlas de Navegação de Zheng He*), que foi incluído no livro *Wu Bei Zhi* (*Tratado Militar*). Este atlas contém 24 cartas marítimas, 20 mapas terrestres e mais de 500 topónimos, contribuindo significativamente para o desenvolvimento da cartografia da China antiga.

No Mediterrâneo, existiam mapas de navegação conhecidos como portulanos e que eram utilizados pelos marinheiros italianos no século XIII. Consistiam em guias marítimos que assinalavam cidades portuárias e linhas costeiras, mas que eram menos precisos na avaliação de distâncias e direcções em comparação com os mapas convencionais. A partir do século XV, europeus fascinados pela civilização e riqueza do Oriente e que esperavam quebrar o monopólio árabe do comércio entre o Oriente e o Ocidente, procuraram abrir novas rotas comerciais marítimas para comerciar directamente com os reinos orientais. Os avanços na tecnologia de navegação e os novos conhecimentos da geografia da Terra deram um grande impulso ao desenvolvimento da cartografia, tornando possíveis as explorações marítimas de Portugal e Espanha, as duas potências marítimas pioneiras. Os portugueses avançaram gradualmente para o sul ao longo da costa ocidental de África, estabelecendo numerosos enclaves coloniais ao longo do percurso. O rei de Espanha, por sua vez, patrocionou as viagens do explorador genovês Cristóvão Colombo, que acabou por descobrir o arquipélago das Antilhas em 1492 e por desvendar todo um misterioso Novo Mundo nas Américas. Por forma a evitar disputas entre as duas potências marítimas da Península Ibérica no que dizia respeito à descoberta de novos territórios, a 7 de Junho de 1494, o Papa Alexandre VI, juntamente com os reis de Portugal e de Espanha, chegou a um acordo do qual resultou a assinatura do Tratado de Tordesilhas. Este tratado, posteriormente, estabeleceu os alicerces para a configuração contemporânea dos mundos oriental e ocidental.

Após os Descobrimentos, potências marítimas como Portugal, Holanda, Inglaterra e França, foram abrindo rotas marítimas para o Oriente, levando a um rápido desenvolvimento das ciências da navegação e da tecnologia cartográfica. Inicialmente, o conhecimento dessas rotas marítimas para o Oriente provinha principalmente da documentação geográficas de vários países: primeiro dos portugueses e holandeses, e posteriormente dos ingleses. Esses documentos circulavam em forma impressa e manuscrita na França e, no século XVII, este país tornou-se o líder mundial em matéria de ciências geográficas, de onde vinham os mapas mais proeminentes e exactos da época e onde surgiram inclusive famílias especializadas na cartografia.

Os mapas exibidos nesta exposição encontram-se principalmente divididos em quatro secções: intercâmbios com o Oriente; evolução urbana de Macau; antigas rotas marítimas na Área da Grande Baía Guangdong-Hong Kong-Macau; a primeira viagem directa de uma missão francesa à China. Através da exibição dos mapas de Guangdong e Macau, podemos observar o desenvolvimento e as mudanças urbanas de Macau ao longo dos diferentes períodos, assim como o papel histórico de Guangdong enquanto ponte para o comércio e o intercâmbio cultural da China com o exterior. Ao mesmo tempo, podemos ficar a conhecer a evolução e o progresso da cartografia francesa da época, a qual representa os avanços científicos e tecnológicos na Europa desde o século XVII, assim como a sua ênfase na navegação e na cartografia. A abertura e a exploração das rotas comerciais para o Oriente promoveram o rápido desenvolvimento da cartografia, dando origem a um novo período áureo da história da cartografia mundial e atingindo o mais alto nível de produção de mapas da época.

中西视域——来自舆图的交流

郭 亮

在中国与西方文化交流史中，对近代中国起到深远影响的当属16世纪末开始的耶稣会传教士来华活动。

中西的交流不仅是在宗教层面，在科学、历法、文化艺术方面，实际上起到的作用比教义更为深入人心。在这个交流的浪潮中，地图作为耶稣会士来到中国的主要文化策略，发挥了巨大的作用。

欧洲和中国地学的规模化交流出现在晚明时期，西方传教士来华之后对中国舆图的绘制与表现带来一定的影响。佛兰芒地图学派的最新地图科学也进入明人的视野，无论传教士绘制或是明人摹刻之地图在这一时期都体现出微妙的互动。在欧洲地图学于16世纪末传入之前，中国的舆图绘制已有长期独立的发展体系，但始终未形成具备"地图投影"的欧洲科学样式。甚至到清末开始采用西方科学测绘时，许多中国地图的描绘仍然体现出传统舆图的强大影响。欧洲地图学理解和评价中国古代舆图的观察、绘制之难度在于中国舆图是中国古典学术、科学和视觉艺术的组成部分。文艺复兴时期的欧洲科学，特别是地图学与文字考据学的分离，使中国文人难以接受欧洲地图。不过在明万历年间，一个有趣的地图实验随着耶稣会传教士进入中国。虽不具备类似欧洲地图学的观察、理解背景甚至是材料工具，但传教士们所携带的佛兰芒－荷兰《世界地图》蓝本，和他们在中国绘制的《世界地图》对晚明以后的中国舆图影响甚广。需要指出的是，西方地图进入中国后，同期中国舆图的传统和绘画表现对欧洲地图刻绘样式亦施加了微妙的影响，这突出地反映在晚明时期来华耶稣会传教士所绘的各式地图之中。此时出现诸多《世界地图》的摹刻本、绘本，显示出晚明知识阶层对域外疆域的特殊关注。与欧洲地图来华之前和科学测绘施行之后相比，不仅此时翻刻绘制的《世界地图》成为当时地学进展的一个缩影，它们的绘制方式更具有新的特征。追溯地图的历史，自公元2世纪，托勒密编著的《地理学指南》，就附有27幅世界地图，翻印达50版，在西方影响达1000年之久。公元3世纪，中国的裴秀编制了《禹贡地域图》，提出了“制图六体”，这是中国古代关于地图编制原理最精辟的论述，形成东方独特的地图技术途径，在中国也有近千年影响。托勒密与裴秀两位古代地图学家，按照数学法则建立的描述地理位置的经纬线和方里网，至今仍然是地图数学基础。16世纪后，随着文艺复兴时期科学、测量和航海事业的进一步发展，人们对世界地理有了新的比较完整的认识，这成为欧洲完善《世界地图》的基础，也成为地图发展的动力。另外，从中国传入欧洲的造纸、印刷术得以推广，促进了意大利、荷兰和德国等地图印制出版中心的形成。

Sino-Western Perspectives: Insights from Cartographic Exchanges

Guo Liang

In the history of exchange between China and the West, the activities of the Jesuit missionaries, who began coming to China in the late 16th century, had a particularly profound impact on the course of Chinese history.

Sino-Western exchange was not only on the religious level. The exchanges in science, calendar systems, culture and art played an even more profound role on hearts and minds. In these waves of exchange, maps served as the Jesuits' core strategy in China, and had a profound impact.

Large-scale geographic exchanges between Europe and China first began in the late Ming dynasty. The arrival of Western missionaries had a marked impact on Chinese mapmaking. The latest mapmaking technology of the Flemish mapmakers also caught the attention of the Ming, and whether it was specimens of maps drawn by missionaries, or copies of Western maps made by the Chinese, we can see an often subtle interaction between the two regions. Before European cartography arrived in the late 16th century, Chinese mapmaking had a longstanding independent system, yet it had never developed into the European model of "cartographic projection."Even in the late Qing dynasty, when Chinese cartographers began using Western scientific surveying methods, many of the resulting maps reflected a strong influence of Chinese mapmaking traditions. European understanding and evaluation of ancient Chinese territorial maps as difficult to observe and produce was rooted in the fact that Chinese territorial maps were an integral part of ancient Chinese academia, science and visual art. European sciences in the Renaissance, particularly the division between cartography and textual criticism, made it difficult for China's literati to accept European maps. But in the reign of Ming Emperor Wanli, an interesting cartographic experiment followed the Jesuits into China. Though China lacked the observational techniques, understanding and even tools of European cartography, the Flemish world map and the Chinese world map which was created from it came to have a profound impact on Chinese cartography. It must be noted here that after Western maps entered China, China's mapmaking traditions and expressive modes also subtly influenced European mapmaking, which is particularly apparent in the various maps that the Jesuits made while in China in the Ming dynasty. Many copies of the Jesuit world map were made, revealing the particular interest of late Ming dynasty intellectuals in foreign lands. In comparing maps before the arrival of European mapmaking and after the implementation of scientific survey measures, the Jesuit Map of the World serves not only as a microcosm of the advancement of geography, but also of the new traits in the maps of the time. Tracing the history of maps, we find that in the 2nd century, Ptolemy's *Geography* included 27 maps of the world, saw 50 printings, and influenced the West for over a thousand years. In the 3rd century, Chinese scholar Pei Xiu compiled *the Map of the Tributaries of Yu*, which proposed the "six principles of cartography," the earliest and most incisive treatise on mapmaking in ancient China. This set the course for the East's unique approach to mapmaking, and influenced China for a thousand years. Ptolemy and Pei Xiu used mathematical principles to establish the concepts of the concepts of Latitude and Langitude and Grid Square that today still serve as the basis for cartography. Beginning in the 16th century, with the advancements in science, surveying and seafaring, European world maps began to take on a more complete view of the world, forming the foundation for the perfection of world maps, as well as the impetus for the development of cartography. Meanwhile, the spread of papermaking and printing technologies from China to Europe led to the formation of mapmaking and printing centers in Italy, Holland and Germany.

Perspectivas Sino-Ocidentais: Intercâmbios Cartográficos

Guo Liang

Na história dos contactos entre a China e o Ocidente, as actividades missionárias da Companhia de Jesus, iniciadas com a chegada à China dos jesuítas nos finais do século XVI, tiveram um impacto profundo na China moderna.

As trocas sino-ocidentais não se limitavam apenas à dimensão religiosa. Na realidade, intercâmbios nas áreas da ciência, dos sistemas de calendarização, da cultura e da arte desempenharam um papel ainda mais significativo do que as doutrinas religiosas. Nessa onda de intercâmbios, os mapas serviam como principal estratégia cultural dos jesuítas na China, tendo desempenhado um papel muito significativo.

Os intercâmbios geográficos em grande escala entre a Europa e a China tiveram início nos finais da dinastia Ming. A chegada dos missionários ocidentais exerceu uma certa influência na elaboração e representação de mapas na China. As mais recentes tecnologias cartográficas da escola dos cartógrafos flamengos também mereceu a atenção dos Ming, de modo que podemos observar traços subtis de interacção, quer nos mapas produzidos pelos missionários, quer nas cópias de mapas ocidentais feitas pelos chineses durante esse período. Antes da introdução da cartografia europeia nos finais do século XVI, a cartografia chinesa constituía já um sistema independente e de longa data, mas que nunca se desenvolveu em direcção ao modelo científico europeu de "projecção cartográfica". Mesmo na dinastia Qing tardia, quando os cartógrafos chineses começaram a adoptar os métodos científicos de levantamento ocidentais, muitos dos mapas resultantes reflectiam ainda uma forte influência da cartografia tradicional chinesa. Era bastante difícil para os europeus possuir um entendimento e uma apreciação em relação aos modos de observação e de elaboração dos mapas territoriais da China antiga, uma vez que estes mapas eram produto do saber, da ciência e da arte visual da China antiga. As ciências europeias resultantes do Renascimento, nomeadamente a separação entre a ciência cartográfica e a crítica textual, tornavam a aceitação dos mapas europeus difícil para os literatos chineses. Contudo, durante o reinado do imperador Wanli da dinastia Ming, uma experiência cartográfica interessante foi introduzida na China com a chegada dos missionários jesuítas. Embora a China não possuísse técnicas de observação, modos de compreensão e até ferramentas semelhantes às da cartografia europeia, o exemplar original do mapa-múndi flamengo-holandês trazido pelos jesuítas, assim como o mapa-múndi chinês elaborado por estes na China, exerceram uma ampla influência na cartografia chinesa após a dinastia Ming tardia. Após a introdução de mapas ocidentais na China, as tradições cartográficas e os modos de expressão chineses da época exerceram também uma influência subtil nas representações cartográficas europeias. Isto é particularmente evidente nos diversos mapas elaborados pelos jesuítas durante a sua estadia na China durante os finais da dinastia Ming. Durante este período, foram feitas muitas cópias do mapa-múndi, demonstrando o interesse particular das elites intelectuais dos finais da dinastia Ming por terras estrangeiras. Em comparação com os mapas feitos antes da chegada da cartografia europeia e após a implementação de modos científicos de levantamento, o mapa-múndi produzido pelos jesuítas é não apenas um produto dos avanços geográficos da época, como também apresenta novas características na sua metodologia de elaboração. Ao revisitar a história da cartografia, descobrimos que, no século II, a *Geografia* compilada por Ptolomeu incluía 27 mapas do mundo e foi impressa 50 vezes, exercendo uma influência duradoura no Ocidente durante mil anos. No século III, o chinês Pei Xiu elaborou os *Mapas de Tributos de Yu*, nos quais propôs os "seis elementos cartográficos" que constituíram a exposição mais incisiva dos princípios de criação de mapas na China antiga. Estes avanços deram origem a uma abordagem técnica em relação à produção de mapas que era única do Oriente e que vigorou na China por quase mil anos. Fazendo uso de princípios matemáticos, estes dois geógrafos da antiguidade, Ptolomeu e Pei Xiu, estabeleceram os conceitos de latitude, longitude e quadrícula usadas na descrição de posições geográficas, conceitos que ainda são fundamentais para a matemática cartográfica. Após o século XVI, com os avanços contínuos da ciência, da topografia e da náutica durante o Renascimento, obteve-se uma noção relativamente mais completa da geografia mundial, que constituiu a base para o aperfeiçoamento do mapa-múndi na Europa, assim como contribuiu para o desenvolvimento da cartografia. Além disso, a disseminação das tecnologias de fabrico de papel e de impressão desde a China para a Europa contribuiu para a formação de centros de produção e impressão de mapas em países como Itália, Holanda e Alemanha.

吉罗拉摩·鲁切利

◇

《亚洲地图》

1561 年

铜版

22.9×30.9cm

银川当代美术馆藏

Girolamo Ruscelli

◇

Map of Asia

1561

Copperplate engraving

22.9×30.9cm

Collection of Museum of Contemporary Art Yinchuan

Girolamo Ruscelli

◇

Tabvla Asiae X

1561

Gravuras em chapa de cobre

22.9 x 30.9cm

Colecção do Museu de Arte Contemporânea de Yinchuan

让·哈伊根·范·林斯霍滕

◇

《中国人的习俗》

16—17 世纪

30.7×36.4cm

银川当代美术馆藏

Jan Huyghen van Linschoten

◇

Customs of the Chinese People

16th to 17th Century

30.7×36.4cm

Collection of Museum of Contemporary Art Yinchuan

Jan Huyghen van Linschoten

◇

Costumes do Povo Chinês

Século XVI a XVII

30.7 × 36.4cm

Colecção do Museu de Arte Contemporânea de Yinchuan

佚名

◇

《安汶岛地图》
17 世纪
铜版彩绘
17.1×22.3cm
银川当代美术馆藏

Anonymous

◇

Ambon Island
17th Century
Painted copperplate engraving
17.1×22.3cm
Collection of Museum of Contemporary Art Yinchuan

Anónimo

◇

Ilha Ambon
Século XVII
Gravura em cobre pintada
17.1 x 22.3cm
Colecção do Museu de Arte Contemporânea de Yinchuan

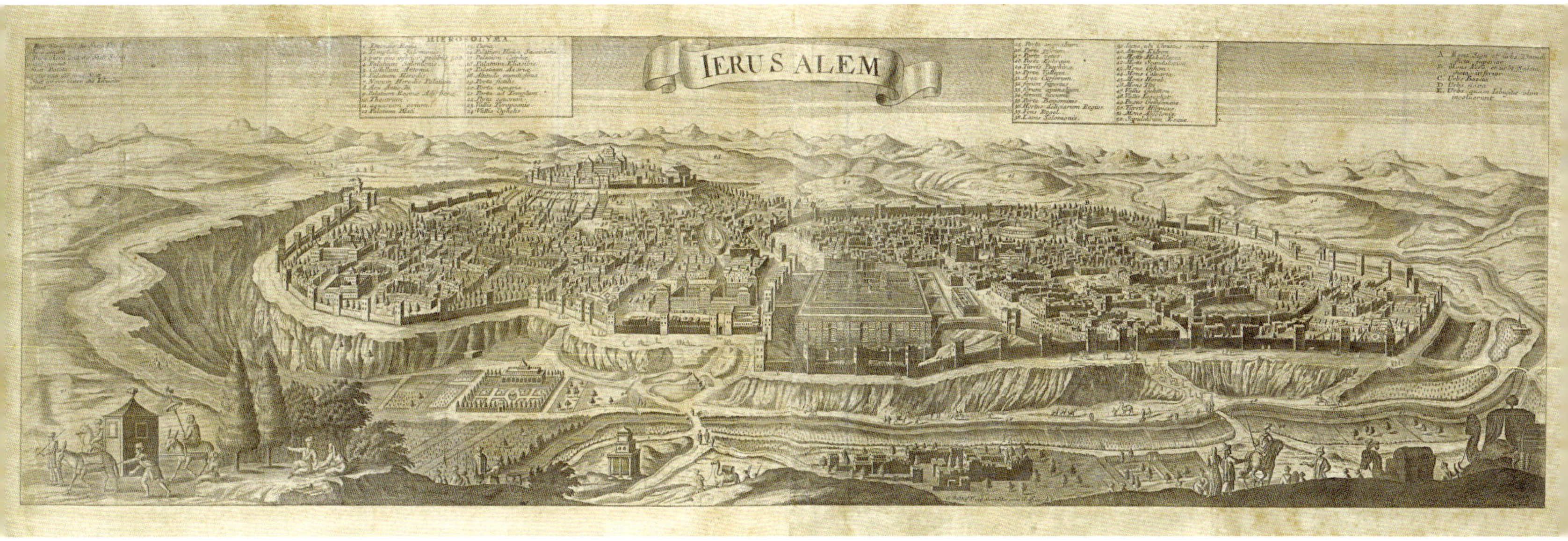

佚名

◇

《耶路撒冷全景图》
17—18 世纪
铜版
34×103.7cm
银川当代美术馆藏

Anonymous

◇

Panorama of Jerusalem
17th to 18th Century
Copperplate engraving
34×103.7cm
Collection of Museum of Contemporary Art Yinchuan

Anónimo

◇

Panorama de Jerusalem
Século XVII a XVIII
Gravura em chapa de cobre
34 × 103.7cm
Colecção do Museu de Arte Contemporânea de Yinchuan

佚名

◇

《中国地图》
17 世纪明末时期
铜版彩绘
65.6×90.6cm
银川当代美术馆藏

Anonymous

◇

Map of China
Late Ming Dynasty, 17th Century
Painted copperplate engraving
65.6×90.6cm
Collection of Museum of Contemporary Art Yinchuan

Anónimo

◇

Mapa da China
Finais da dinastia Ming, século XVII
Gravura em cobre pintada
65.6 × 90.6cm
Colecção do Museu de Arte Contemporânea de Yinchuan

文森佐・科洛内利

◇

《中国分省地图》

1690 年

铜版彩绘

50.5×67.3cm

银川当代美术馆藏

Vincenzo Coronelli

◇

Provinces of China

1690

Painted copperplate engraving

50.5×67.3cm

Collection of Museum of Contemporary Art Yinchuan

Vincenzo Coronelli

◇

Províncias da China

1690

Gravura em cobre pintada

50.5 × 67.3cm

Colecção do Museu de Arte Contemporânea de Yinchuan

乔安·巴普蒂斯特·霍曼

◇

《东西半球及天体半球图》

1707 年

55.8×58cm

银川当代美术馆藏

Johann Baptist Homann

◇

Planiglobii Terrestris Cum Utroq Hemisph'rio C'lesti

1707

55.8×58cm

Collection of Museum of Contemporary Art Yinchuan

Johann Batista Homann

◇

Planiglobii Terrestris Utroq Hemisph'rio C'lesti

1707

55.8 x 58cm

Colecção do Museu de Arte Contemporânea de Yinchuan

雅克－尼古拉斯·贝林

◇

《中国地图——游记与历史地图》

1748 年

铜版

42.9 × 53.8cm

银川当代美术馆藏

Jacques-Nicolas Bellin

◇

Map of China: Travels and History

1748

Copperplate engraving

42.9 × 53.8cm

Collection of Museum of Contemporary Art Yinchuan

Jacques-Nicolas Bellin

◇

Mapa da China: Viagens e História

1748

Gravura em chapa de cobre

42.9 × 53.8cm

Colecção do Museu de Arte Contemporânea de Yinchuan

佚名

◇

《亚洲地图》

1842 年

铜版彩绘

52.7×74.5cm

银川当代美术馆藏

Anonymous

◇

Map of Asia

1842

Painted copperplate engraving

52.7×74.5cm

Collection of Museum of Contemporary Art Yinchuan

Anónimo

◇

Mapa da Ásia

1842

Gravura em cobre pintada

52.7 × 74.5cm

Colecção do Museu de Arte Contemporânea de Yinchuan

维克多·莱维塞尔

◇

《亚洲地图》
1856 年
钢版彩绘
35.2×52.4cm
银川当代美术馆藏

Victor Levasseur

◇

Atlas Universel Illustre Asia
1856
Painted steel engraving
35.2×52.4cm
Collection of Museum of Contemporary Art Yinchuan

Victor Levasseur

◇

Atlas Universal Ilustrado da Ásia
1856
Gravura em cobre pintada
35.2 × 52.4cm
Colecção do Museu de Arte Contemporânea de Yinchuan

镜映沧桑——澳门城市变迁

汪 蓝

澳门，地处中国南海之滨，明代隶属于广州府香山县，曾以濠镜澳之名见诸《明史》。“其曰澳门，则以澳南有四山离立，海水纵横贯其中，成十字，曰十字门，故合称澳门。”“澳”是海岸弯曲可以停泊船只的地方。澳门是一个天然的良港，“凡番船停泊，必以海滨之湾环者为澳”，所以，澳门本身便是一个天然的良港。澳门成为中国最早向西方人开放的口岸之一，其主要的原因是其良港的周围环境和独特的海岸线地理条件。

15世纪，随着欧洲地理大发现，在巨大的经济利益与政治利益的双重驱使下，西方人纷至沓来。鉴于探险与航海的需求，在东方航线的开拓中地图的绘制尤为重要，也成为各海上强国的国家机密。澳门“孤悬海表，直接外洋”，作为广州的“外港”，是当时中国唯一允许外国人寓居之地，在中西方贸易中有着极其重要的地位。在早期葡萄牙、荷兰、英国和法国等国的东方地图中，澳门、广州是最常见的中国地名，几乎是中国形象的体现，频繁地出现在各种地图集和航海纪行里，成为东方神秘国度的象征。

自从1557年澳门开埠以来，澳门城市的发展经历了四个时期：

1553—1622年，澳门城市形成期：按地形、主要街道、族群、功能而自然形成。

1622—1842年，澳门城市巩固期：首任总督马士加路也有系统地建设炮台、城墙等防护设施，巩固城市的发展，加强葡人的自治，澳门半岛明显分为城市及城外两部分，城外为华人村落、田地。

1842 1938年，澳门城市扩张期：鸦片战争后，澳门总督亚马留开始实施扩张政策，逐步将澳门北部、氹仔、路环及部分湾仔和横琴划入葡萄牙人管治范围，拆除城墙，迁移华人村落，开辟道路及新区，在内港和外港逐步填海。

1938—1999年，澳门平稳发展期：完成澳门城市今天的格局，填海规划基本结束，1987年4月13日签订《中葡联合声明》，为澳门平稳回归打下基础。

澳门地图是澳门城市发展的视觉再现，也是澳门历史事件的真实记录，由于地图绘制的严谨性和科学性，为我们提供了一幅澳门历史城区演变的历史长卷。

A Mirror Reflecting Vicissitudes: The Changes of the City of Macao

Wang Lan

Macao, or *Ao Men*, located on the coast of the South China Sea, was administratively part of Xiangshan County, Guangzhou Prefecture, during the Ming Dynasty; it was mentioned in the *History of Ming* under the name *Haojing'ao*. "It is called *Ao Men* because, to the south of *Ao*, there are four separate mountains with water flowing through them, creating a cross-shaped gate-like environment known as the *Shizi-men* (Gate of the Cross). The combined name *Ao Men* reflects this geographical feature." *Ao* refers to the bend on the coast where ships anchor. Macao is a natural harbor, and "whenever foreign ships anchor, they anchor at the bend on the coast, known as *Ao*." Macao became one of the earliest ports in China to open to Westerners, primarily due to its surrounding environment as an excellent harbor and unique coastal geography.

Westerners arrived in large numbers in the 15th century, with the European Age of Discovery driven by significant economic and political interests. Given the needs of exploration and navigation, the mapping of the Eastern routes became crucial and a state secret for maritime powers. Macao, "hanging alone on the sea and directly facing the ocean," as an "outer port" of Guangzhou, was the only place in China where foreigners were allowed to reside at the time, and it held a crucial position in Sino-Western trade. In early Portuguese, Dutch, British, and French maps of the East, Macao and Guangzhou were the most common Chinese place names, almost representing the image of China and frequently appearing in various atlases and navigational accounts, becoming symbols of the mysterious Oriental kingdom.

Since the opening of Macao in 1557, the

development of the city has gone through four periods:

1553–1622, Formation Period of Macao: The city formed naturally according to topography, main streets, ethnic groups, and functions.

1622–1842, Consolidation Period of Macao: The first governor, Francisco Mascarenhas, ordered the systematic construction of fortifications, city walls, and other defense facilities, consolidating the city's development and strengthening Portuguese autonomy. The Macao Peninsula was clearly divided into the urban area and the rural area, with the latter consisting of Chinese villages and fields.

1842–1938, Expansion Period of Macao: After the Opium War, Governor Amaral began implementing expansion policies, gradually incorporating the northern part of Macao, Taipa, Coloane, and parts of Wanzai and Hengqin into Portuguese governance. The city walls were dismantled, Chinese villages were relocated, roads and new districts were developed, and land reclamation took place in both Inner and Outer Harbors.

1938–1999, Stable Development Period of Macao: The city's present layout was completed, and the land reclamation plan was mostly finished. The Sino-Portuguese Joint Declaration was signed on April 13, 1987, laying the foundation for Macao's smooth return.

The map of Macao visually represents the city's development and serves as a genuine record of historical events. Due to the precision and scientific nature of mapmaking, it provides us with a historical scroll depicting the evolution of Macao's historic urban area.

Vicissitudes no Espelho do Tempo: Mudanças Urbanas de Macau

Wang Lan

Macau, localizada na costa do Mar do Sul da China, fazia parte da jurisdição do distrito de Xiangshan da prefeitura de Guangzhou durante a dinastia Ming. Na *História da Dinastia Ming*, existem referências ao local como "Haojing Ao". "*Chama-se Ao Men porque, ao sul de Ao, existem quatro montanhas separadas por entre as quais fluem as águas do mar, formando uma espécie de cruz à qual se chama 'Porta da Cruz'. É precisamente dessa característica geográfica que deriva o nome composto 'Ao Men', ou seja, Macau.*" "Ao" refere-se à curva da costa que servia de abrigo às embarcações. Macau é um excelente porto natural. "*Sempre que navios estrangeiros cá se abrigam, fazem-no na curva da costa conhecida como Ao.*" Relatos como este sublinham as vantagens naturais do porto de Macau. Macau tornou-se um dois primeiros portos da China aberto aos ocidentais, principalmente devido ao ambiente circundante que a tornava um excelente porto, assim como às condições geográficas únicas da sua linha costeira.

No século XV, com as grandes descobertas geográficas europeias, chegaram a estas costas ocidentais em grande número, impulsionados por enormes interesses económicos e políticos. Dadas as necessidades de exploração e navegação, a criação de mapas tornou-se crucial para a aberturta das rotas orientais, chegando estes mapas a serem considerados um segredo nacional para as potências marítimas. Macau, "*suspensa sozinha no mar e olhando de frente para o oceano*", funcionava como uma espécie de "porto exterior" de Guangzhou e era o único lugar na China da época onde era permitido aos estrangeiros residir. Como tal, o local detinha uma posição muito importante no comércio sino-ocidental. Nos primeiros mapas sobre o Oriente feitos por portugueses, holandeses, ingleses e franceses, Macau e Guangzhou eram os topónimos chineses que mais se destacavam, sendo quase sinónimo de todo o império chinês. Apareciam frequentemente em vários atlas e relatos de navegação, tornando-se símbolos de um misterioso reino oriental.

Desde a abertura de Macau em 1557, o desenvolvimento urbano de Macau passou por quatro períodos:

1553–1622, período de formação de Macau: A cidade de Macau formou-se naturalmente de acordo com a topografia, as principais ruas, os grupos étnicos e as funções.

1622–1842, período de consolidação de Macau: O primeiro Governador de Macau, Francisco Mascarenhas, ordenou a construção sistemática de fortificações, muralhas da cidade e outras instalações de defesa, consolidando o desenvolvimento da cidade e fortalecendo a autonomia portuguesa. A Península de Macau foi claramente dividida em área urbana e área rural, sendo esta última composta por vilarejos chineses e campos agrícolas.

1842–1938, período de expansão de Macau: Após a Guerra do Ópio, o Governador Ferreira Amaral iniciou a implementação de políticas de expansão e foi incorporando progressivamente na jurisdição portuguesa a parte Norte de Macau, Taipa, Coloane e partes de Wanzai e Henqing. As muralhas da cidade foram desmanteladas, vilarejos chineses foram realocados, foram criadas novas estradas e bairros, assim como realizados aterros tanto no Porto Interior quanto no Porto Exterior.

1938–1999, período de desenvolvimento estável de Macau: Concluiu-se a configuração actual da cidade, assim como grande parte do plano de aterros. A Declaração Conjunta Sino-Portuguesa foi assinada em 13 de Abril de 1987, estabelecendo as bases para o retorno pacífico de Macau.

Os mapas de Macau são uma representação visual do desenvolvimento da cidade e servem como um registo autêntico de eventos históricos de Macau. Devido à precisão e natureza científica da criação de mapas, estes oferecem-nos um panorama histórico que retrata a evolução da área urbana de Macau ao longo dos tempos.

佚名

◇

《澳门城图》
1635 年
42×59cm
法国国家图书馆藏，PORT1

Anonymous

◇

Demonstration of the City of Macao
1635
42×59cm
Collection of National Library of France, PORT1

Anónimo

◇

Demonstração da Cidade de Macau
1635
42 x 59cm
Colecção da Biblioteca Nacional de França, PORT1

佩德罗·巴雷托·雷曾德

◇

《澳门图》
约 1635 年
40×62cm
埃武拉的公立图书馆藏，BPE-RES Cod. CXV/2-1

Pedro Barreto de Resende

◇

Macao
Circa 1635
40×62cm
Collection of Evora Public Library, BPE-RES Cod. CXV/2-1

Pedro Barreto Resende

◇

Macau
Circa 1635
40 × 62cm
Colecção da Biblioteca Pública de Évora, BPE-RES Cod. CXV/2-1

安东尼奥·德·马里斯·卡内罗

◇

《澳门图》

1639 年

45×68cm

葡萄牙国家图书馆藏，IL. 149

António de Mariz Carneiro

◇

Macao

1639

45×68cm

Collection of National Library of Portugal, IL. 149

António de Mariz Carneiro

◇

Macau

1639

45 × 68cm

Colecção da Biblioteca Nacional de Portugal, IL. 149

佚名

◇

《珠江水道及澳门图》

约 1646 年

43 × 59cm

阿茹达图书馆藏，Ms. Av. 54-XI-21, nº 9

Anonymous

◇

Map of the Pearl River Estuary and of the Macao Peninsula

Circa 1646

43 × 59cm

Collection of the Ajuda Library, Ms. Av. 54-XI-21, nº 9

Anónimo

◇

Mapa do Delta do Rio das Pérolas e da Península de Macau

Circa 1646

43 x 59cm

Colecção da Biblioteca da Ajuda, Ms. Av. 54-XI-21, nº 9

琼·芬彭士

◇

《中国澳门城平面图》

约 1664 年

53×77cm

老楞佐图书馆藏，Carte di Castello 16

Joan Vinckeboons

◇

Plan of City of Macau, China

Circa 1664

53×77cm

Collection of Laurentian Medici Library, Carte di Castello 16

Joan Vinckeboons

◇

Plano da Cidade de Macau, China

Circa 1664

53 × 77cm

Colecção da Biblioteca Medicea Laurenziana, Carte di Castello 16

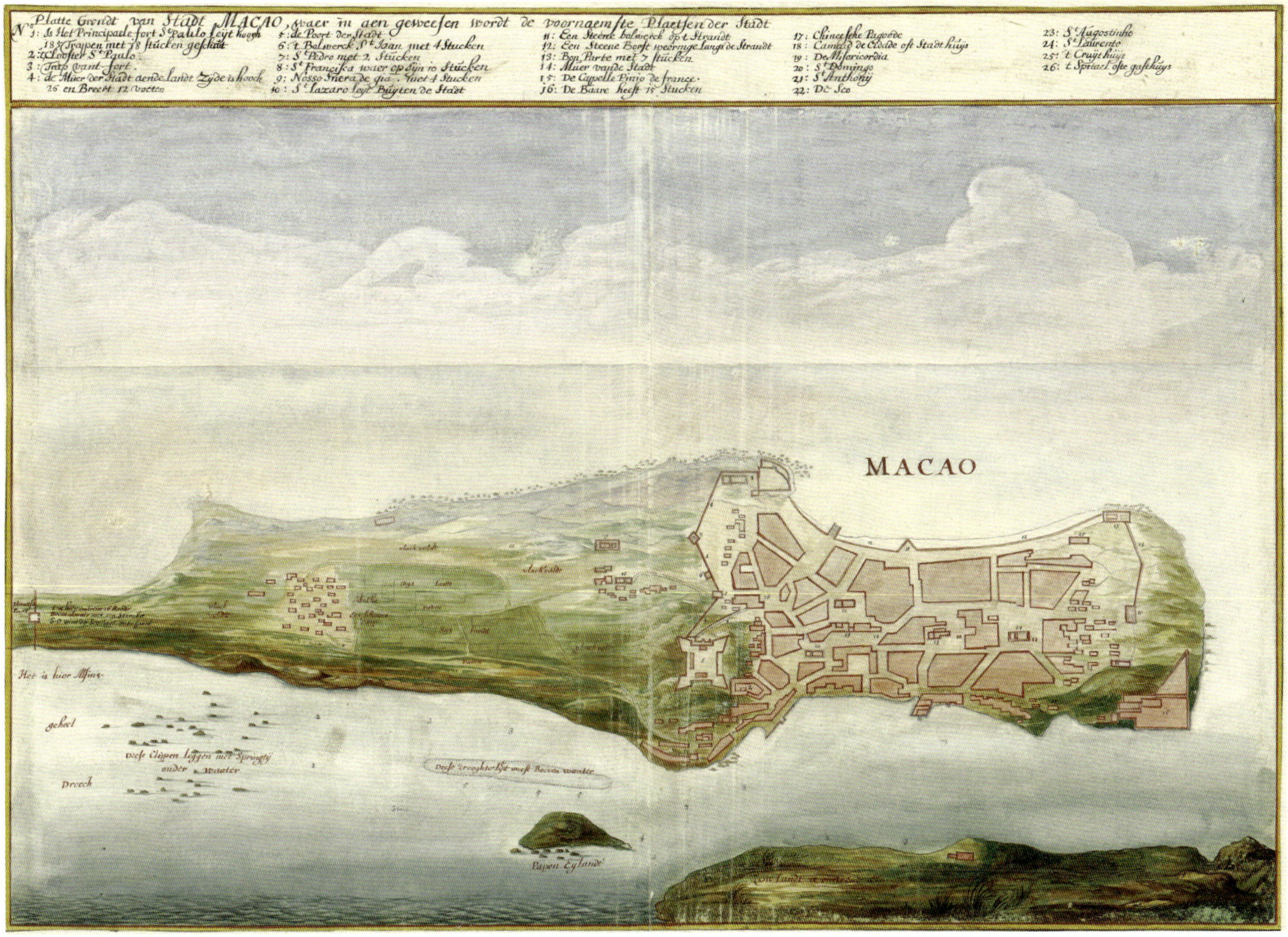

琼·芬彭士

◇

《澳门城平面图》

约 1665 年

41 × 59cm

荷兰国家档案馆藏，4. VELH 619.66

Joan Vinckeboons

◇

The Flat Map of the City of Macao

Circa 1665

41 × 59cm

Collection of National Archives of the Netherlands, 4. VELH 619.66

Joan Vinckeboons

◇

Plano da Cidade de Macau

Circa 1665

41 x 59cm

Colecção do Arquivo Nacional dos Países Baixos, 4. VELH 619.66

琼·芬彭士

◇

《澳门城地图》
约 1665 年
56×77cm
荷兰国家档案馆藏，4. VELH 619.65

Joan Vinckeboons

◇

The City of Macao
Circa 1665
56×77cm
Collection of National Archives of the Netherlands, 4. VELH 619.65

Joan Vinckeboons

◇

Mapa da Cidade de Macau
Circa 1665
56 × 77cm
Colecção do Arquivo Nacional dos Países Baixos, 4. VELH 619.65

佚名

◇

《澳门图》

1675 年

21×28cm

葡萄牙国家图书馆藏，RES. 754 A

Anonymous

◇

Macao

1675

21×28cm

Collection of National Library of Portugal, RES. 754 A

Anónimo

◇

Macau

1675

21 x 28cm

Colecção da Biblioteca Nacional de Portugal, RES. 754 A

佚名

◇

《中国部分沿岸图》

约 1710 年

48×125cm

葡萄牙国家图书馆藏，D. 90 R.

Anonymous

◇

Partial Coastal Map of China

Circa 1710

48×125cm

Collection of National Library of Portugal, D. 90 R.

Anónimo

◇

Mapa Parcial da Costa da China

Circa 1710

48 × 125cm

Colecção da Biblioteca Nacional de Portugal, D. 90 R.

佚名

◇

《澳门屏风图》
约 1750 年
218×330cm
东方基金会，东方博物馆藏，
FO/0532

Anonymous

◇

Folding Screen of Macau
Circa 1750
218×330cm
Collection of Orient Foundation-Orient Museum, FO/0532

Anónimo

◇

Biombo de Macau
Circa 1750
218 × 330cm
Colecção da Fundação Oriente-Museu do Oriente, FO/0532

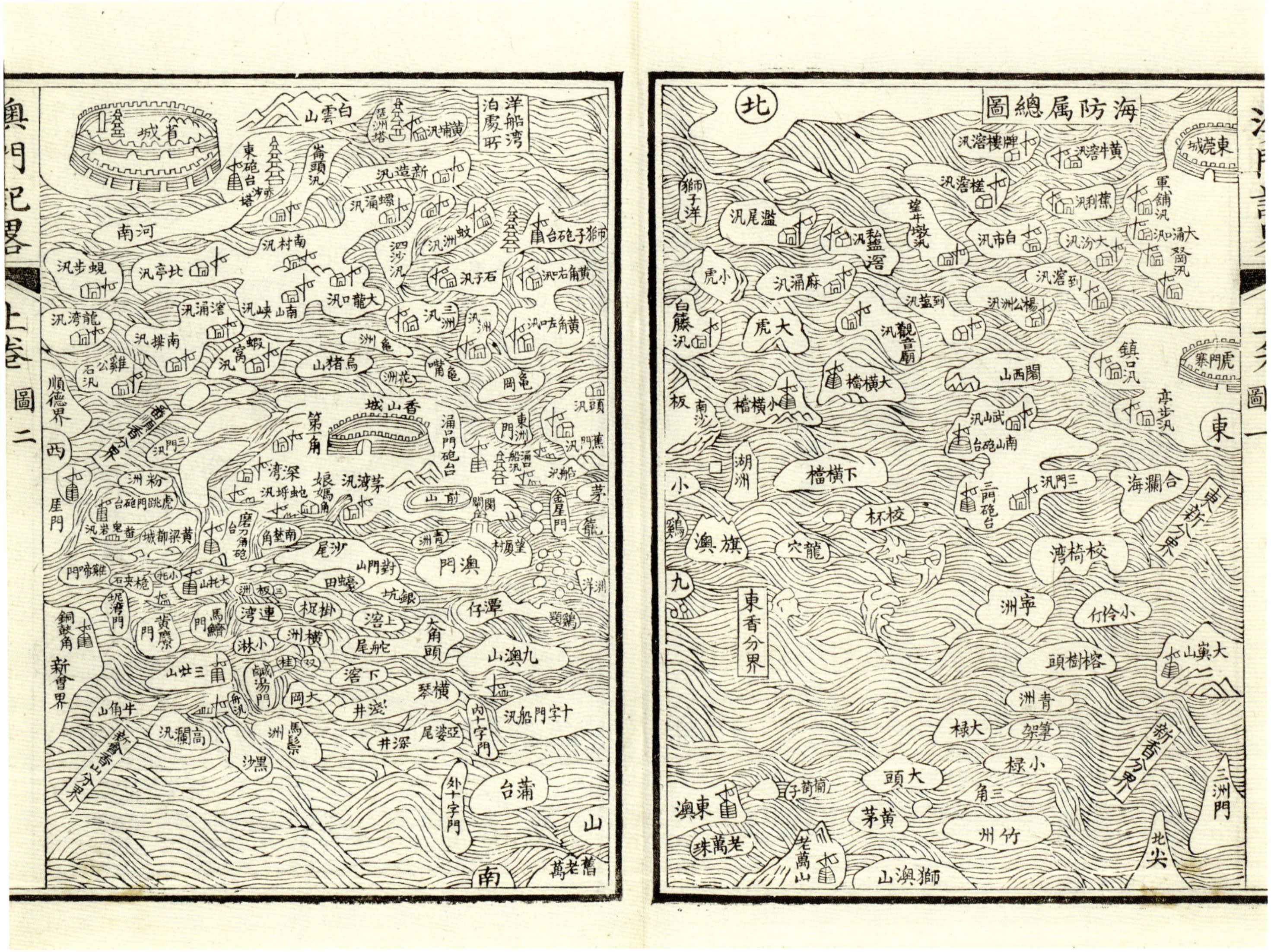

印光任、张汝霖

◇

《海防属总图》

1751年

29×30cm

博德利图书馆藏，Sinica 2893

Yin Guangren, Zhang Rulin

◇

The Map of Coastal Defence

1751

29×30cm

Collection of Bodleian Libraries, Sinica 2893

Yin Guangren, Zhang Rulin

◇

Mapa de Defesa Costeira

1751

29 x 30cm

Colecção da Biblioteca Bodleiana, Sinica 2893

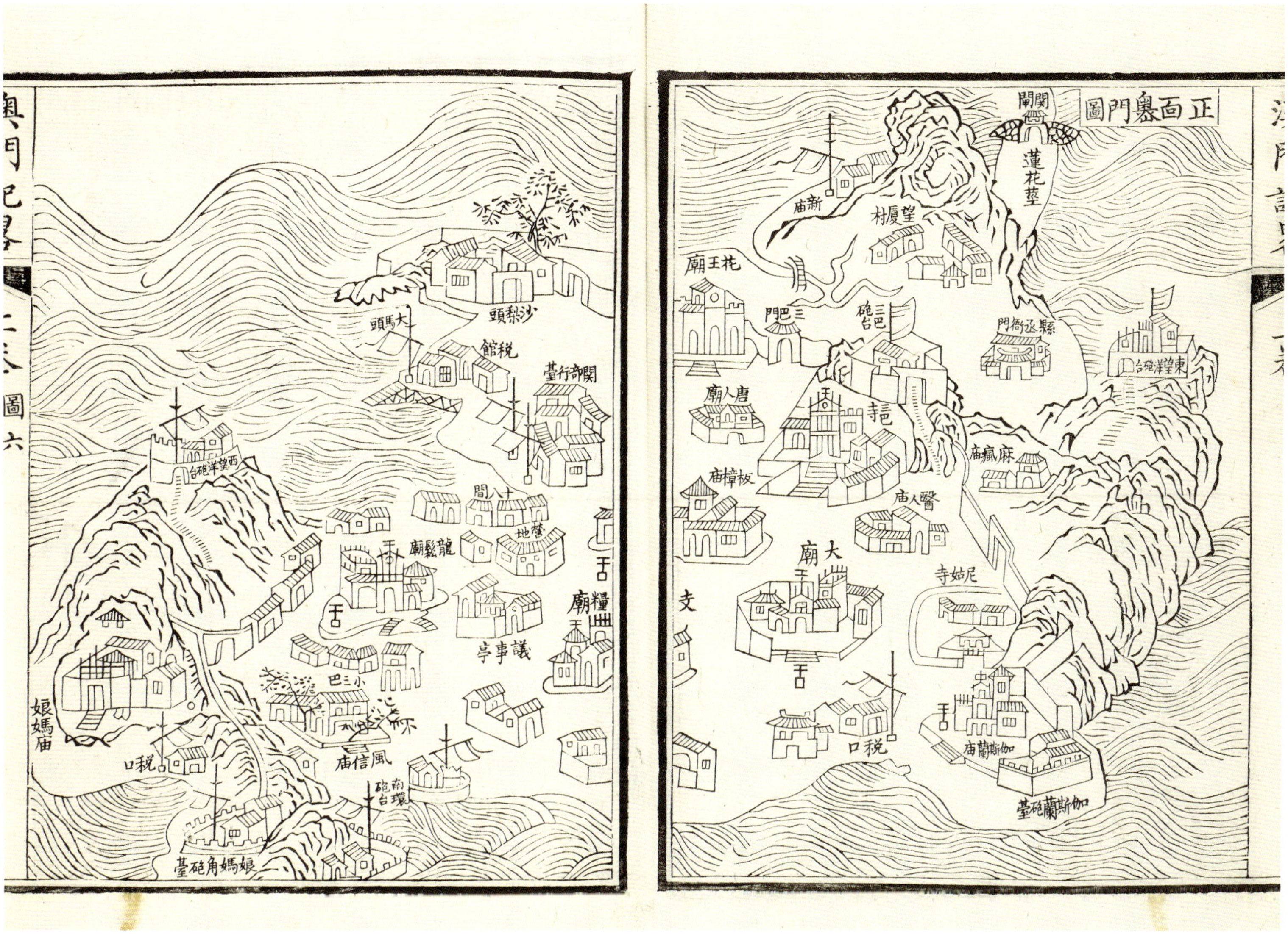

印光任、张汝霖

◇

《正面澳门图》
1751 年
29×30cm
博德利图书馆藏，Sinica 2893

Yin Guangren, Zhang Rulin

◇

Front View of Macao
1751
29×30cm
Collection of Bodleian Libraries, Sinica 2893

Yin Guangren, Zhang Rulin

◇

Vista Frontal de Macau
1751
29 × 30cm
Colecção da Biblioteca Bodleiana, Sinica 2893

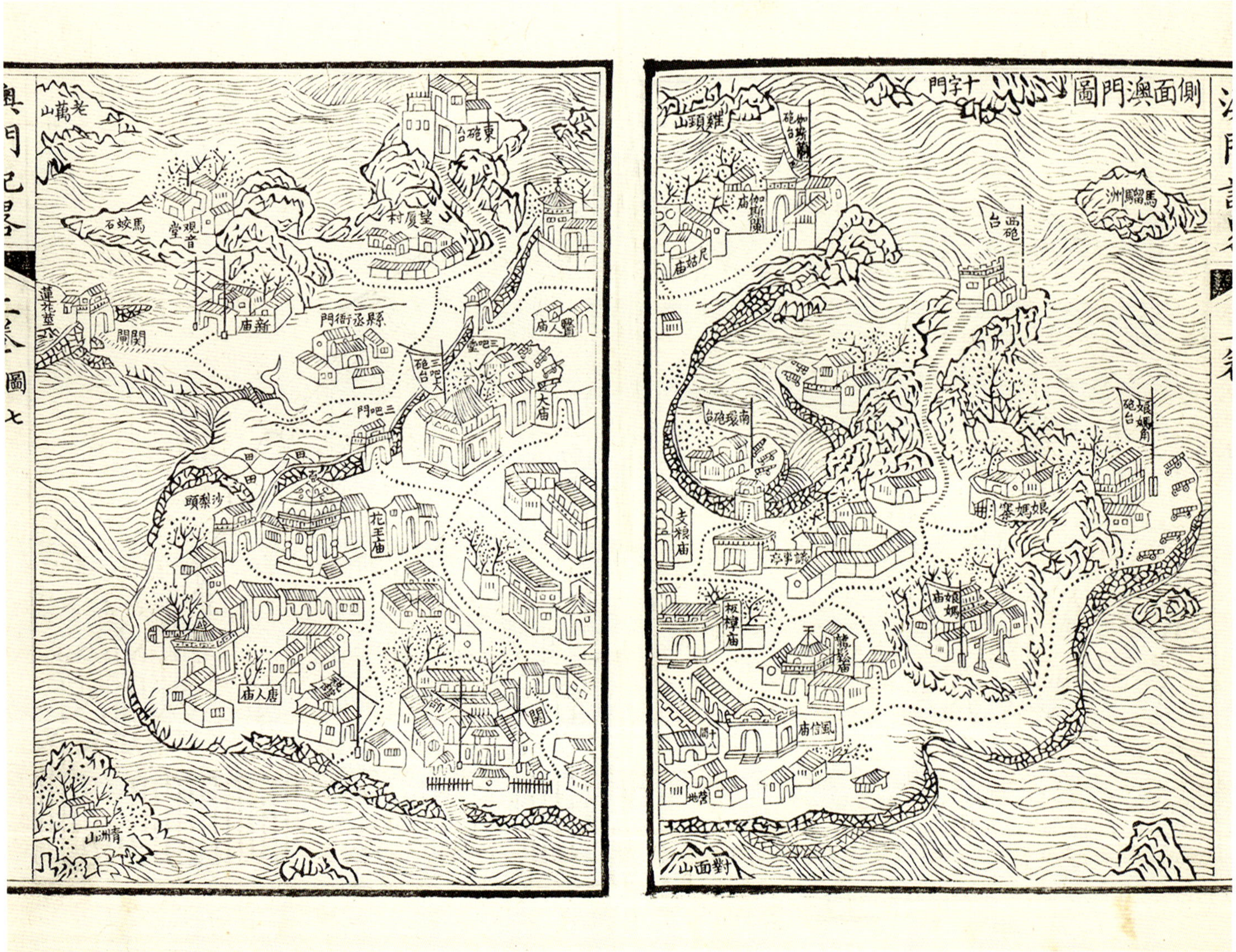

印光任、张汝霖

◇

《侧面澳门图》

1751 年

29×30cm

博德利图书馆藏，Sinica 2893

Yin Guangren, Zhang Rulin

◇

Side View of Macao

1751

29×30cm

Collection of Bodleian Libraries, Sinica 2893

Yin Guangren, Zhang Rulin

◇

Vista Lateral de Macau

1751

29 × 30cm

Colecção da Biblioteca Bodleiana, Sinica 2893

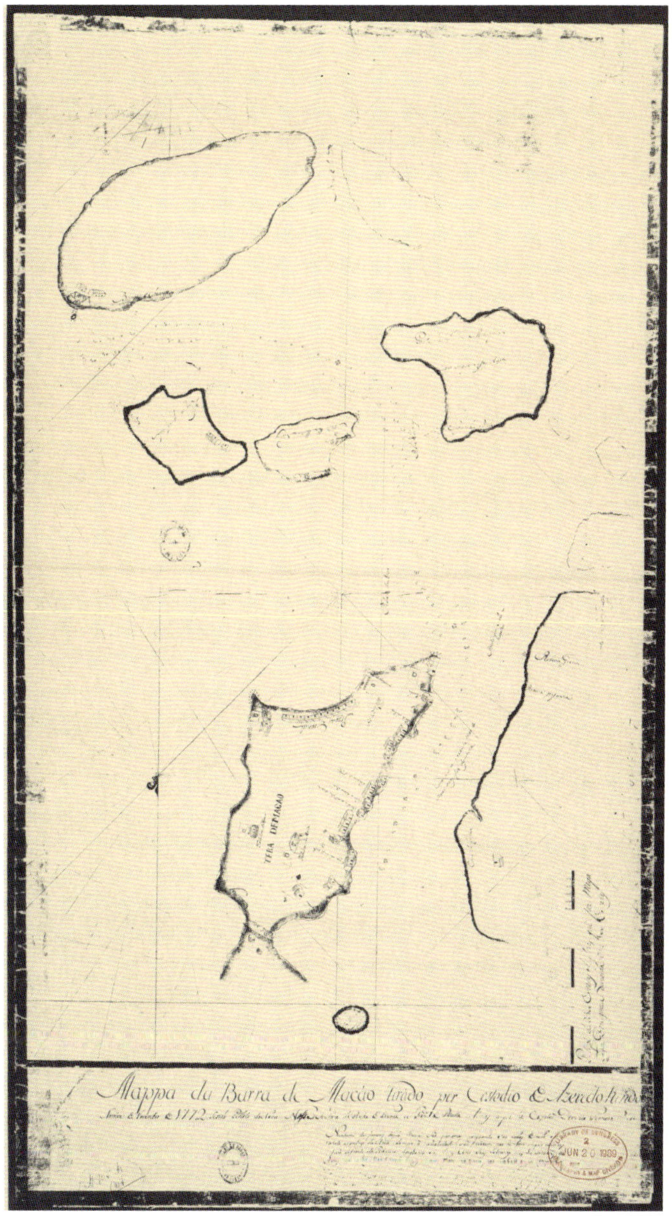

库斯托迪奥·得·阿泽维多·伦多

◇

《澳门及周边地图》
1772 年
45×28cm
里斯本地理学会藏
图片来源：美国国会图书馆

Custódio de Azevedo Rendo

◇

Map of Macao and its Surrounding Areas
1772
45×28cm
Photo from the Library of Congress from a map from the Lisbon Geographic Society

Custódio de Azevedo Rendo

◇

Mapa de Macau e os Seus Arredores
1772
45 x 28cm
Colecção da Sociedade de Geografia de Lisboa
Fonte: Biblioteca do Congresso dos Estados Unidos da América

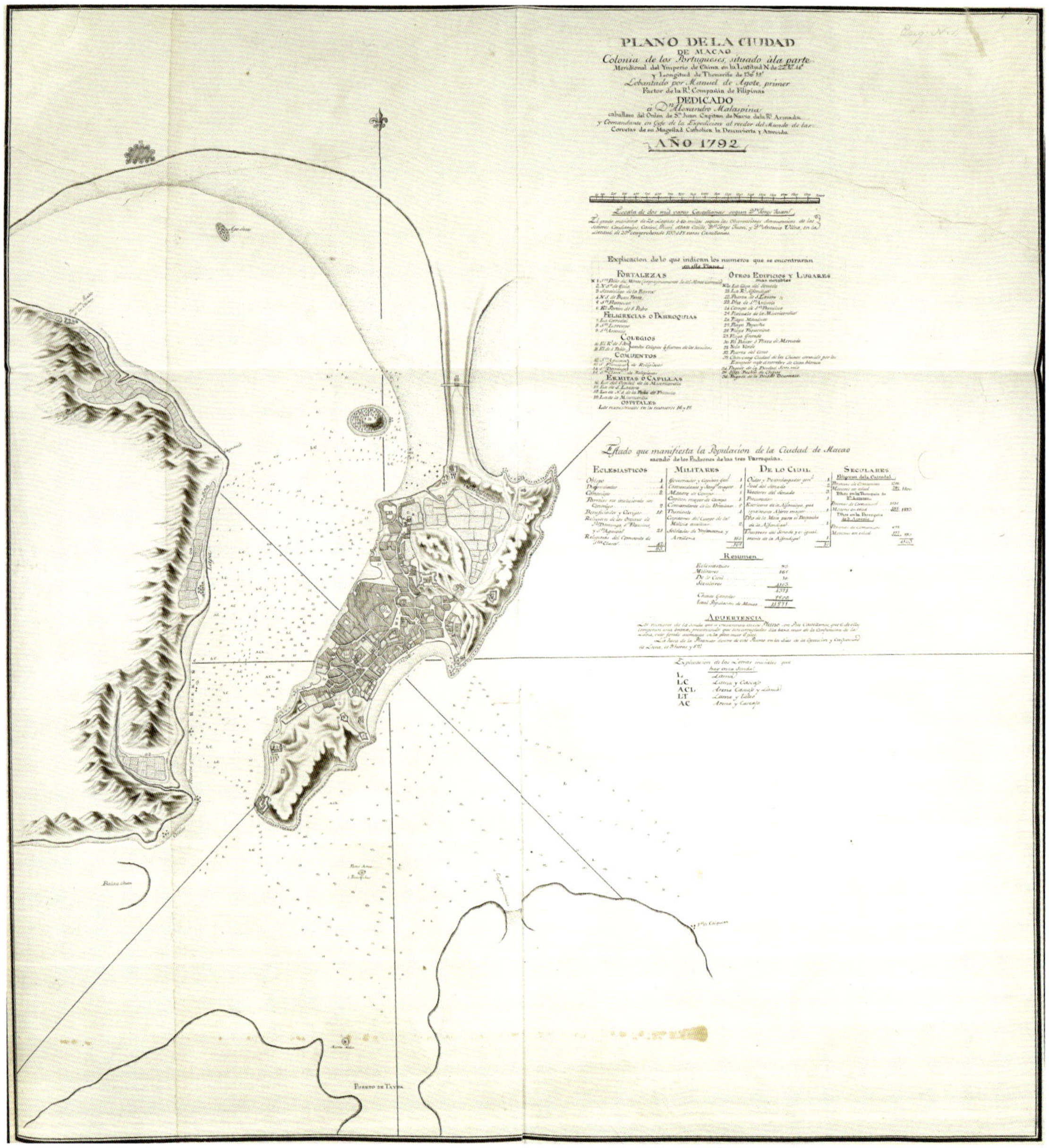

曼努埃尔·德·阿格特

◇

《澳门城图》

1792 年

79 × 74cm

大英图书馆藏，Maps 8. Tab. C. 8.

Manuel de Agote y Bonechea

◇

City Plan of Macao

1792

79 × 74cm

Collection of British Library, Maps 8. Tab. C. 8.

Manuel de Agote y Bonechea

◇

Plano da Cidade de Macau

1792

79 x 74cm

Colecção da Biblioteca Britânica, Maps 8. Tab. C. 8.

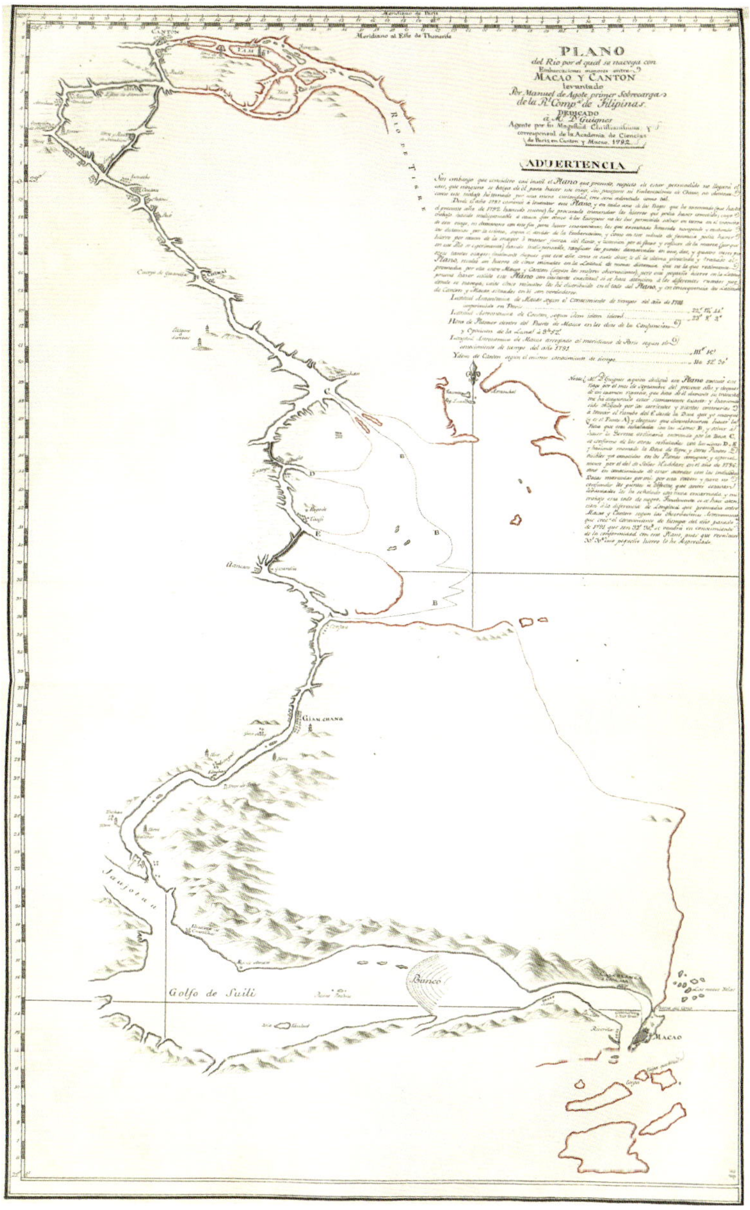

曼努埃尔·德·阿格特

◇

《澳门广州小船航线图》

1792 年

79×74cm

大英图书馆藏，Maps 8. Tab. C. 8.

Manuel de Agote y Bonechea

◇

Plan of the River where small boats sail between Macau and Canton

1792

79×74cm

Collection of British Library, Maps 8. Tab. C. 8.

Manuel de Agote y Bonechea

◇

Plano do Rio por onde navegam pequenas embarcações entre Macau e Cantão

1792

79 x 74cm

Colecção da Biblioteca Britânica, Maps 8. Tab. C. 8.

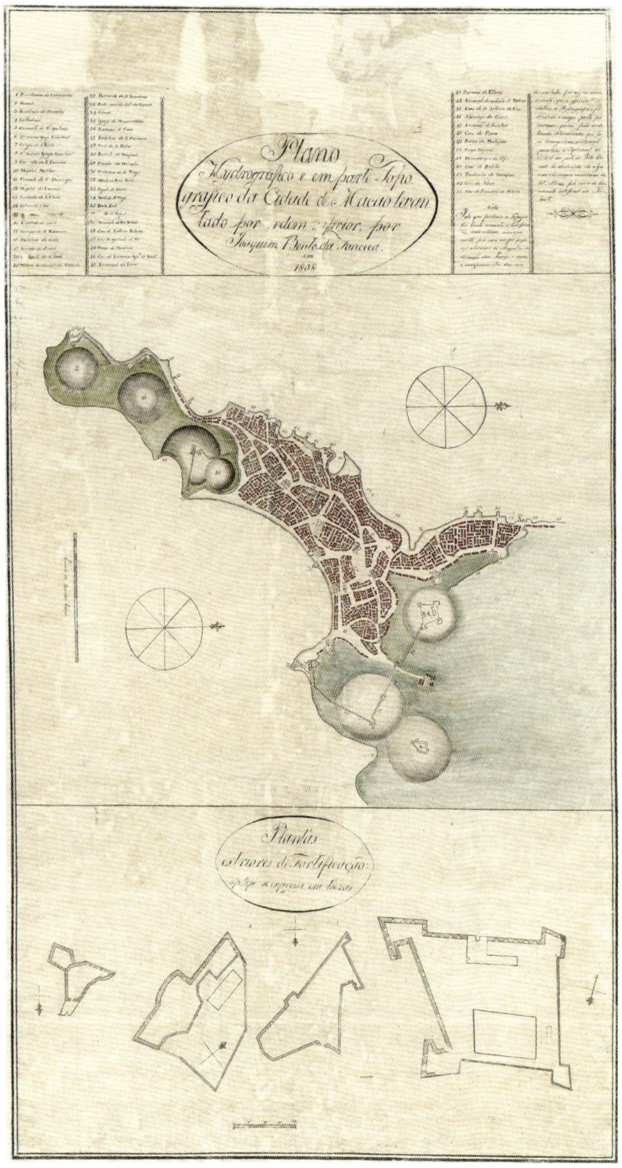

若阿金·本托·达·丰塞卡

◇

《澳门水文及部分地形图》
1808 年
121×69cm
埃武拉的公立图书馆藏，BPE-RES Gav. 4 nº 31

Joaquim Bento da Fonseca

◇

Hydrographic and partly Topographic Plan of the City of Macao
1808
121×69cm
Collection of Evora Public Library, BPE-RES Gav. 4 nº 31

Joaquim Bento da Fonseca

◇

Plano Hidrográfico e em parte Topográfico da Cidade de Macau
1808
121 × 69cm
Colecção da Biblioteca Pública de Évora, BPE-RES Gav. 4 nº 31

米格尔·安东尼奥·德·索萨

◇

《澳门河道整治计划图》
1829 年
75×63cm
里斯本地理学会藏，3-F-15

Miguel António de Sousa

◇

Macao River Reformed Plan
1829
75×63cm
Collection of Lisbon Geographic Society, 3-F-15

Miguel António de Sousa

◇

Plano Reformado do Rio de Macau
1829
75 x 63cm
Colecção da Sociedade de Geografia de Lisboa, 3-F-15

安东尼奥·坎迪多·奥苏里奥

◇

《澳门城图》

1838 年

99×109cm

葡萄牙里斯本军事工程档案馆藏，

1243-2A-24A-111

António Cândido Osório

◇

Topographic Plan of the City of Macao

1838

99×109cm

Collection of Portuguese Army-Infrastructure Department,

1243-2A-24A-111

António Cândido Osório

◇

Planta Topográfica da Cidade de Macau

1838

99 x 109cm

Colecção do Arquivo de Infraestruturas do Exército Portugués, 1243-2A-24A-111

威廉 · 布莱姆斯顿

◇

《澳门港城图》

1840 年

37×26cm

英国国家档案馆藏，FO925/4272

William Bramston

◇

A Map of the City and Harbour of Macao

1840

37×26cm

Collection of The National Archives (United Kingdom), FO925/4272

William Bremston

◇

Mapa da Cidade e Porto de Macau

1840

37 x 26cm

Colecção do Arquivo Nacional (Reino Unido), FO925/4272

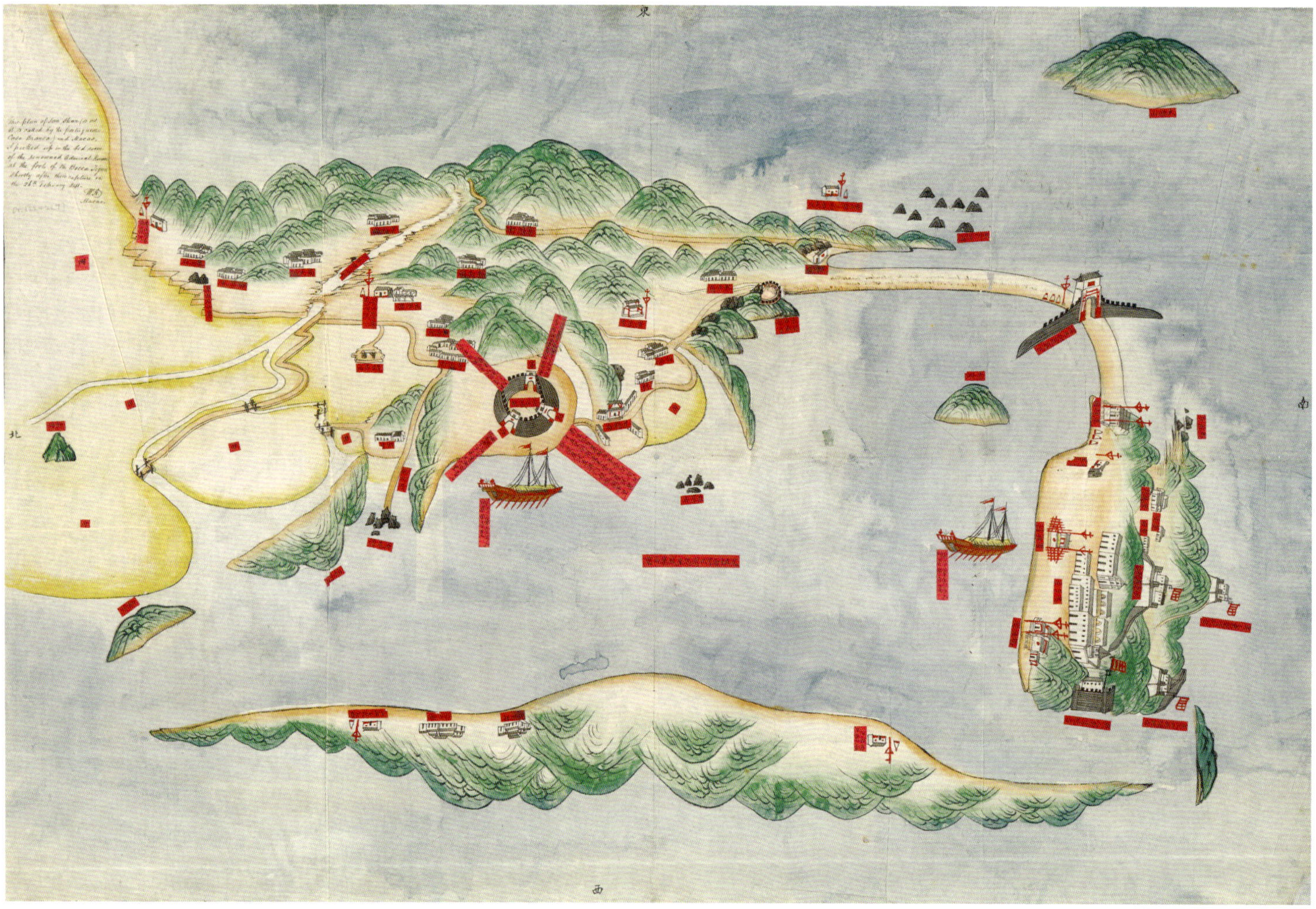

佚名

◇

《澳门与前山图》

约 1841 年

56×84cm

大英图书馆藏，Maps 8. Tab. C. 8.

Anonymous

◇

The Map of Macao and Qianshan

Circa 1841

56×84cm

Collection of British Library, Maps 8. Tab. C. 8.

Anónimo

◇

Mapa de Macau e da Casa Branca

Circa 1841

56 × 84cm

Colecção da Biblioteca Britânica, Maps 8. Tab. C. 8.

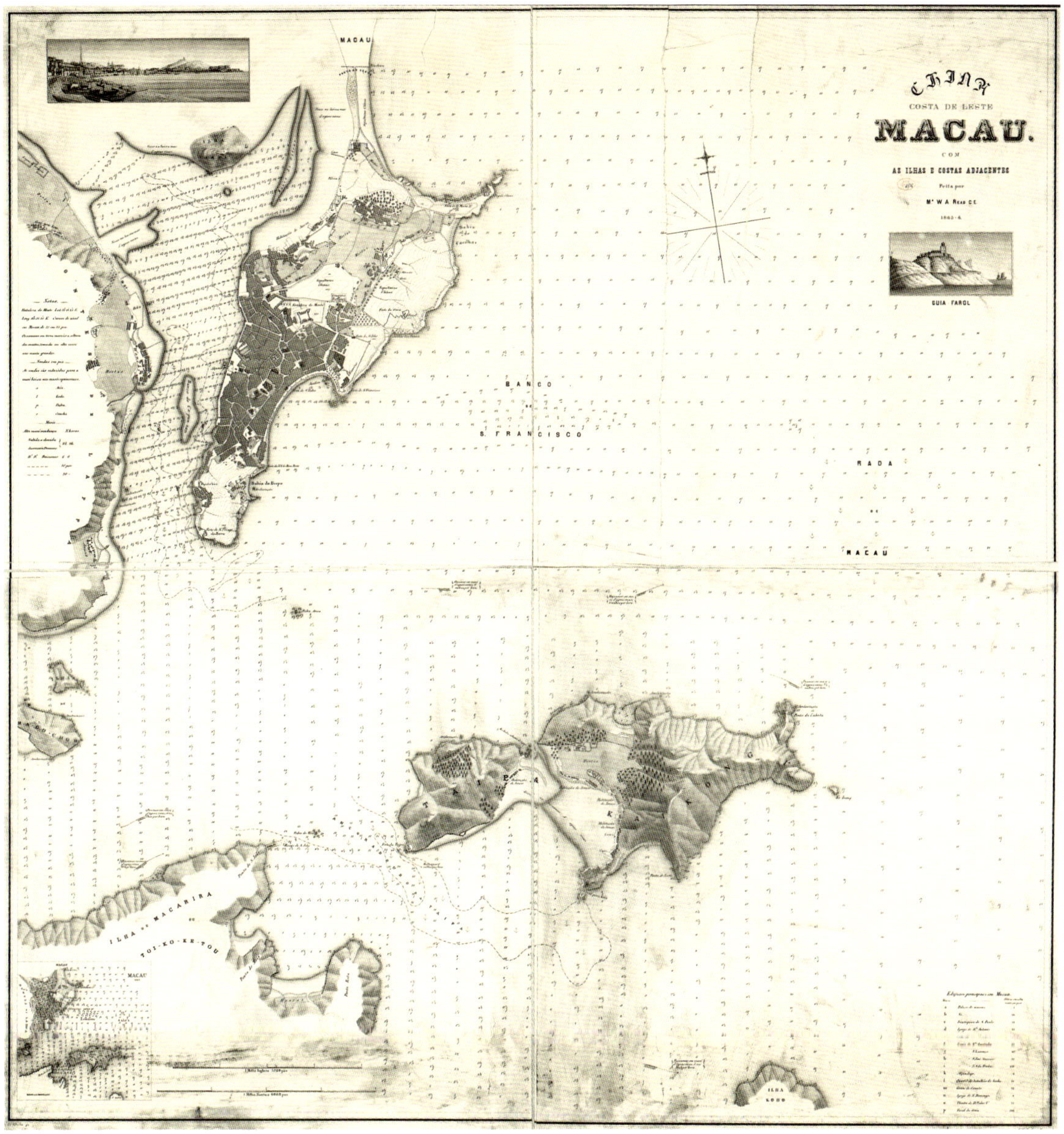

李德

◇

《中国澳门城附近岛屿海岸图》
1866 年
113×118cm
法国国家图书馆藏，GE C-9481

W. A. Read

◇

China, East Coast. Macao with adjacent islands and coasts
1866
113×118cm
Collection of National Library of France, GE C-9481

W. A. Read

◇

China, Costa de Leste. Macau com as ilhas e costas adjacentes
1866
113 x 118cm
Colecção da Biblioteca Nacional de França, GE C-9481

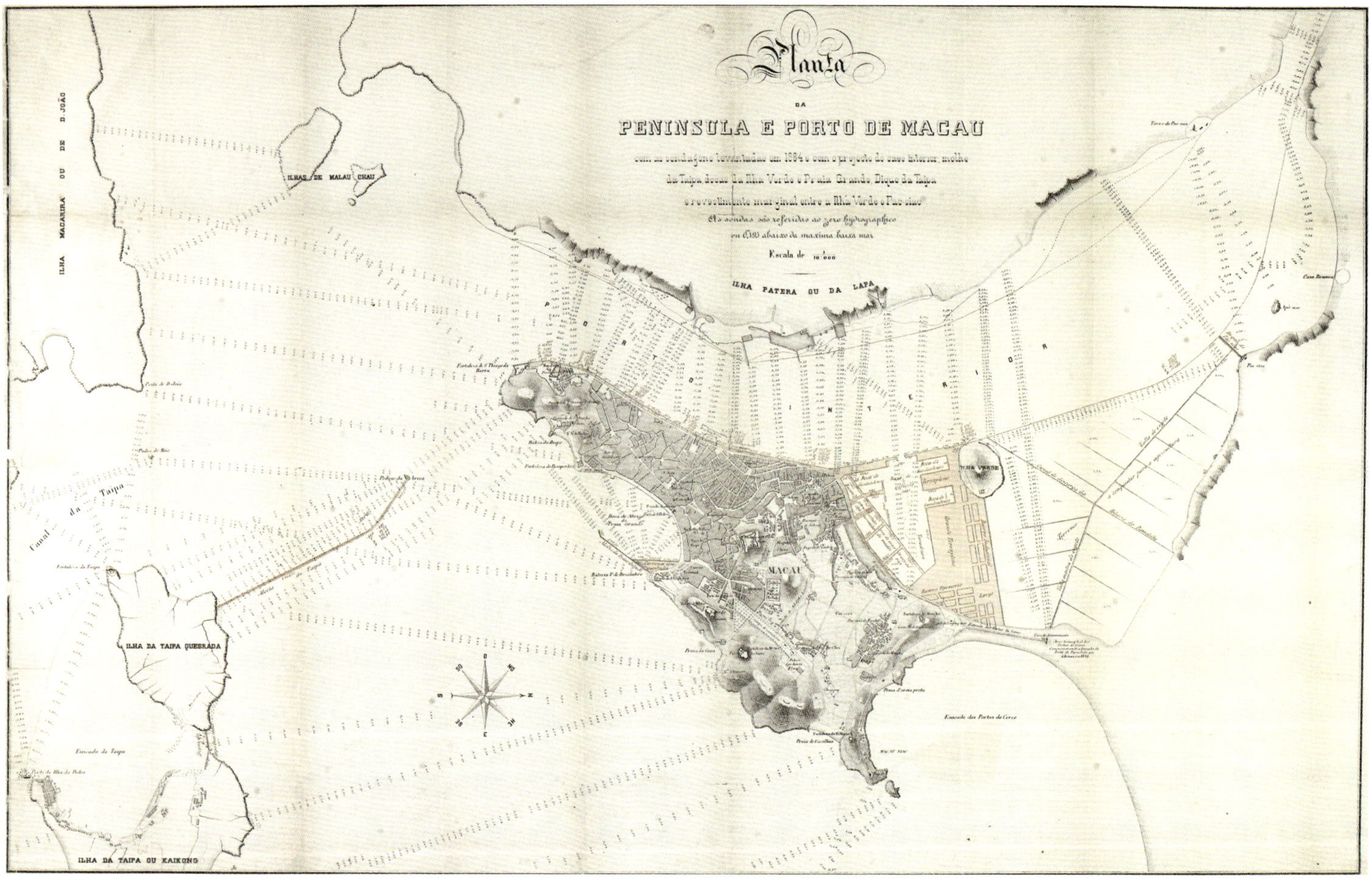

阿道弗·费利拿·罗利老

◇

《澳门港城平面图》
1884 年
69×102cm
葡萄牙国家图书馆藏，C. C. 247//7 R.

Adolfo Ferreira Loureiro

◇

Plan of the Peninsula and Port of Macao
1884
69×102cm
Collection of National Library of Portugal, C. C. 247//7 R.

Adolphe Felina Raleigh Sr.

◇

Planta da Península e Porto de Macau
1884
69 × 102cm
Colecção da Biblioteca Nacional de Portugal, C. C. 247//7 R.

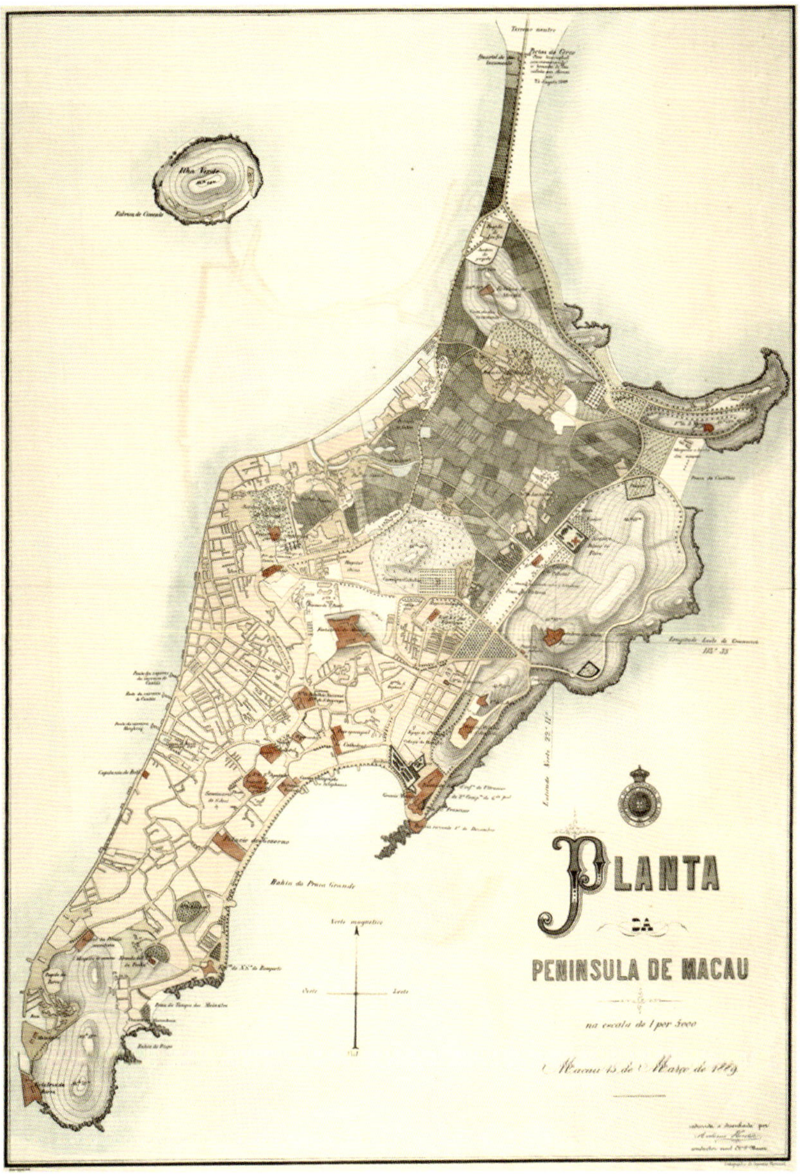

安东尼奥·赫托

◇

《澳门半岛平面图》
1889 年
81×57cm
美国国会图书馆藏，G7823. M2 1889. S6 TIL.

António Heitor

◇

Plan of the Macao Peninsula
1889
81×57cm
Collection of Library of Congress, G7823. M2 1889. S6 TIL.

António Heitor

◇

Planta da Península de Macau
1889
81 x 57cm
Colecção da Biblioteca do Congresso dos Estados Unidos da América, G7823. M2 1889. S6 TIL.

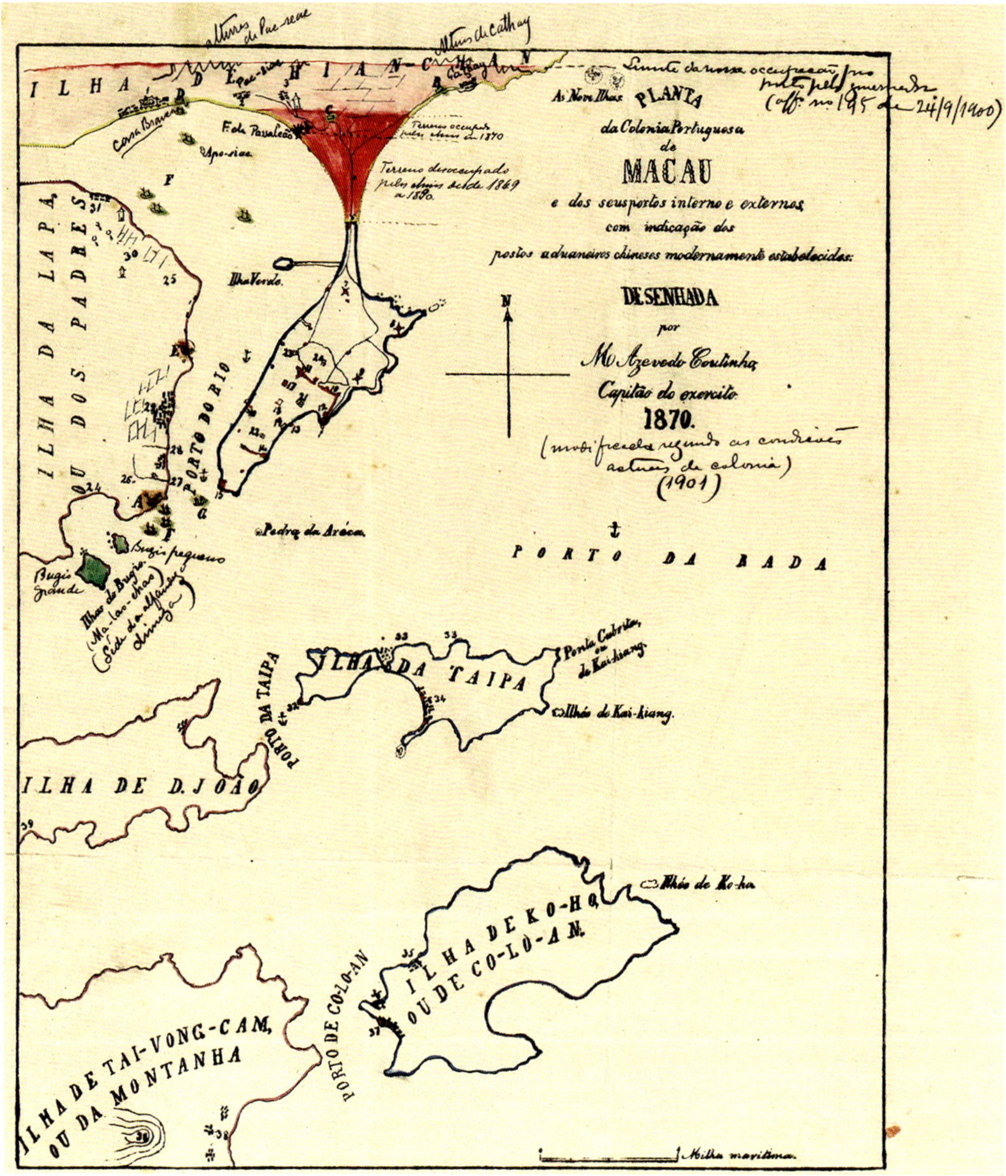

曼努埃尔·德阿泽维多·科蒂尼奥、若奥·费利西阿诺·马尔克斯·佩雷拉

◇

《葡属澳门及内外港平面图》
1901 年
30×24cm
里斯本地理学会藏，4-H-41

Manuel de Azevedo Coutinho, João Feliciano Marques Pereira

◇

Plan of the Portuguese Colony of Macao and its internal and external ports
1901
30×24cm
Collection of Lisbon Geographic Society, 4-H-41

Manuel de Azevedo Countinho, João Feliciano Marques Pereira

◇

Planta da Colónia Portuguesa de Macau e dos seus portos interno e externos
1901
30 x 24cm
Colecção da Sociedade de Geografia de Lisboa, 4-H-41

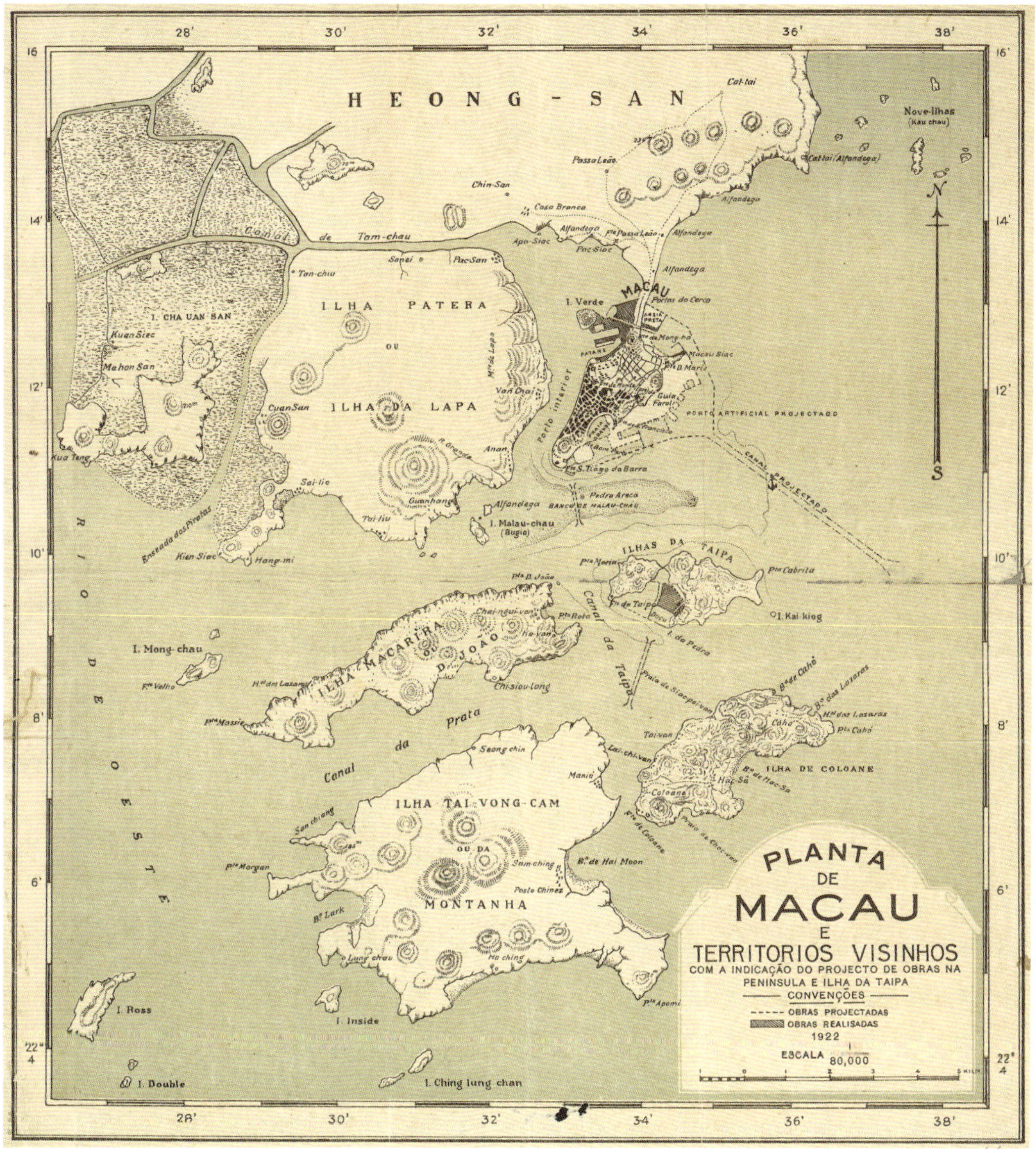

澳门港务局

◇

《澳门及邻近地区平面图，附半岛和氹仔项目工程》

1922 年

29×26cm

澳大利亚国家图书馆藏，MAP Braga Collection Col./66

Macau Harbour Authority

◇

Plan of Macao and Neighboring Territories with an Indication of Projects on the Peninsula and Taipa Island

1922

29×26cm

Collection of National Library of Australia, MAP Braga Collection Col./66

Direcção das Obras dos Portos de Macau

◇

Planta de Macau e Territórios Vizinhos com a Indicação do Projecto na Península e Ilha da Taipa

1922

29 x 26cm

Colecção da Biblioteca Nacional da Austrália, MAP Braga Collection Col./66

脉通南海——粤港澳大湾区的古航线

汪　蓝

粤港澳大湾区（简称大湾区）是2017年中国政府于“十三五”规划中首次提出的发展策略，旨在打破传统城市间的边界，开拓城市发展新模式并构建有全球竞争力的世界级湾区。2019年2月18日，《粤港澳大湾区发展规划纲要》正式公布，明确以香港、澳门、广州、深圳四大中心城市作为区域发展的核心引擎，建设珠海、佛山、惠州、东莞、中山、江门、肇庆等7个重要节点城市。大湾区总面积约5.6万平方公里，2022年总人口已经超过8600万，地区生产总值超过13万亿元人民币。

香港作为大湾区内高度开放和国际化的城市，是国际金融、航运、贸易中心和航空枢纽，专业服务享誉全球，加上“一国两制”的双重优势，在大湾区建设中担当重要角色。而作为世界级旅游休闲娱乐中心的澳门，其经济发展亦受惠于“一国两制”的加持，同时澳门也是中葡商贸服务平台和中国与葡语国家商贸合作服务平台。广东省的9个城市中，广州是政治、经济、文化中心；深圳被称为中国的硅谷，是高科技和创新的前沿城市；珠海和佛山则吸引了大量制造业，并在制造业转型升级中发挥着关键作用；而惠州、东莞、中山、江门、肇庆则在区域经济发展和乡村振兴中扮演重要角色。

大湾区的各城市间通过优化资源配置、共享各自优势、加强基础设施和信息化建设以及全面深化改革和扩大开放等方式，联动发展、互补协作，推动区域经济、社会、科技、教育、环保等各领域的发展，实现良好的经济和社会效益。

大湾区古地图是对珠江三角洲内的城市发展及变迁的客观视觉记录，真实反映了该地区对中西地缘政治的重要影响及意义。以弗朗索瓦·费罗杰（François Froger）的《广东珠江口地图》为代表，描述广东海岸线、岛屿及航线，西起上川岛，经高栏岛、十字门到澳门，再由澳门北上进入珠江，途经虎门炮台，直到广州黄埔古港。这些都是当时船舶航行中，停靠补给、寻找水源及和中国官方打交道的必经之地，也是航海过程中的重要地理标识和船舶停泊的锚地，其中特别强调需要避开的危险海域。根据航海地图的功能所需，这类地图很明显以珠江口西面及周边航海路线为主，包含周边的岛屿及锚地，很少涉及珠江口以东区域。地图中基本只对澳门城及广州城做详细的描述，而且突出位于珠江口的澳门半岛在地图的中心位置，体现了澳门作为广州外港在东西方贸易中的重要地位。

绘制这些地图的是船上的军官、神父、水文师和制图师。他们参考前人的航海指南和地图，通过测绘观察和经验累积，不断对地图上的航海和地理资料进行修正和完善。时至今日，我们依然惊叹于这些独具一格的、无比精美的手绘地图，惊叹于创作者无畏的探险精神，执着地用他们的画笔去描绘未知的、复杂的空间地理环境。

Veins Connecting the South China Sea: Ancient Maritime Routes of the Greater Bay Area

Wang Lan

The Guangdong-Hong Kong-Macao Greater Bay Area (GBA) initiative, proposed by the Chinese government in its 13th Five-Year Plan in 2017, aims to break traditional city boundaries, pioneer new urban development models, and construct an international first-class and world-class bay area. On February 18, 2019, the "Outline Development Plan for the Guangdong-Hong Kong-Macao Greater Bay Area" was officially released. It specifies Hong Kong, Macao, Guangzhou, and Shenzhen as the core engines for regional development, with Zhuhai, Foshan, Huizhou, Dongguan, Zhongshan, Jiangmen, and Zhaoqing serving as seven key node cities. The total area of the GBA is approximately 56000 square kilometers. By 2022, the total population had exceeded 86 million, with a regional GDP surpassing 13 trillion RMB.

Being the most open and international city in the Greater Bay Area, Hong Kong is known for its status as international financial, transportation, trade centres and aviation hub as well as its renowned professional services. Enjoying the dual advantages of "one country, two systems," Hong Kong plays an important role in the Greater Bay Area Development. Macao is a global tourism and leisure center; its economic development has also benefited from the "one country, two systems" policy. It serves as a Sino-Portuguese trade service platform and an economic and trade cooperation platform between China and Lusophone countries. Among the nine cities in Guangdong Province, Guangzhou is the political, economic, and cultural center; Shenzhen, often referred to as China's Silicon Valley, is at the forefront of advanced technology and innovation. Zhuhai and Foshan attract a large amount of manufacturing and play a crucial role in the transformation and upgrading of the manufacturing industry. Huizhou, Dongguan, Zhongshan, Jiangmen, and Zhaoqing all play important roles in regional economic development and rural revitalization.

The various cities in the GBA, through optimizing resource allocation, leveraging individual strengths, strengthening infrastructure and information construction, and comprehensively deepening reforms and expanding opening up, collaboratively develop, complement each other, and promote the development of various fields such as regional economy, society, technology, education, environmental protection, and transportation, achieving positive economic and social benefits.

Ancient maps of the Greater Bay Area provide an objective visual record of the development and changes in cities within the Pearl River Delta; they reflect, truthfully, the significant influence and profound significance of this region in Sino-Western geopolitics. Representative of these maps is François Froger's *Map of the Pearl River Estuary*, which vividly illustrates the coastline, islands, and shipping routes of Guangdong: from Shangchuan Island in the west, passing through Gaolan Island and Shizimen to reach Macao, and heading north into the Pearl River, through Humen Fort, all the way to the ancient port of Huangpu in Guangzhou. For maritime navigation at the time, these locations were the essential stops for replenishing supplies, seeking water sources, and engaging with Chinese authorities. Simultaneously, they served as important geographical markers and anchorages during the navigation process. The maps emphasize areas of dangerous waters that need to be avoided. Tailored to the functional needs of navigation, these maps have a clear focus on the western side of the Pearl River Estuary and its surrounding routes, including nearby islands and anchorages. They seldom delve into the eastern region of the Pearl River Estuary. Almost all detailed descriptions of the maps are of the cities of Macao and Guangzhou, with particular emphasis on the Macao Peninsula, situated at the maps' center. This highlights Macao's crucial role as an "outer port" to Guangzhou in East-West trade.

These maps were crafted by military officers, priests, hydrographers, and cartographers aboard the ships. They either consulted predecessors' navigational guides and maps or continually refined and perfected nautical and geographical data on the maps through surveying, observation, and accumulated experience. Even today, we are still amazed by these uniquely styled, exquisitely detailed hand-drawn maps. We marvel at the creators' fearless spirit of exploration and their unwavering dedication to using their brushes to depict the unknown and intricate spatial and geographic environments.

Vias que Ligam o Mar do Sul da China: Antigas Rotas Marítimas da Grande Baía Guangdong-Hong Kong-Macau

Wang Lan

A iniciativa da Área da Grande Baía Guangdong-Hong Kong-Macau, abreviada como Área da Grande Baía, é uma estratégia de desenvolvimento proposta pela primeira vez pelo Governo Chinês no âmbito do 13.º Plano Quinquenal em 2017. A proposta tem o objectivo de derrubar as fronteiras tradicionais entre cidades, desenvolver novos modelos de desenvolvimento urbano e criar uma área de baía de classe mundial e globalmente competitiva. O Plano de Desenvolvimento para a Área da Grande Baía Guangdong-Hong Kong-Macau foi oficialmente divulgado a 18 de Fevereiro de 2019 e identificando as quatro cidades de Hong Kong, Macau, Guangzhou e Shenzhen como os principais motores para o desenvolvimento regional; outras sete cidades, a saber, Zhuhai, Foshan, Huizhou, Dongguan, Zhongshan, Jiangmen e Zhaoqing foram também designadas como importantes cidades nodais. A Área da Grande Baía cobre uma superfície total de cerca de 56.000 quilómetros quadrados. Até 2022, a população total ultrapassou os 86 milhões, com um PIB regional superior a 13 trilhões de RMB.

Como uma cidade da Área da Grande Baía com um elevado nível de abertura e internacionalização, Hong Kong destaca-se enquanto centro internacional de finanças, de transporte marítimo, de comércio e de aviação. Globalmente reconhecida pelos seus serviços profissionais e tirando proveito das vantagens derivadas do princípio "Um País, Dois Sistemas", Hong Kong desempenha um papel muito importante no desenvolvimento da Área da Grande Baía. Macau, por sua vez, enquanto centro mundial de turismo, lazer e entretenimento, beneficiou também, no seu desenvolvimento económico, da política de "Um País, Dois Sistemas". Além disso, Macau também serve como uma plataforma de serviços comerciais e plataforma de cooperação económica e comercial entre a China e os paísese de língua portuguesa. Entre as nove cidades da província de Guangdong, Guangzhou destaca-se como centro político, económico e cultural. Shenzhen, conhecida como o "Silicon Valley" da China, está na vanguarda da tecnologia avançada e da inovação. Já Zhuhai e Foshan têm atraído um grande número de empresas manufactureiras e desempenham um papel crucial na transformação e actualização desta indústria. Huizhou, Dongguan, Zhongshan, Jiangmen e Zhaoqing desempenham papéis importantes no desenvolvimento económico regional e na revitalização rural.

As diversas cidades na Área da Grande Baía têm optimizar a alocação de recursos, compartilhado as suas respectivas vantagens, melhorando o desenvolvimento de infraestruturas e a informatização, assim como aprofundando de forma abrangente a reforma e ampliando a abertura. Deste modo, a região tem-se desenvolvido de forma coordenada, colaborativa e complementar, no sentido de promover o desenvolvimento da economia, sociedade, ciência e tecnologia, educação, protecção do meio ambiente, entre outros domínios. Os mapas antigos da Área da Grande Baía representam registos visuais objectivos do desenvolvimento e da mudança das várias cidades do Delta do rio das Pérolas. Reflectem, de forma verídica, a grande influência e o profundo significado da região nas relações geopolíticas sino ocidentais. Um exemplo representativo desses mapas, o *Mapa do Estuário do Rio das Pérolas* da autoria de François Froger, ilustra a linha costeira, ilhas e rotas marítimas de Guangdong, desde a ilha de Shangchuan a oeste, passando pela ilha Gaolan e a Porta da Cruz, até chegar a Macau; depois, seguindo para o norte pelo rio da Pérolas, a rota passava pelo forte de Humen até chegar ao antigo porto de Huangpu, em Guangzhou. Para as navegações marítimas daquela época, esses locais eram paragens necessárias onde os navios reabasteciam, procuravam fontes de água fresca e interagiam com as autoridades chinesas. Ao mesmo tempo, também funcionavm como importantes marcos geográficos e ancoradouros usados durante as navegações. Esses mapas enfatizam também zonas perigosas a serem evitadas. Adaptados às necessidades funcionais de navegação, é evidente que esses mapas têm um foco claro na região oeste do estuário do rio das Pérolas e nas rotas marítimas circundantes, incluindo as ilhas próximas e ancoradouros. A região a leste do estuário recebia bastante menos atenção. Os mapas, em sua maioria, fornecem apenas descrições detalhadas das cidades de Macau e Guangzhou, com ênfase particular na Península de Macau, posicionada no centro dos mapas. Este facto é prova da posição importante de Macau como "porto exterior" de Guangzhou no comércio entre o Oriente e o Ocidente.

Esses mapas foram criados por oficiais militares, padres, hidrógrafos e cartógrafos a bordo das embarcações. Os seus criadores consultavam guias e cartas de navegação anteriores, corrigindo e aperfeicoando constantemente os dados náuticos e geográficos desses materiais por meio dos seus próprios levantamentos, observações e experiências acumuladas. Mesmo nos dias de hoje, não podemos deixar de ficar maravilhados com estes mapas elaborados à mão, com um estilo singular e extremamente requintados. O espírito destemido e aventureiro dos autores destes mapas, que aplicavam pacientemente os seus dotes artísticos na representação de ambientes geográficos desconhecidos e complexos, merece também a nossa admiração.

佚名

◇

《广东舆图》

约 1547 年

75×84cm

美国国会图书馆藏，G2305. D3 1559 Vault Shelf

Anonymous

◇

The Atlas of Canton

Circa 1547

75×84cm

Collection of Library of Congress, G2305. D3 1559 Vault Shelf

Anónimo

◇

Atlas de Cantão

Circa 1547

75 x 84cm

Colecção da Biblioteca do Congresso dos Estados Unidos da América, G2305. D3 1559 Vault Shelf

琼·芬彭士

◇

《广东全景图》
约 1665 年
44×65cm
荷兰国家档案馆藏，4. VELH 619.42

Joan Vinckeboons

◇

Canton
Circa 1665
44×65cm
Collection of National Archives of the Netherlands, 4. VELH 619.42

Joan Vinckeboons

◇

Cantão
Circa 1665
44 × 65cm
Colecção do Arquivo Nacional dos Países Baixos, 4. VELH 619.42

琼·布劳

◇

《南中国海图》

1677年

75×100cm

法国国家图书馆藏，GE SH 18PF 179 DIV 3 P 2-1

Joan Blaeu

◇

South China Sea

1677

75×100cm

Collection of National Library of France, GE SH 18PF 179 DIV 3 P 2-1

Joan Blaeu

◇

Mapa do Mar da China Meridional

1677

75 × 100cm

Colecção da Biblioteca Nacional de França, GE SH 18PF 179 DIV 3 P 2-1

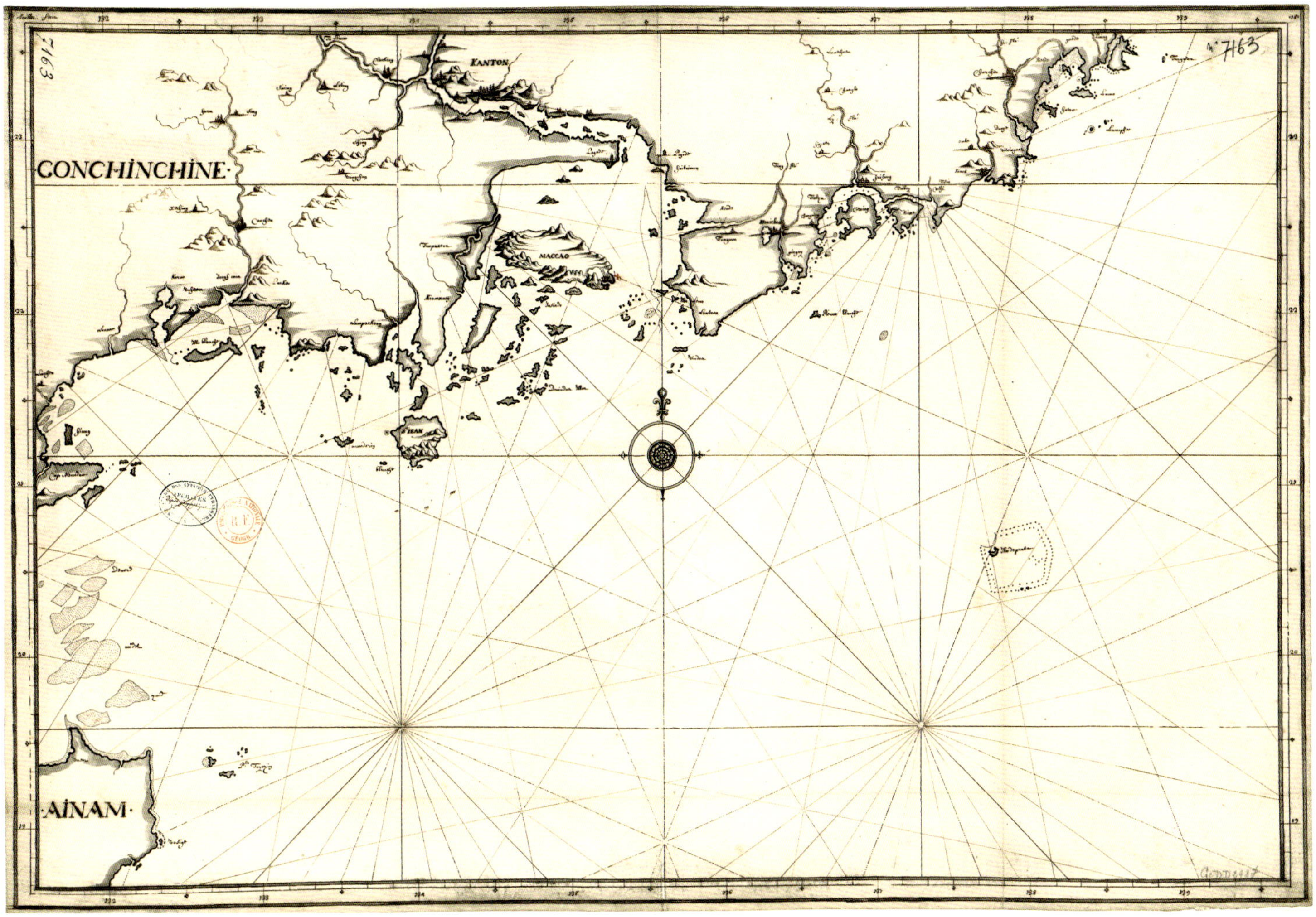

亚历克西斯－休伯特·贾约特

◇

《广东省海岸线地图》
约 1700 年
57×85cm
法国国家图书馆藏，GE DD-2987 (7163B)

Alexis-Hubert Jaillot

◇

Map of the Coastline of the Province of Canton
Circa 1700
57×85cm
Collection of National Library of France, GE DD-2987 (7163B)

Alexis-Hubert Jaillot

◇

Mapa da Linha Costeira da Província de Cantão
Circa 1700
57 x 85cm
Colecção da Biblioteca Nacional de França, GE DD-2987 (7163B)

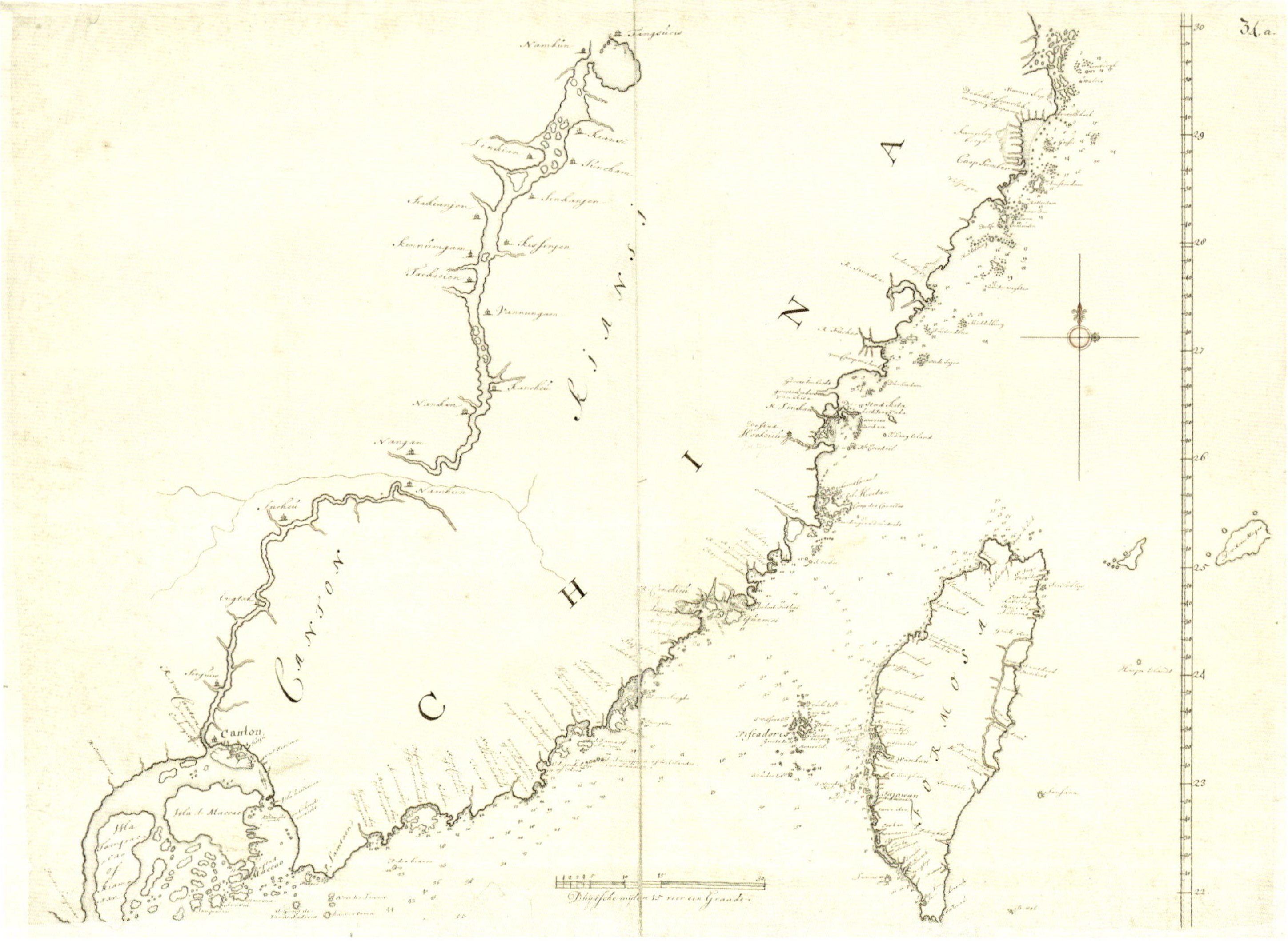

佚名

◇

《中国东南沿海图》

约 1700 年

54×76cm

荷兰国家图书馆藏，4. VEL 272

Anonymous

◇

Map of Southeast Coast of China

Circa 1700

54×76cm

Collection of National Archives of the Netherlands, 4. VEL 272

Anónimo

◇

Mapa da Costa do Sudeste da China

Circa 1700

54 × 76cm

Colecção do Arquivo Nacional dos Países Baixos, 4. VEL 272

约翰·桑顿

◇

《南中国海图》

1701 年

74×100cm

法国国家图书馆藏，GE SH 18 PF 181 P 5-1 RES

John Thornton

◇

South China Sea

1701

74×100cm

Collection of National Library of France, GE SH 18 PF 181 P 5-1 RES

John Thornton

◇

Mapa do Mar da China Meridional

1701

74×100cm

Colecção da Biblioteca Nacional de França, GE SH 18 PF 181 P 5-1 RES

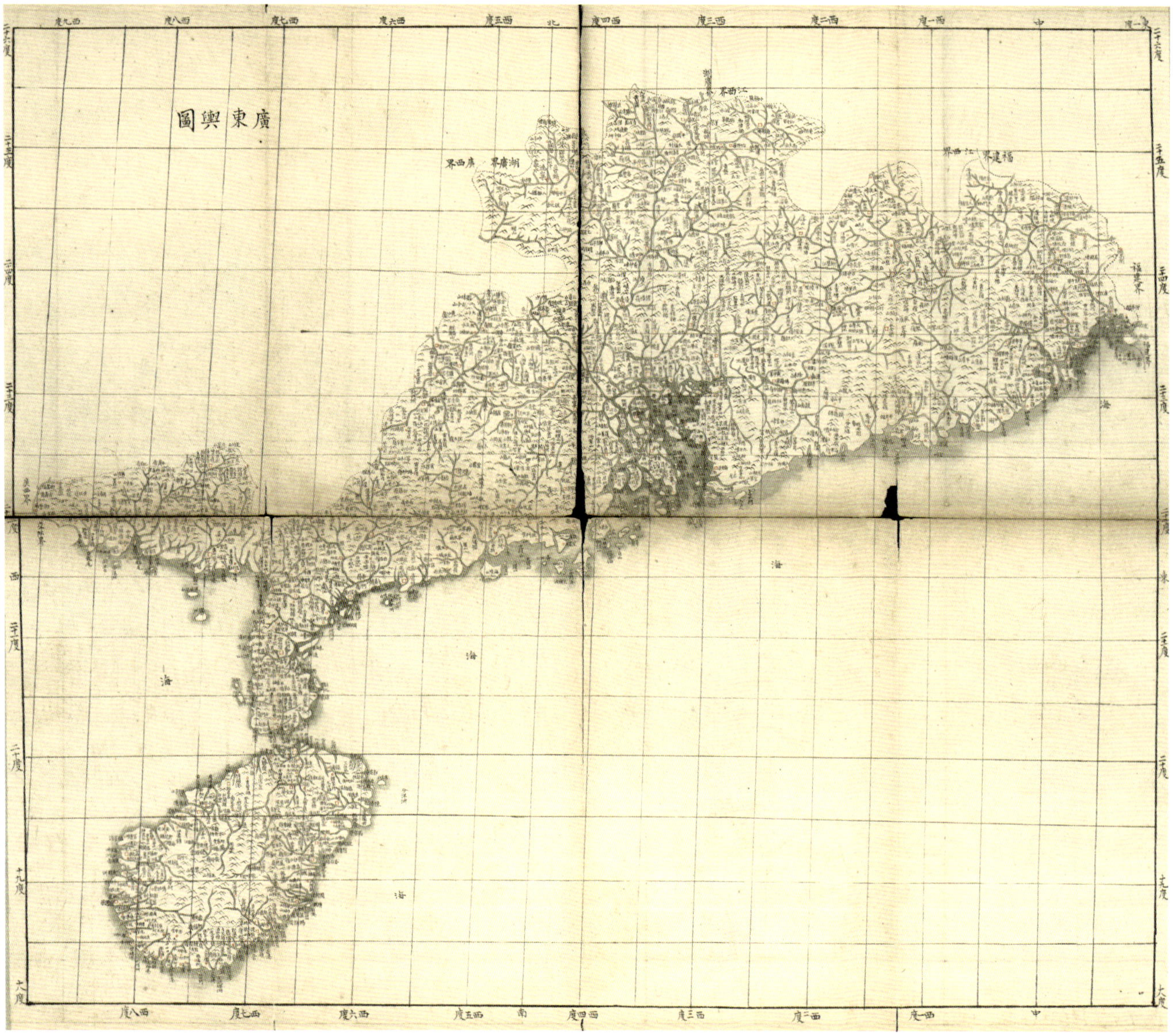

白晋、雷孝思、杜德美

◇

《广东舆图》
约 1708 年
68×76cm
美国国会图书馆藏，G2306. F7 H8 1722 Vault Shelf

Joachim Bouvet, Jean Baptiste Regis, Pierre Jartoux

◇

The map of Canton
Circa 1708
68×76cm
Collection of Library of Congress, G2306. F7 H8 1722 Vault Shelf

Joachim Bouvet, Jean Baptiste Regis, Pierre Jartoux

◇

Mapa de Cantão
Circa 1708
68 × 76cm
Colecção da Biblioteca do Congresso dos Estados Unidos da América, G2306. F7 H8 1722 Vault Shelf

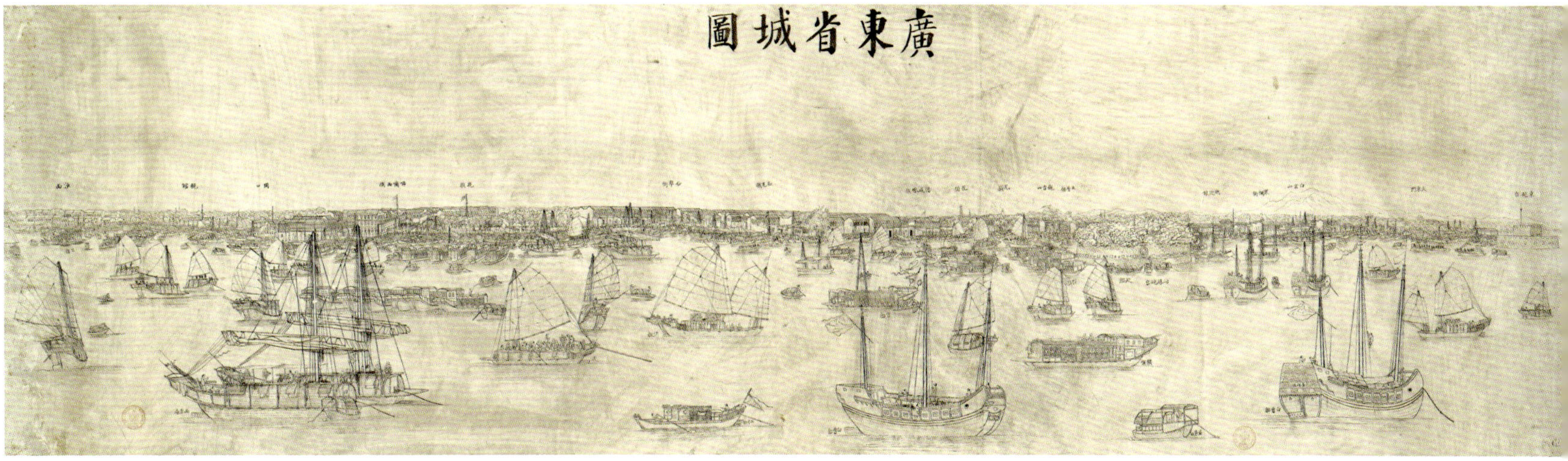

佚名

◇

《广东省城图》
约 1718 年
55×195cm
法国国家图书馆藏，Ge A-1034-RES

Anonymous

◇

The Capital of Canton Province
Circa 1718
55×195cm
Collection of National Library of France, Ge A-1034-RES

Anónimo

◇

Mapa da Capital da Província de Cantão
Circa 1718
55 x 195cm
Colecção da Biblioteca Nacional de França, Ge A-1034-RES

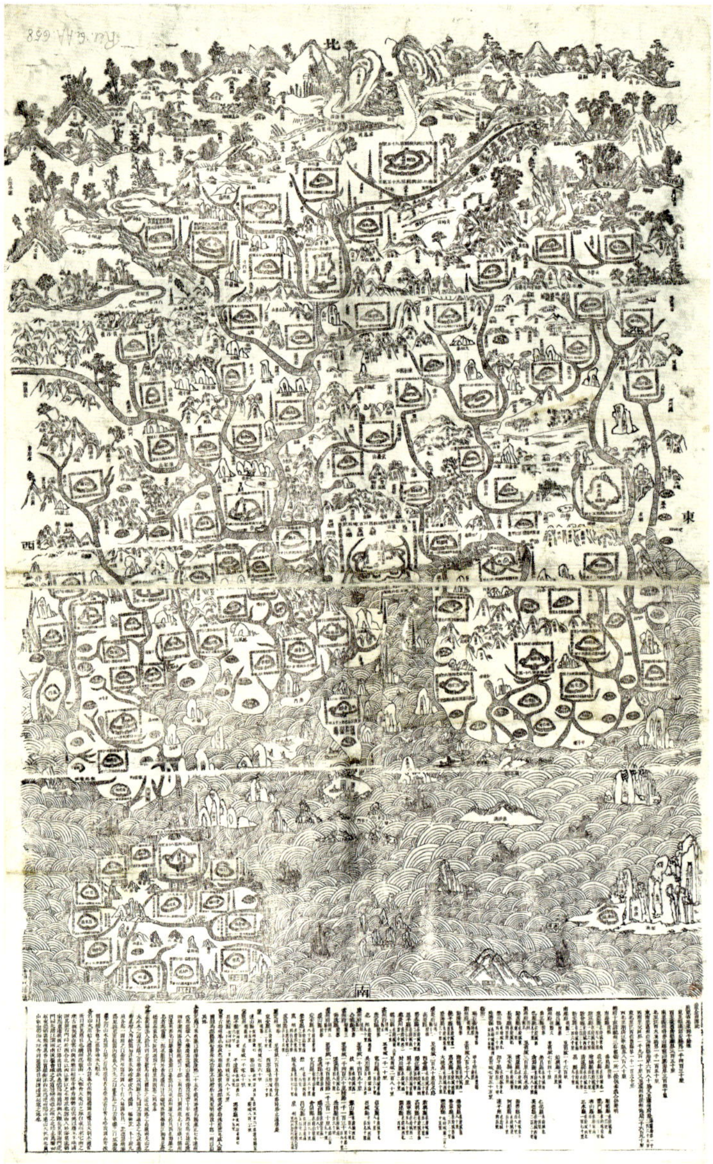

佚名

◇

《广东全省图说》
约 1719 年
175×111cm
法国国家图书馆藏，GE AA-658-RES

Anonymous

◇

Map of Canton Province
Circa 1719
175×111cm
Collection of National Library of France, GE AA-658-RES

Anónimo

◇

Mapa da Província de Cantão
Circa 1719
175 x 111cm
Colecção da Biblioteca Nacional de França, GE AA-658-RES

让-巴普蒂斯特-尼古拉斯-德尼·马纳维尔

◇

《中国海从上川岛到佩德拉布兰卡岛及广州到澳门的虎门水道图》
1794 年
69×88cm
哈佛大学图书馆藏，MAP-LC G1781. P5 L3 1800 pf*

Jean-Baptiste-Nicolas-Denis Après de Mannevillette

◇

A Chart of the China Sea from the Island of Sanciam to Pedra Branca with the Course of the River Tigris from Canton to Macao
1794
69×88cm
Collection of Harvard Library, MAP-LC G1781. P5 L3 1800 pf*

Jean-Baptiste-Nicolas-Denis Après de Mannevillette

◇

Carta do Mar da China, da Ilha de Sanciam à Pedra Branca, com o Curso do Rio Tigre de Cantão a Macau
1794
69 x 88cm
Colecção da Biblioteca da Universidade de Harvard, MAP-LC G1781. P5 L3 1800 pf*

佚名

◇

《中国南部沿海图》(局部)
约1800年
33×517cm
法国国家图书馆藏，GE A-358-RES

Anonymous

◇

Map of China's Southern Coastline (part)
Circa 1800
33×517cm
Collection of National Library of France, GE A-358-RES

Anónimo

◇

Mapa da Costa Sul da China (parte)
Circa 1800
33 x 517cm
Colecção da Biblioteca Nacional de França, GE A-358-RES

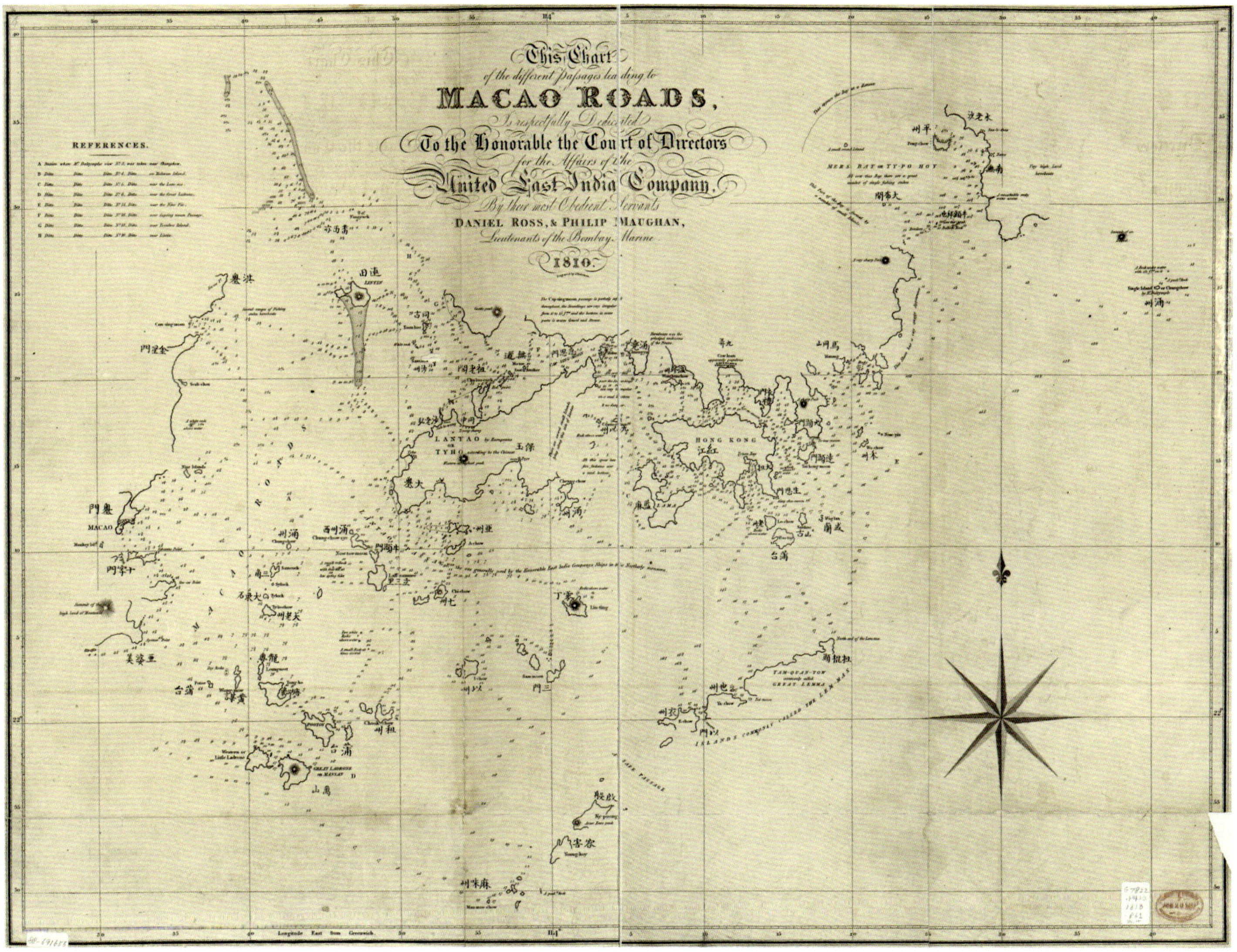

丹尼尔·罗斯

◇

《澳门航道图》
1810 年
66×91cm
美国国会图书馆藏，G7822. P4P5 1810. R61 Vault

Daniel Ross

◇

Chart of the Different Passages Leading to Macao
1810
66×91cm
Collection of Library of Congress, G7822. P4P5 1810. R61 Vault

Daniel Ross

◇

Carta das Rotas Marítimas de Macau
1810
66 x 91cm
Colecção da Biblioteca do Congresso dos Estados Unidos da América, G7822. P4P5 1810. R61 Vault

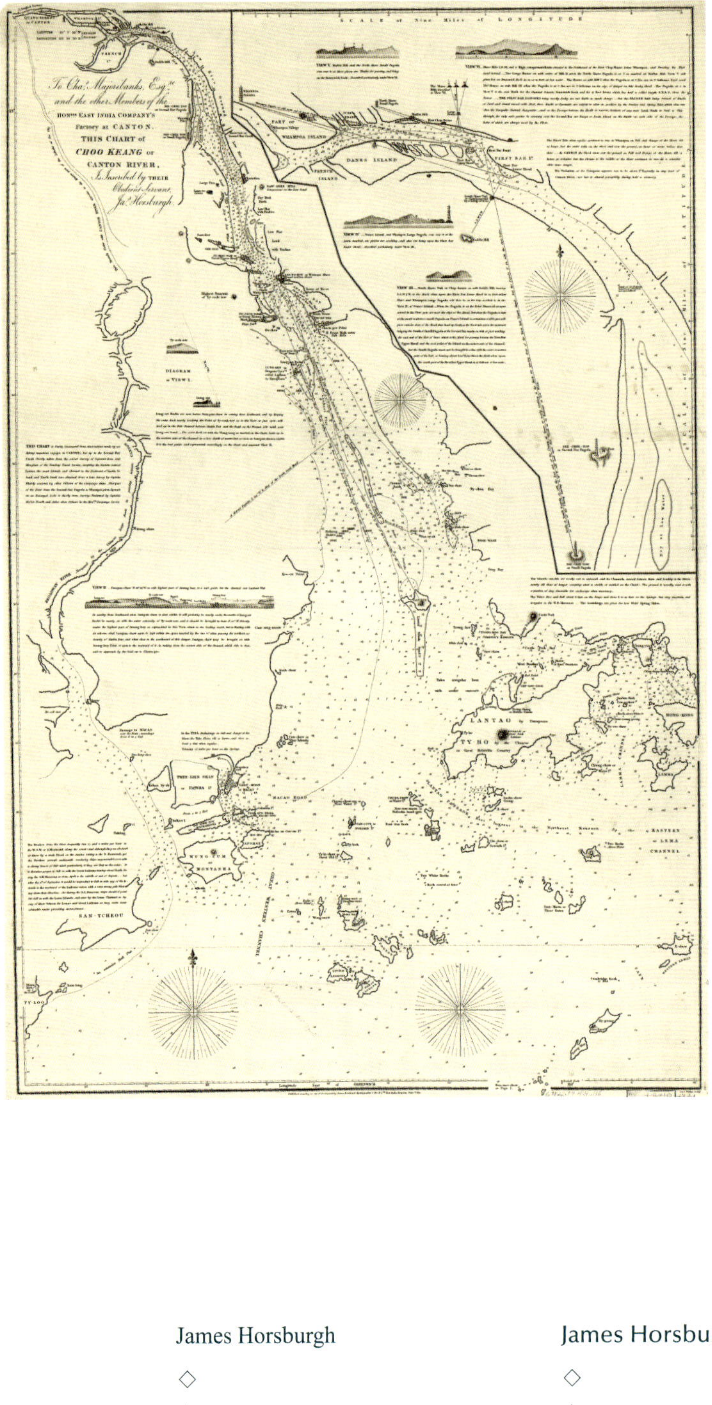

詹姆斯·霍斯伯格

◇

《珠江水道图》

1831年

99×64cm

哈佛大学图书馆藏，MAP-LC G7822. P4 1831. H6

James Horsburgh

◇

Chart of Choo Keang or Canton river

1831

99×64cm

Collection of Harvard Library, MAP-LC G7822. P4 1831. H6

James Horsburgh

◇

Mapa de Choo Keang ou de Cantão

1831

99 x 64cm

Colecção da Biblioteca da Universidade de Harvard, MAP-LC G7822. P4 1831. H6

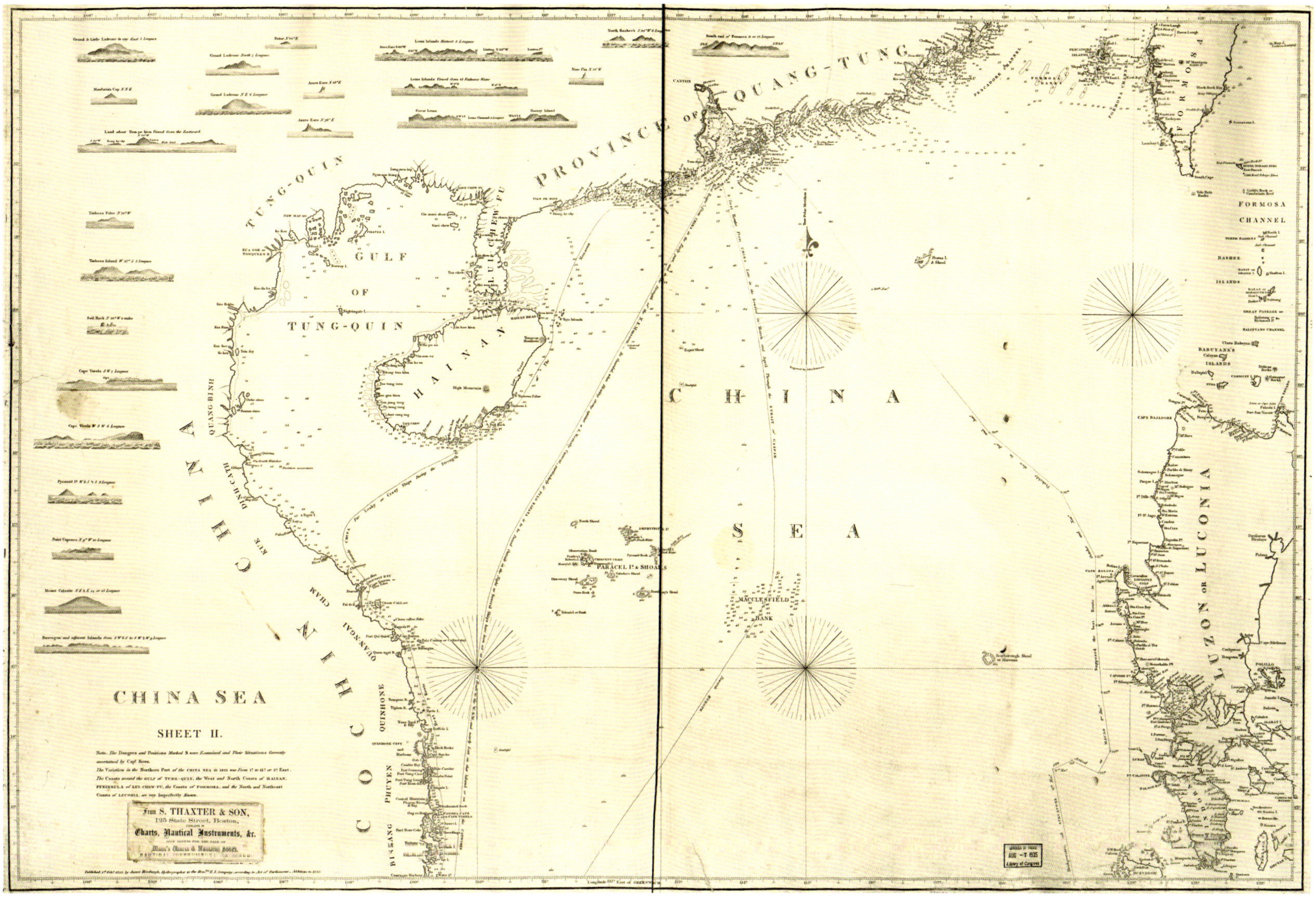

詹姆斯 · 霍斯伯格

◇

《中国南海图》
1848 年
66 × 50cm
美国国会图书馆藏，G9237. S6P5 1848. H6

James Horsburgh

◇

China Sea
1848
66 × 50cm
Collection of Library of Congress, G9237. S6P5 1848. H6

James Horsburgh

◇

Mapa do Mar da China Meridional
1848
66 × 50cm
Colecção da Biblioteca do Congresso dos Estados Unidos da América, G9237. S6P5 1848. H6

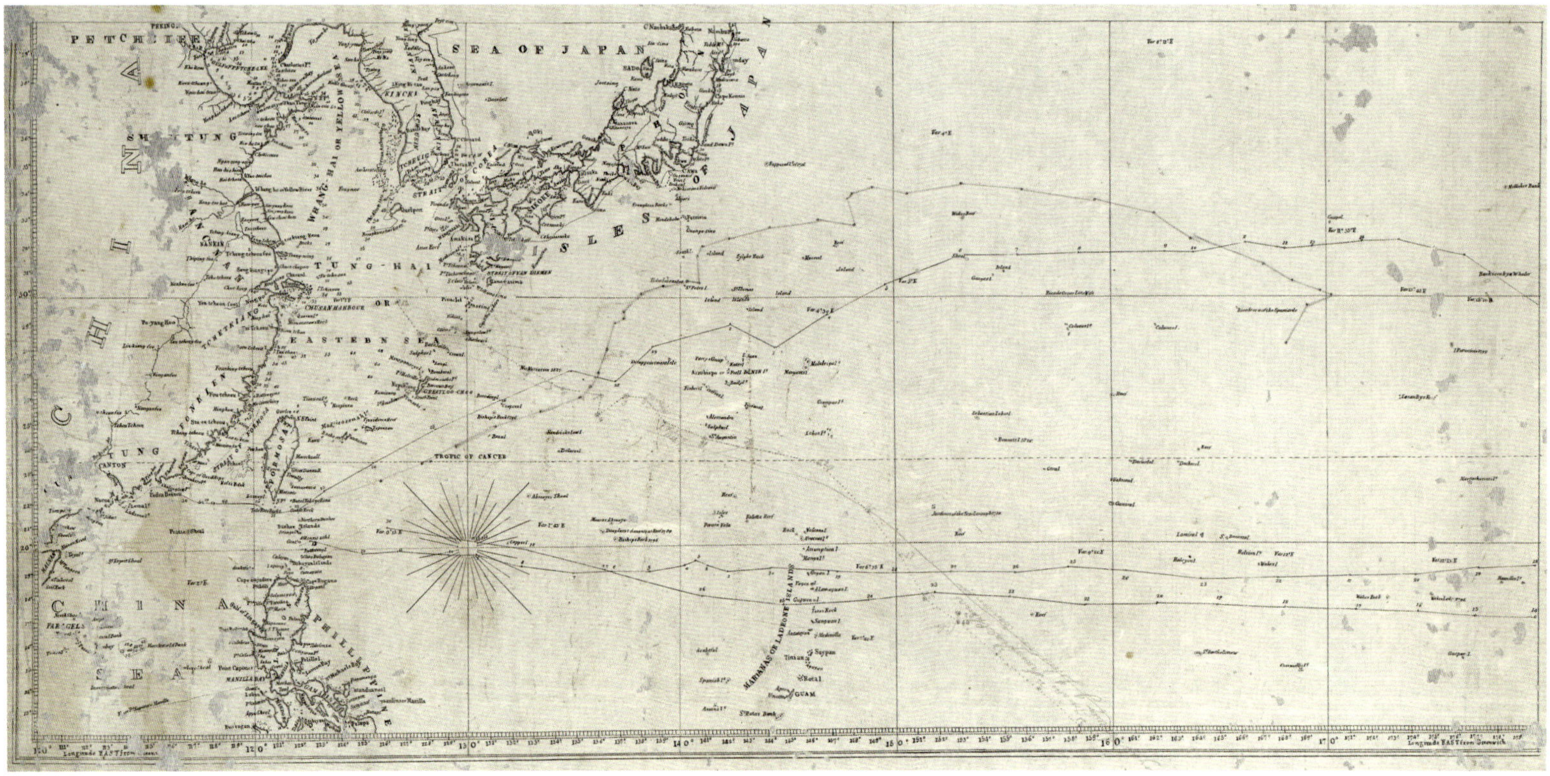

约翰逊

◇

《东亚海图》
约 1852 年
31×66cm
澳大利亚国家图书馆藏，MAP F 243

Captain Johnson, J.

◇

Chart of East Asia
Circa 1852
31×66cm
Collection of National Library of Australia, MAP F 243

Capitão Johnson, J.

◇

Carta da Ásia Oriental
Circa 1852
31 × 66cm
Colecção da Biblioteca Nacional da Austrália, MAP F 243

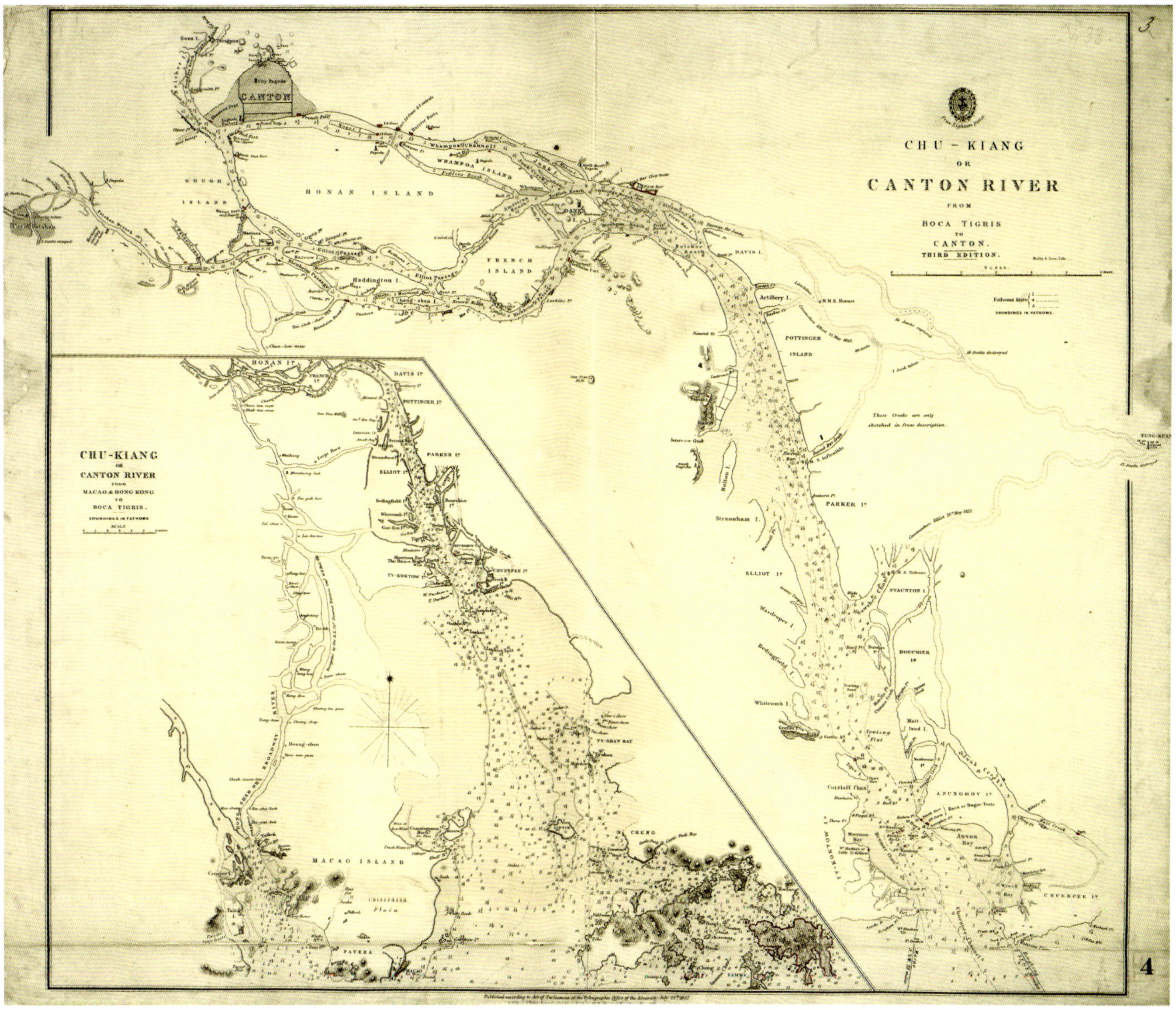

海洋军事部水文地理办公室

◇

《珠江水道图》
1857 年
47×48cm
英国国家档案馆藏，FO/925-2433

Hydrographic Office of the Admiralty

◇

Chu-Kiang or Canton River from Macao and Hong Kong to Boca Tigris
1857
47×48cm
Collection of The National Archives (United Kingdom), FO/925-2433

Instituto Hidrográfico Almirantado do Reino Unido

◇

Chu-Kiang ou Rio de Cantão desde Macau e Hong Kong até à Boca do Tigre
1857
47 x 48cm
Colecção do Arquivo Nacional (Reino Unido), FO/925-2433

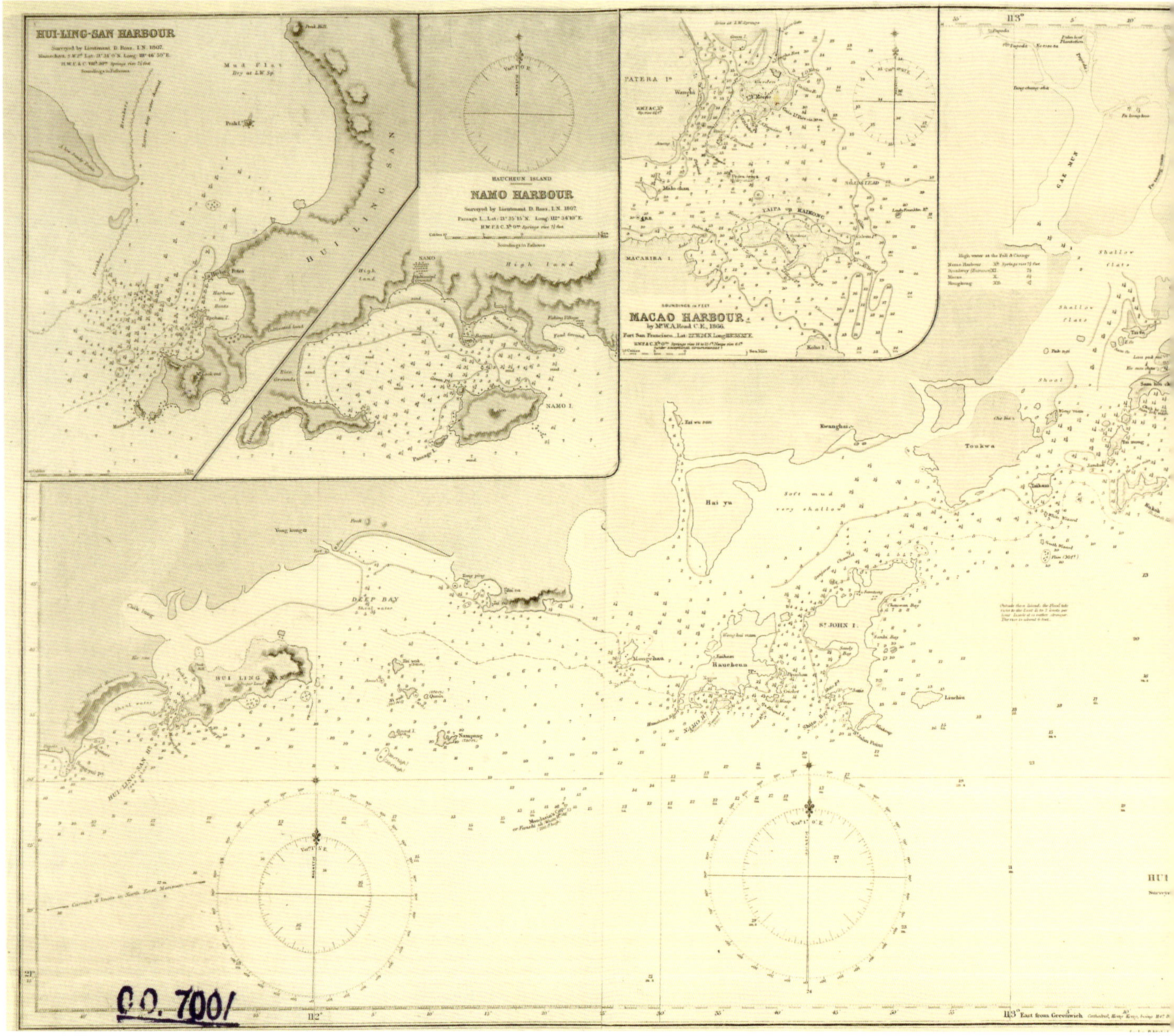

英国海军部水文局

◇

《中国香港周边海域图》
1906 年
33×61cm
英国国家档案馆藏，O 700/
HongKongandChina38

Great Britain Admiralty, Hydrographic Office

◇

China Sheet 1, Eastern Coast from Hui Ling San Harbour to Hong Kong
1906
33×61cm
Collection of The National Archives (United Kingdom), O 700/ HongKongand China38

Instituto Hidrográfico Almirantado do Reino Unido

◇

Mapa da Costa Leste de Hui Ling San Harboura Hong Kong, China
1906
33 × 61cm
Colecção do Arquivo Nacional (Reino Unido), O 700/ HongKongand China38

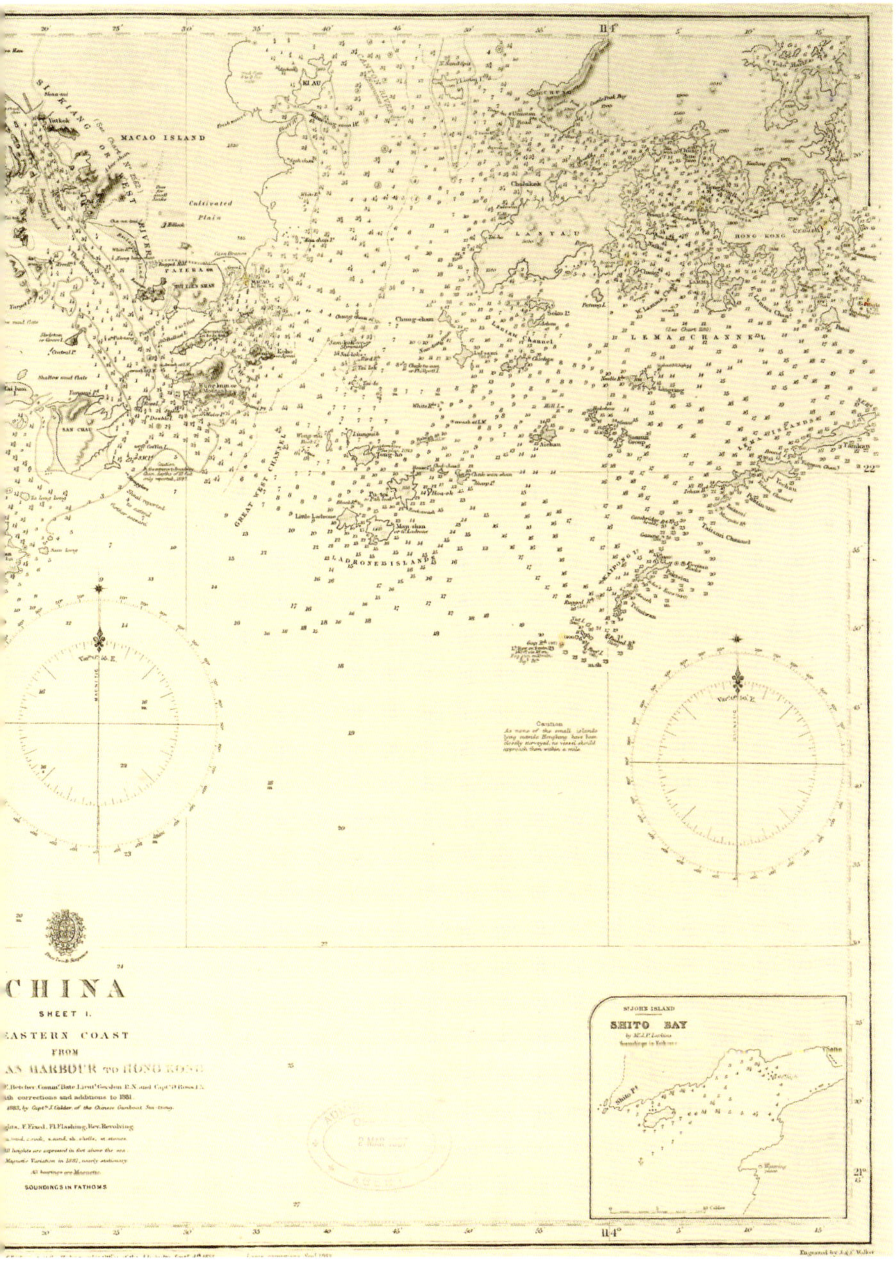
MACAO ISLAND
Cultivated Plain
LANTAU
HONG KONG
LEMA CHANNEL
LADRONE ISLANDS
GREAT WEST CHANNEL
CHINA
SHEET I.
ASTERN COAST
FROM
SHITO BAY
SOUNDINGS IN FATHOMS

佚名

◇

《珠江口地图》
约 1922 年
18×19cm
澳大利亚国家图书馆藏，MAP Braga Collection Col./71/2

Anonymous

◇

Portion of Kwangtung province, South China, showing Macau, Hong Kong, Canton and the estuaries of the Chu-Kiang and Si-Kiang Rivers
Circa 1922
18×19cm
Collection of National Library of Australia, MAP Braga Collection Col./71/2

Anónimo

◇

Mapa do Estuário do Rio das Pérolas
Circa 1922
18 × 19cm
Colecção da Biblioteca Nacional da Austrália, MAP Braga Collection Col./71/2

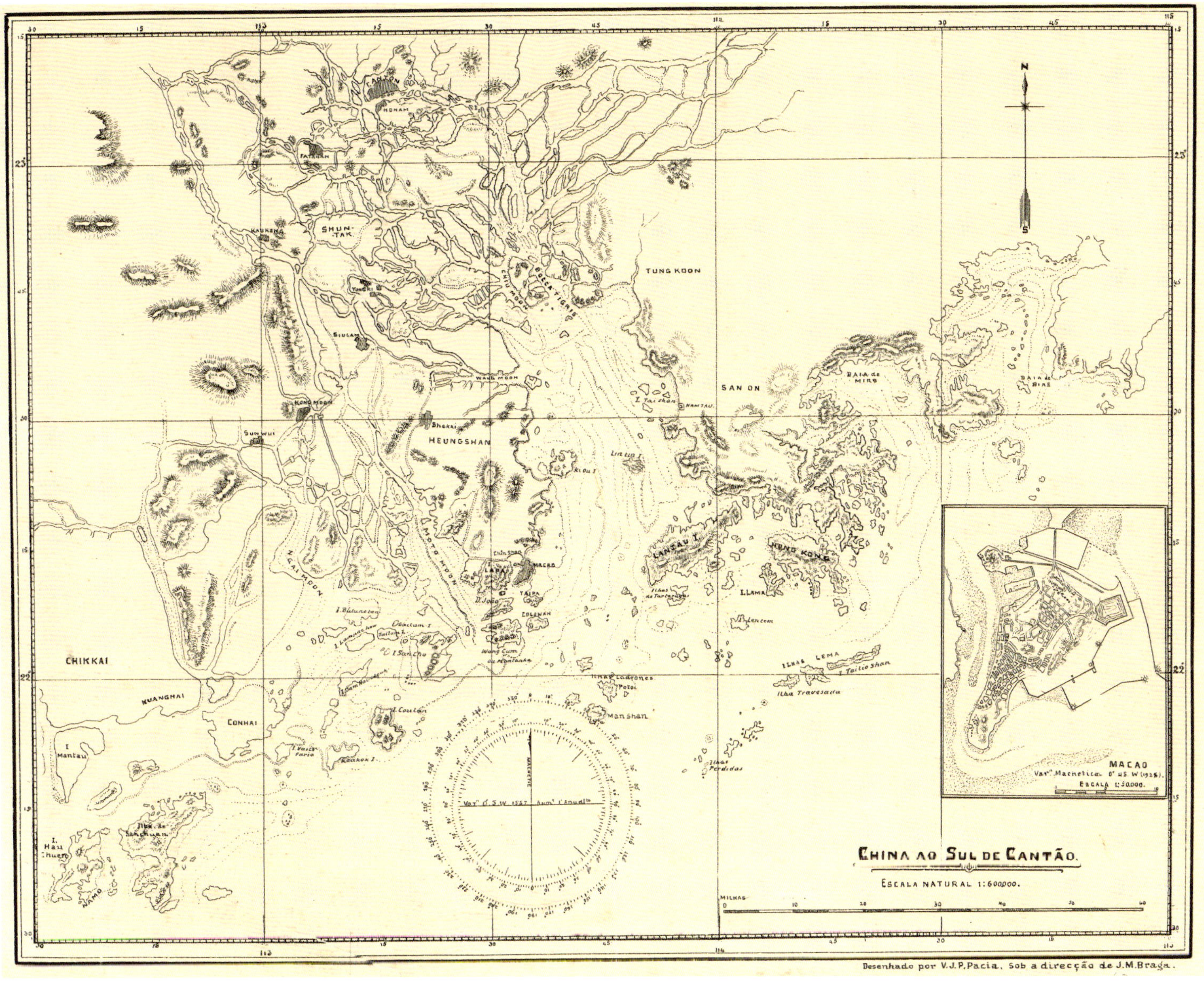

维森特·帕西亚

◇

《广州以南地区图》

1928 年

31×41cm

澳大利亚国家图书馆藏，MAP Braga Collection Col./63

Vicente Pacia

◇

China, South of Canton

1928

31×41cm

Collection of National Library of Australia, MAP Braga Collection Col./63

Vicente Pacia

◇

China ao Sul de Cantão

1928

31 × 41cm

Colecção da Biblioteca Nacional da Austrália, MAP Braga Collection Col./63

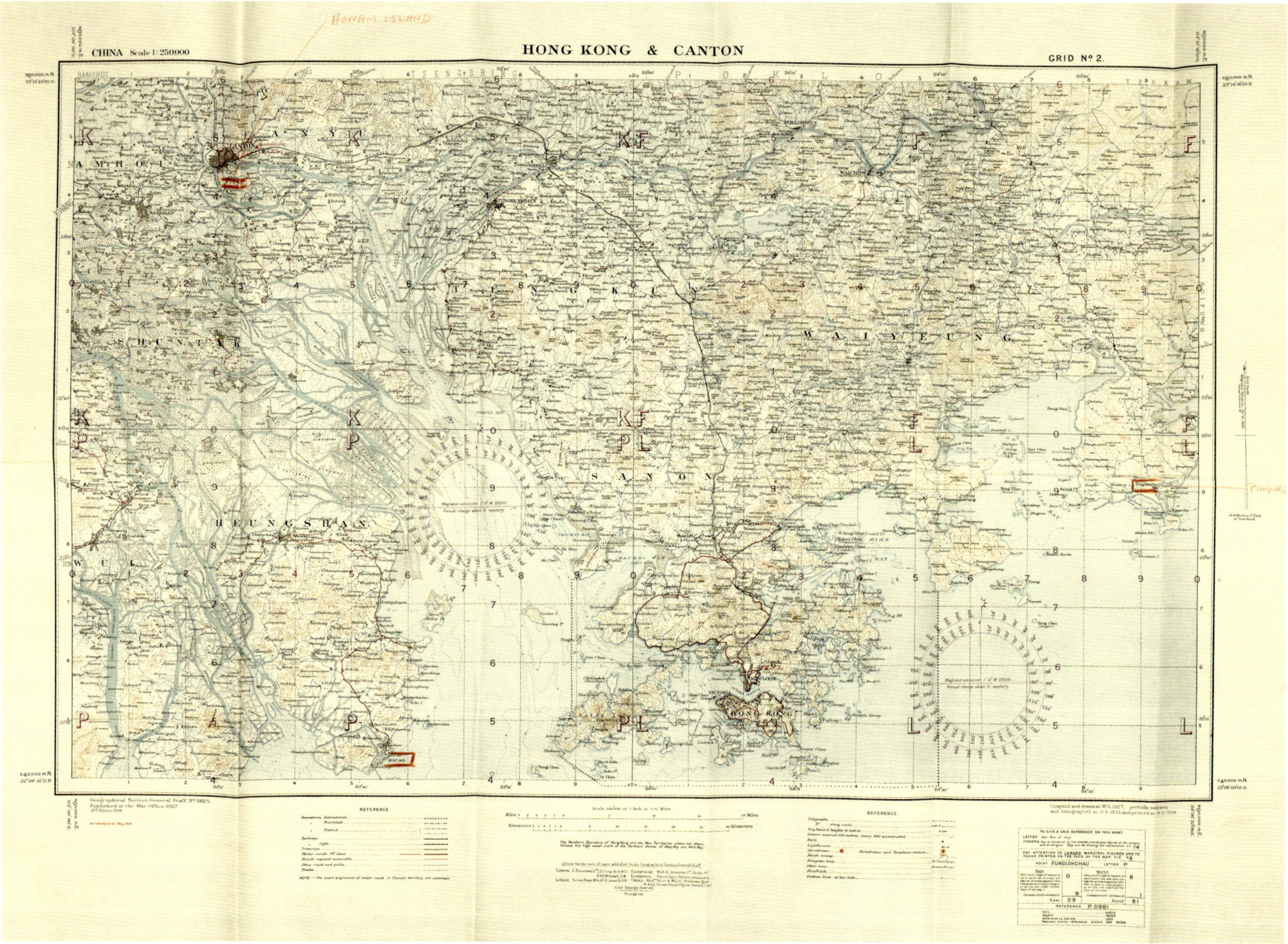

陆军部

◇

《香港及广东图》
1934 年
49 × 80cm
英国国家档案馆藏，FO 925/25334

War Office

◇

Hong Kong and Canton
1934
49 × 80cm
Collection of The National Archives (United Kingdom), FO 925/25334

Departamento de Guerra

◇

Hong Kong e Cantão
1934
49 x 80cm
Colecção do Arquivo Nacional (Reino Unido), FO 925/25334

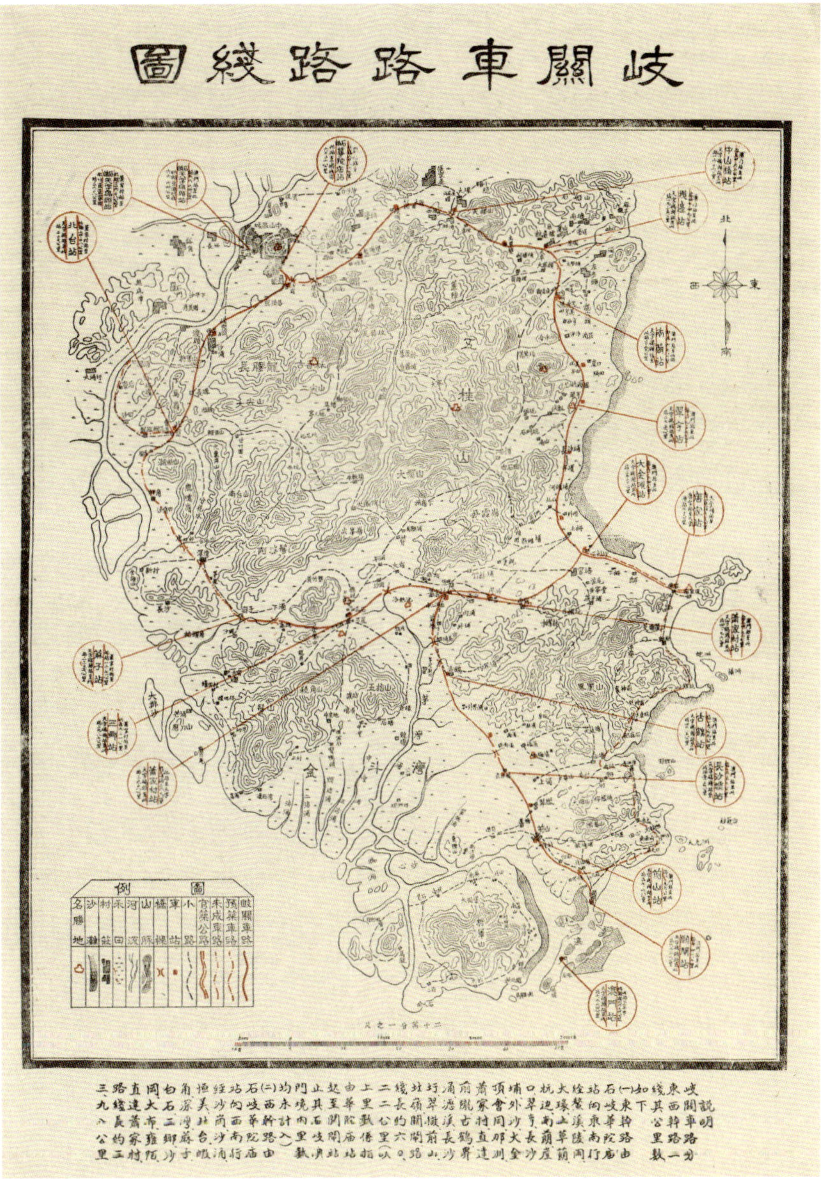

佚名

◇

《岐关车路路线图》

约 1950 年

32×27cm

澳大利亚国家图书馆藏，MAP Braga Collection Col./13e

Anonymous

◇

Route Map of Kee Kwan Motor Road

Circa 1950

32×27cm

Collection of National Library of Australia, MAP Braga Collection Col./13e

Anónimo

◇

Mapa da Rota da Estrada Motorizada de Kee Kwan

Circa 1950

32 x 27cm

Colecção da Biblioteca Nacional da Austrália, MAP Braga Collection Col./13e

礼遇东西——法国使团首航中国行

汪　蓝

17—18世纪的中国正迈步进入“康乾盛世”，而西方则开始孕育着工业革命的到来。在欧洲列强争相与东方贸易的竞争中落后了100多年的法国，开始重新审视自己在欧洲海洋强国中的地位。此时的法国航海技术和地图绘制已经有了很大发展，特别是皇家科学院和海洋学院的建立，为法国的“东方之行”和成为海上强国做好了准备。

一个是被封为“天子”的康熙皇帝，一个是自诩为“太阳王”（le Roi Soleil）的路易十四，分别在欧亚大陆的东西两端，遥不相及，各自统治着自己的帝国，引领着东西方的盛世与文化艺术的发展风潮。两位君主的身世惊人地相似，都是幼冲即位。康熙皇帝8岁登基，路易十四即位时年仅6岁。他们虽不相识，却同时在东西方建立起自己的丰功伟业，彼此惺惺相惜，相互景仰，从17世纪下半叶开始有书信往来，频频向对方发出善意。

1698年3月7日安菲特里忒号（Amphitrite）从法国西海岸的拉罗谢尔港（La Rochelle）起航，这是法国商船的首次“中国之行”。由拉·罗克骑士（Chevalier de La Rocque）担任船长，船上共有150名船员，随团前往中国的乘客中有30位商人和10名杰出的耶稣会士，其中白晋神父是唯一到过中国和了解中国的。历经了7个多月的海上航行，他们跨越了欧非亚三大洲，驶过了大西洋、印度洋和太平洋三大洋，终于到达了中国，完成了法中历史上的第一次远洋直航。

1698年法国商团的第一次中国之行，为我们带来了许多有价值的手绘广东地图和澳门地图。绘制这些地图的人，都经历了漫长的跨洋旅行和对于各地的真实观察。他们的身份可能是专业的水文专家和制图师，也可能是海军军官，还有随船前往北京紫禁城的耶稣会传教士。作为工程师、水文测量师和探险家的弗朗索瓦·费罗杰绘制的《澳门港城图》是澳门最早的手绘彩色现代地图。法国海军军官路易·德·拉格朗日－尚塞尔（Louis de Lagrange-Chancel）绘制的《珠江周边地区地图》，描绘了澳门、广州与珠江周边的环境；随船的耶稣会传教士多尔塞（P. Dolcé）也绘制有《珠江口及附近岛屿地图》。除了这一系列的澳门与广东地图外，本次展览的地图中还有18世纪时法国绘图师拉菲特·德·博拉斯埃（Lafitte de Brassier）留下的两幅珍贵的手绘澳门城市地图。

此类地图以费罗杰绘制于1699年的《澳门港城图》最具代表性，它也是目前发现最早的一幅澳门城市地图，意义重大，几乎影响了其后150年的澳门地图模式，18世纪被贝林编辑制版发行，影响广泛。此类地图中也不乏地形图和视域图，比如18世纪80年代拉菲特绘制的《葡属澳门城及其周边平面图》，图中不仅对澳门城市的格局、道路、教堂、炮台等做了详细的描述，还对东、西望洋山，澳门的两个制高点，以等高线的方式进行绘制和标注。对于城外直到关闸的地理环境也做了详细的介绍，河流、湖泊、道路、桥梁、村庄、庙宇都清晰可辨。这幅地图还是澳门地图史上，尺寸最大、完整性最高、形式较新颖、艺术水平最高的手绘地图。

法国手绘地图体现了独特的艺术气质，如清新、雅致、准确、细腻等特点。在历史上法国一直是被公认的制图大国，尤其是在绘制地图方面，在世界上具有领先地位。无论是地图测定的科学方法，或是其制作的手段与艺术性，以及版本的丰富性等诸多方面，法国地图都具有很高的历史与学术研究价值。这些地图是中法关系及文化交流的最好见证，也反映了澳门的城市变迁和澳门在中西贸易史及文化交流史上的重要地位。

Courtesies of the East and the West: The First Voyage of the French Embassy to China

Wang Lan

In the 17th and 18th centuries, China entered the High Qing era, the golden age of the Qing dynasty, just as the industrial revolution was beginning to take shape in the West. France had been lagging behind its European rivals in trade with the East for more than a century and, as such, had begun to re-examine its position among the maritime powers of Europe. The nation's navigation technology and cartographic skills had developed a great deal in recent years, exemplified by the establishment of the Royal Academy of Sciences, which helped pave the way for France's journey to the East and subsequent arrival upon the stage of great maritime powers.

The self-styled Sun King (le Roi Soleil) Louis XIV on one side, the Son of Heaven Emperor Kangxi on the other, each ruled their own empire on opposing sides of the Eurasian continent as their economies and cultures thrived. Both were young when they ascended the throne, Louis XIV when he was six and Kangxi at the age of eight. Although they did not know each other, they established their great achievements over the same period. It was almost as if they were aware of one another, carrying out their endeavours in mutual admiration and respect. One might imagine the two figures exchanging letters in which they shared words of friendly encouragement.

On 7 March 1698, the L'Amphitrite set sail from La Rochelle on the west coast of France, becoming the first French maritime ship to embark upon a trip to China. Captained by Chevalier de la Rocque, the ship had a crew of 150 and a group of passengers travelling with them, among them thirty merchants and ten prominent Jesuits, of whom Joachim Bouvet was the only one who had an understanding of China having visited it before. After a sea voyage of more than seven months, which spanned three continents—Europe, Africa and Asia—and three oceans—the Atlantic, Indian and Pacific Oceans—they finally arrived, marking the completion of the first ever ocean voyage between France and China.

The first voyage of the French Embassy to China gave rise to many valuable hand-drawn maps of Guangdong and Macao. The people who drew these maps had experienced a long ocean journey and had made accurate observations of the regions. Some of them might have been professional hydrographers and cartographers, others were perhaps naval officers or Jesuit missionaries who had boarded the ship with a view to visiting the Forbidden City in Beijing. Among them was François Froger, an engineer, hydrographer and explorer whose *Map of Macao City and Port*, is the earliest hand-coloured modern map of Macao; Louis de Lagrange-Chancel, whose *Plan and Map of the Canton River and its Surroundings* depicted the environment of Macao, Guangdong and the Pearl River; and P. Dolcé, a Jesuit missionary on the ship who produced a series of maps of Macao and Guangdong, including *Map of the Islands at the Entrance of the Pearl River*. The 18th-century French cartographer Lafitte de Brassier also left behind two valuable hand-drawn French maps of the city of Macao.

Map of Macao City and Port, drawn by François Froger in 1699, is the most illustrative of these maps and also the earliest map yet discovered of the city of Macao. As such, it is of great significance, its impact on the Macao map paradigm lasting some 150 years. It was published by Éditions Belin in the 18th century, which meant it had a wide influence. There is no lack of either topographical or perspective plots in this sort of map. For example, Lafitte's *Portuguese Plan of the City of Macao and Its Surroundings*, drawn in the 1780s, not only provides detailed depictions of the layout of the city, its roads, churches, forts and the like, but also uses contour lines to plot and label the Colina da Penha and Colina da Guia, the two highest peaks in Macao. The geography outside the city up to the Barrier Gate is also depicted in detail, with rivers, lakes, roads, bridges, villages and temples all clearly visible. In terms of size, completeness, novelty of form and artistry, Lafitte's map is perhaps the most impressive work in Macao's history of maps.

French hand-drawn maps exhibit a unique artistic temperament that combines freshness, elegance, precision and attention to detail. France has always been recognised as a "cartographic nation" and they have often led the world in the production of maps. The maps they have drawn are of high academic value not only in terms of the scientific methods employed during the process of land surveying but also in the techniques and artistry on display in the finished product, as well as the richness of their editions. These maps speak to the cultural exchange behind Sino-French relations, while reflecting the transformation the city of Macao has gone through and the important historical role it has played in trade and cultural interactions between China and the West.

Cortesias do Oriente e Ocidente: a Primeira Viagem da Embaixada Francesa à China

Wang Lan

Nos séculos XVII a XVIII, a China entrava na Era do Alto Qing, um período áureo da dinastia Qing que correspondeu aos reinados dos imperadores Kangxi e Qianlong. Ao mesmo tempo, o Ocidente dava os seus primeiros passos em direcção à Revolução Industrial. A França, que por mais de um século havia ficado para atrás em relação aos seus rivais europeus no que toca ao comércio com o Oriente, começou a reavaliar a sua posição no contexto das potências marítimas europeias. Por esta altura, em França, tanto as tecnologias de navegação como as técnicas cartográficas haviam já atingido um nível de desenvolvimento considerável, nomeadamente com a criação da Academia Real de Ciências e da Academia Naval. Deste modo, foram sendo reunidas as condições para a jornada da França rumo ao Oriente, assim como para a sua subsequente ascensão como grande potência marítima.

Na China, o imperador Kangxi havia sido consagrado como "Filho do Céu"; em França, Luis XIV auto-denominara-se "Rei Sol" (*le Roi Solei*). Ambos os monarcas, tão distantes um do outro, cada um governando o seu respectivo império nos extremos Leste e Oeste do continente euro-asiático, representaram eras de prosperidade e tendências de desenvolvimento artístico e cultural. A ascensão ao trono destes dois monarcas foi surpreendentemente semelhante, tendo ambos ascendido ao trono em tenra idade: o imperador Kangxi aos oito anos de idade, Luis XIV com apenas seis anos. Embora não se conhecessem pessoalmente, os dois monarcas foram contemporâneos e concretizaram feitos grandiosos nos seus respectivos impérios, admirando-se e respeitando-se como se estivessem cientes um do outro. A partir da segunda metade do século XVII, estabeleceram uma relação de correspodência e enviavam frequentes mensagens de amizade um ao outro.

Em 7 de Março de 1698, o navio Amphitrite partiu de La Rochelle, na costa ocidental da França, marcando a primeira viagem de um navio comercial francês à China. A embarcação era capitaneada por Chevalier de La Rocque e levava a bordo uma tripulação total de 150 marinheiros. Entre os passageiros que viajavam com esta embaixada, contavam-se ainda trinta comerciantes e dez promenientes jesuítas, sendo o padre Joachim Bouvet o único a ter visitado a China anteriormente e que dela tinha algum conhecimento. Após mais de sete meses de viagem por mar, atravessando três continentes (Europa, África e Ásia) e cruzando três oceanos (o Atlântico, o Índico e o Pacífico), o navio chegou finalmente à China, concluindo a primeira viagem oceânica directa entre a França e a China da história.

Desta primeira delegação comercial francesa à China em 1698 resultaram em muitos mapas valiosos de Guangdong e de Macau elaborados à mão. Os autores desses mapas haviam passado por uma longa jornada transoceânica e levado a cabo observações precisas das regiões por onde passaram. Alguns deles seriam hidrógrafos e cartógrafos profissionais, enquanto outros eram provavelmente oficiais navais, incluindo missionários jesuítas que embarcaram com o objectivo de visitar a Cidade Proibida de Beijing. O *Mapa da Cidade e Porto de Macau*, da autoria do engenheiro, hidrógrafo e explorador François Froger, é o mais antigo mapa moderno, colorido e feito à mão de Macau. A *Planta e Mapa do Rio de Cantão e os Seus Arredores*, criado pelo oficial naval francês Louis de Lagrange-Chancel, oferece também uma descrição de Macau, de Guangdong e do ambiente circundante do rio das Pérolas. Também o missionário jesuíta P. Dolcé, que viajava a bordo do Amphitrite, contribuiu com o *Mapa da Ilhas na Embocadura do Rio das Pérolas*. Para além desta série de mapas de Macau e de Guangdong, a exposição também inclui dois valiosos mapas da cidade de Macau, produzidos à mão pelo cartógrafo francês do século XVIII, Lafitte de Brassier.

Entre os mapas deste género, o mais representativo é o *Mapa da Cidade e Porto de Macau*, feito por François Froger em 1699. É também o mapa mais antigo da cidade de Macau descoberto até hoje, um documento de grande importância que exerceu impacto nos modelos dos mapas de Macau durante quase 150 anos. Publicado no século XVIII pela Éditions Belin, este foi um mapa de muito ampla influência. Também entre este tipo de cartografia encontramos mapas topográficos e perspectivos. Por exemplo, na década de 1780, Lafitte elaborou a *Planta da Cidade de Macau e os Seus Arredores*, no qual não apenas descreve detalhadamente a configuração, estradas, igrejas e fortalezas da cidade de Macau, como também representa e assinala, através de notação orográfica, a Colina da Guia e a Colina da Penha, os dois pontos mais elevados da cidade. O mapa também oferece uma descrição pormenorizada do ambiente geográfico dos arredores da cidade até às Portas do Cerco, identificando claramente rios, lagos, estradas, pontes, vilarejos e templos. Este também é considerado o maior, mais completo, mais inovador em termos formais e de mais elevado nível artístico dos mapas desenhados à mão na história dos mapas de Macau.

Os mapas franceses desenhados à mão apresentam um estilo artístico singular, caracterizado pela sua originalidade, elegância, precisão e atenção ao detalhe. França tem sido reconhecida historicamente como um país de grande importância para a cartografia, ocupando nomeadamente uma posição de liderança na produção de mapas a nível mundial. Estes mapas são de grande valor tanto histórico como para a investigação académica, não apenas devido aos métodos científicos usados no levantamento topográfico, mas também às técnicas e ao carácter artístico da sua produção e à riqueza das suas edições. Esses mapas constituem os melhores testemunhos das relações e contactos culturais entre a China e a França, para além de reflectirem também as mudanças pelas quais passou a cidade de Macau e a sua posição importante na história do comécio e dos intercâmbios culturais entre a China e o Ocidente.

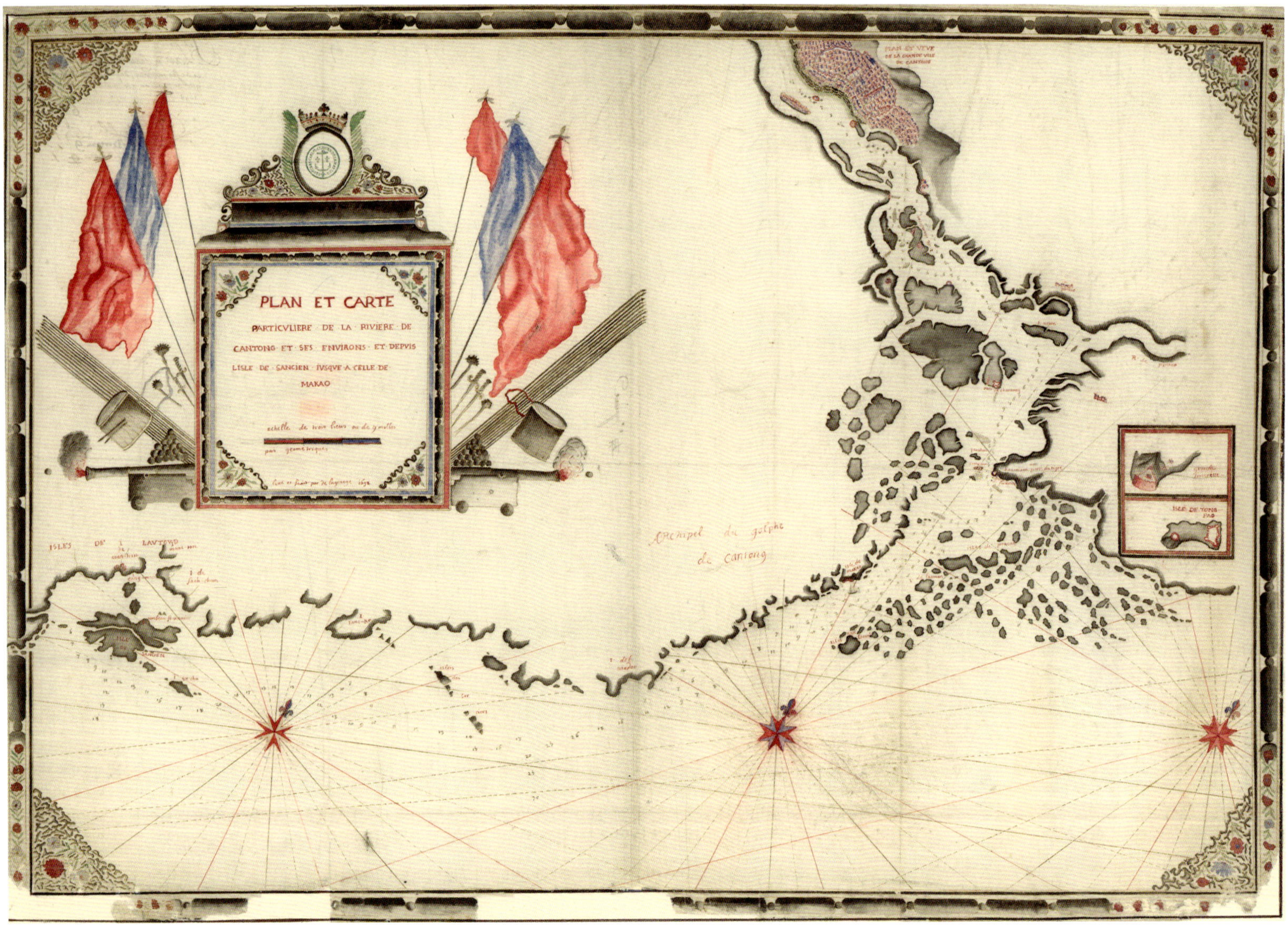

拉格朗日

◇

《珠江周边地区地图》
1698 年
63×91cm
法国国家图书馆藏，GE SH 18 PF 179 DIV 9 P 1

Louis de La Grange-Chancel

◇

Plan and Map of the Canton River and its surroundings, from the Island of Shangchuan to Macao
1698
63×91cm
Collection of National Library of France, GE SH 18 PF 179 DIV 9 P 1

Louis de La Grange-Chancel

◇

Planta e Mapa do Rio de Cantão e os Seus Arredores, desde a Ilha de Shangchuan até Macau
1698
63 × 91cm
Colecção da Biblioteca Nacional de França, GE SH 18 PF 179 DIV 9 P 1

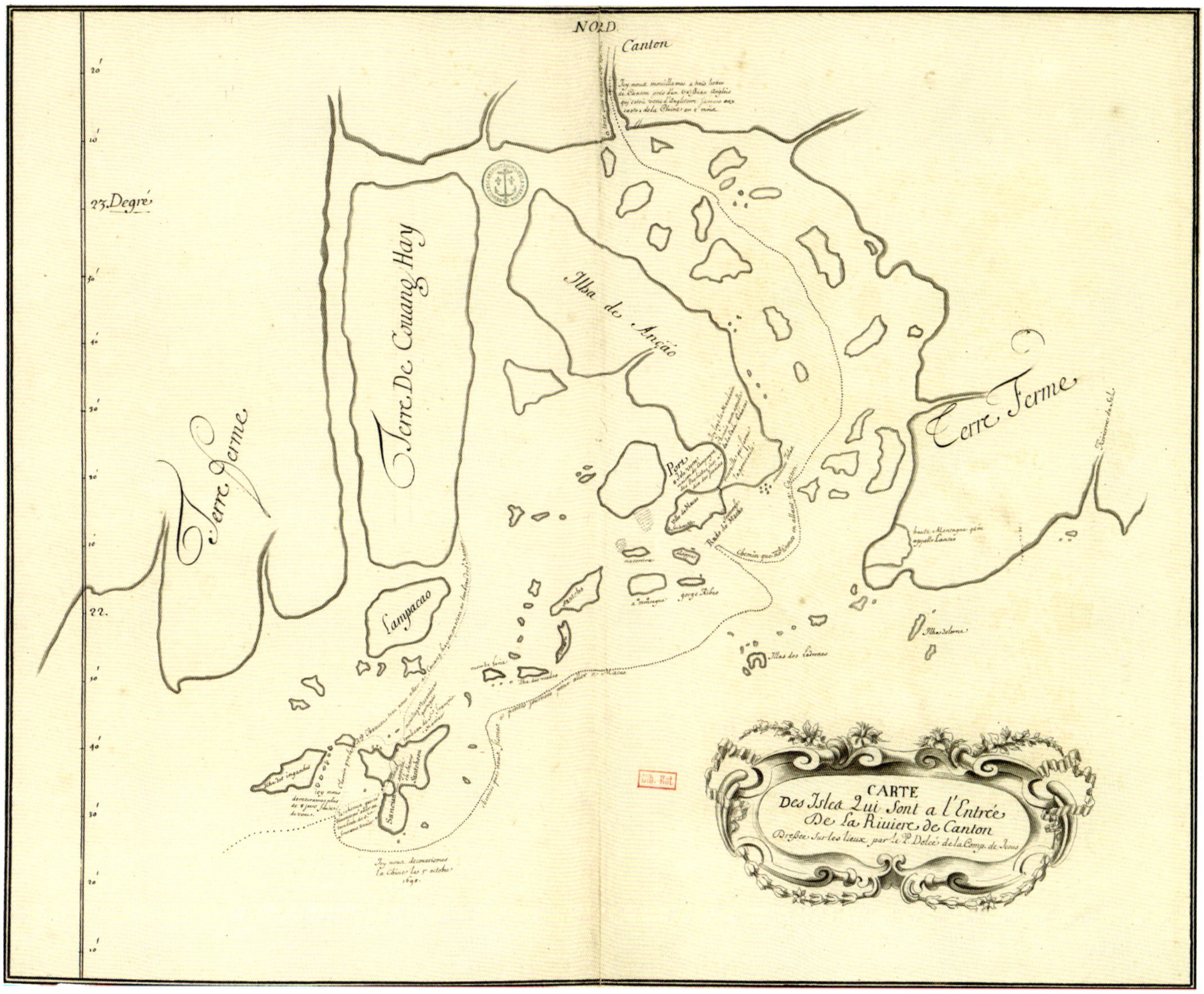

查尔斯 · 多尔塞

◇

《珠江口及附近岛屿地图》
1698 年
53×69cm
法国国家图书馆藏，GE SH 18 PF 179 DIV 9 P 2 D

Charles Dolcé

◇

Map of the Islands at the Entrance of the Pearl River
1698
53×69cm
Collection of National Library of France, GE SH 18 PF 179 DIV 9 P 2 D

Charles Dolcé

◇

Mapa das Ilhas na Foz do Rio das Pérolas
1698
53 x 69cm
Colecção da Biblioteca Nacional de França, GE SH 18 PF 179 DIV 9 P 2 D

弗朗索瓦·费罗杰

◇

《澳门港城图》
约1698年
34×22cm
阿茹达图书馆藏，52-XIV-23

François Froger

◇

Map of Macao City and Port
Circa 1698
34×22cm
Collection of the Ajuda Library, 52-XIV-23

François Froger

◇

Mapa da Cidade e Porto de Macau
Circa 1698
34 x 22cm
Colecção da Biblioteca da Ajuda, 52-XIV-23

弗朗索瓦·费罗杰

◇

《澳门》
1699 年
24×37cm
法国国家图书馆藏，GE SH 18 PF 179 DIV 12 P 2/1 (2) D

François Froger

◇

Macao
1699
24×37cm
Collection of National Library of France, GE SH 18 PF 179 DIV 12 P 2/1 (2) D

François Froger

◇

Macau
1699
24 × 37cm
Colecção da Biblioteca Nacional de França, GE SH 18 PF 179 DIV 12 P 2/1 (2) D

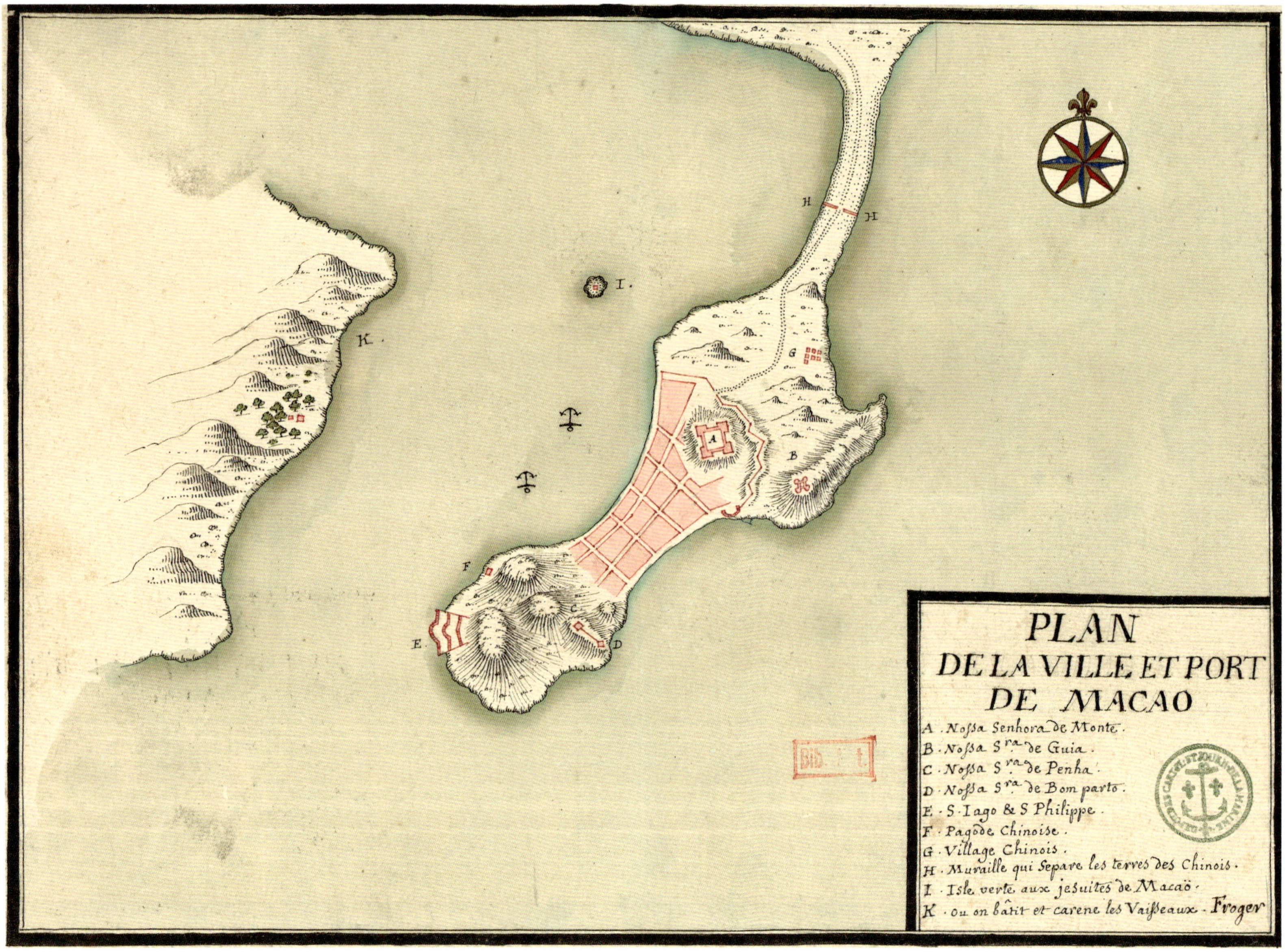

弗朗索瓦·费罗杰

◇

《澳门港城图》
1699 年
26×35cm
法国国家图书馆藏，GE SH 18 PF 179 DIV 12 P 21 (1) D

François Froger

◇

Map of Macao City and Port
1699
26×35cm
Collection of National Library of France, GE SH 18 PF 179 DIV 12 P 21 (1) D

François Froger

◇

Mapa da Cidade e Porto de Macau
1699
26 × 35cm
Colecção da Biblioteca Nacional de França, GE SH 18 PF 179 DIV 12 P 21 (1) D

佚名

◇

《澳门港城图》

约 1700 年

88×50cm

法国国家档案馆藏，N/III/Chine/1

Anonymous

◇

Map of Macao City and Harbour

Circa 1700

88×50cm

Collection of National Archives (France), N/III/Chine/1

Anónimo

◇

Mapa da Cidade e Porto de Macau

Circa 1700

88 × 50cm

Colecção do Arquivo Nacional da França, N/III/Chine/1

佚名

◇

《珠江入口地图》

约 1700 年

61×46cm

法国国家图书馆藏，GE SH 18 PF 179 DIV 9 P 10 D

Anonymous

◇

Map of the Etrance to Canton

Circa 1700

61×46cm

Collection of National Library of France, GE SH 18 PF 179 DIV 9 P 10 D

Anônimo

◇

Mapa da Entrada de Cantão

Circa 1700

61 x 46cm

Colecção da Biblioteca Nacional de França, GE SH 18 PF 179 DIV 9 P 10 D

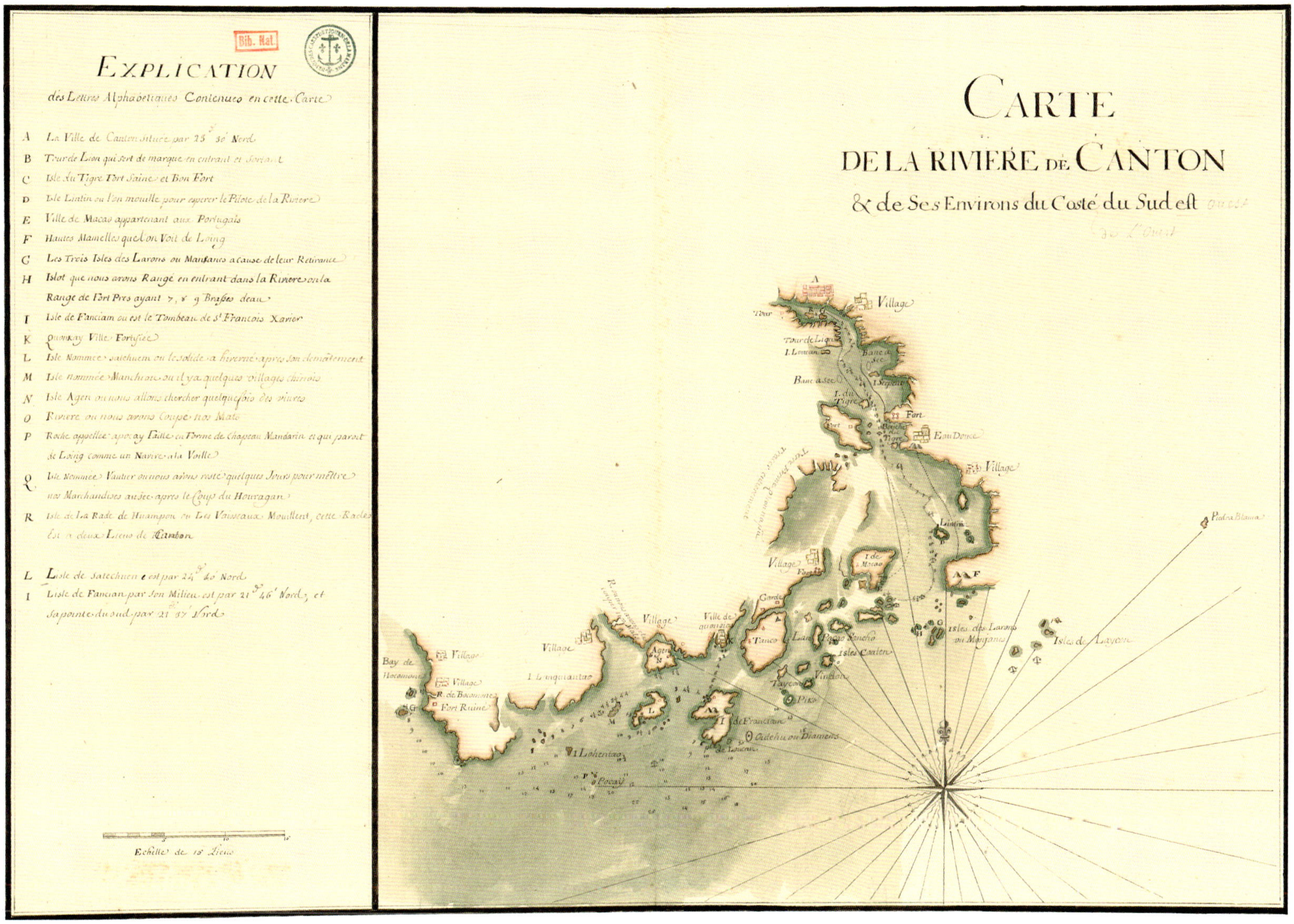

佚名

◇

《珠江入口地图》
约 1700 年
38×47cm
法国国家图书馆藏，GE SH 18 PF 179 DIV 9 P 131 D

Anonymous

◇

Map of the Canton River
Circa 1700
38×47cm
Collection of National Library of France, GE SH 18 PF 179 DIV 9 P 131 D

Anónimo

◇

Mapa do Rio de Cantão
Circa 1700
38 × 47cm
Colecção da Biblioteca Nacional de França, GE SH 18 PF 179 DIV 9 P 131 D

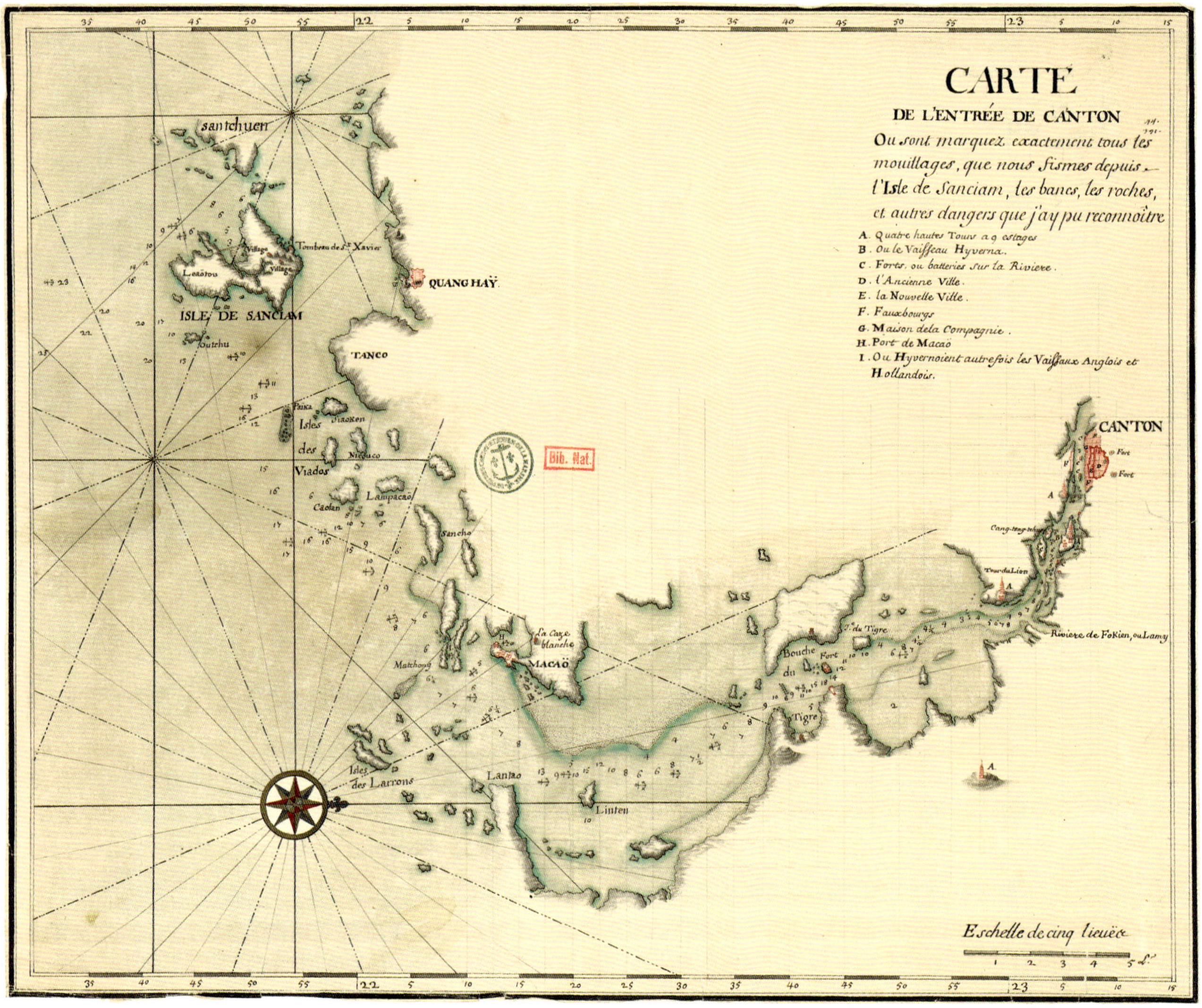

佚名

◇

《珠江沿岸及其东南周边地区地图》
约 1700 年
50×69cm
法国国家图书馆藏，GE SH 18 PF 179 DIV 9 P 11 D

Anonymous

◇

Map of the Pearl River and its Southeastern Surroundings
Circa 1700
50×69cm
Collection of National Library of France, GE SH 18 PF 179 DIV 9 P 11 D

Anónimo

◇

Mapa do Rio das Pérolas e os Seus Arredores no Sudeste
Circa 1700
50 x 69cm
Colecção da Biblioteca Nacional de França, GE SH 18 PF 179 DIV 9 P 11 D

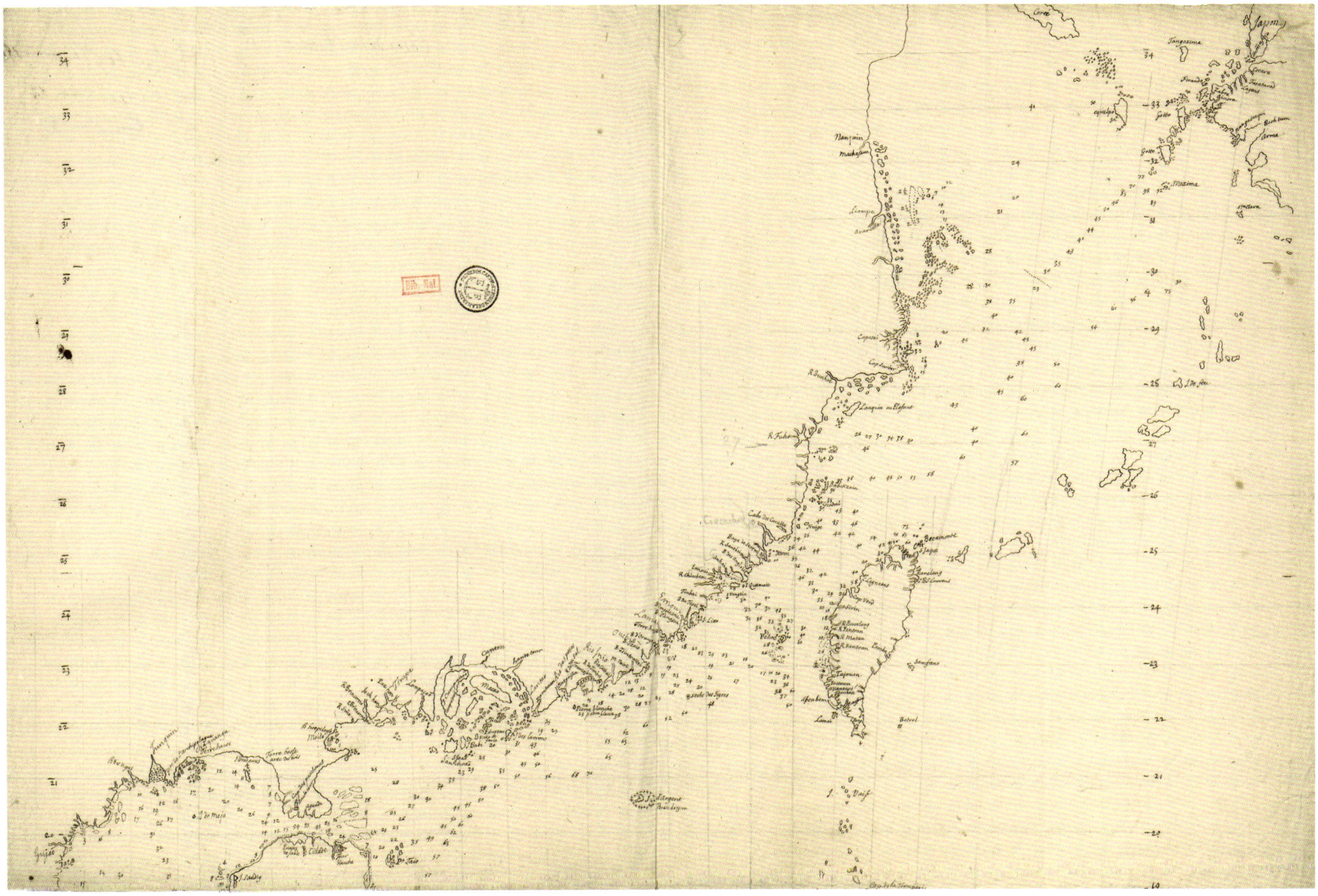

佚名

◇

《中国沿海地图》(局部)

约 1700 年

92×122cm

法国国家图书馆藏，GE SH 18 PF 181 P 12 D

Anonymous

◇

Map of China's Coasts (part)

Circa 1700

92×122cm

Collection of National Library of France, GE SH 18 PF 181 P 12 D

Anónimo

◇

Mapa das Costas da China (parte)

Circa 1700

92 × 122cm

Colecção da Biblioteca Nacional de França, GE SH 18 PF 181 P 12 D

佚名

◇

《澳门港城图》
约 1700 年
26×35cm
法国国家图书馆藏，GE SH 18 PF 179 DIV 12 P 2 D

Anonymous

◇

Map of Macao City and Port
Circa 1700
26×35cm
Collection of National Library of France, GE SH 18 PF 179 DIV 12 P 2 D

Anónimo

◇

Mapa da Cidade e Porto de Macau
Circa 1700
26 × 35cm
Colecção da Biblioteca Nacional de França, GE SH 18 PF 179 DIV 12 P 2 D

利博

◇

《广州、澳门及其周边岛屿河道图》

1736 年

66×51cm

法国国家图书馆藏，GE SH 18 PF 179 DIV 9 P 3 R

Liébaut

◇

Map of the River Channels of Canton, Macao and Surrounding Islands

1736

66×51cm

Collection of National Library of France, GE SH 18 PF 179 DIV 9 P 3 R

Liébaut

◇

Mapa dos Canais Fluviais de Cantão, Macau e Ilhas Circundantes

1736

66 x 51cm

Colecção da Biblioteca Nacional de França, GE SH 18 PF 179 DIV 9 P 3 R

雅克－尼古拉斯·贝林

◇

《珠江入口地图》
约 1749 年
26×19cm
哈佛大学图书馆藏，G7822. P4 1749. B4.

Jacques-Nicolas Bellin

◇

Map of the Etrance to the Pearl River
Circa 1749
26×19cm
Collection of Harvard Library, G7822. P4 1749.B4.

Jacques-Nicolas Bellin

◇

Mapa da Embocadura do Rio das Pérolas
Circa 1749
26 x 19cm
Colecção da Biblioteca da Universidade de Harvard, G7822. P4 1749. B4.

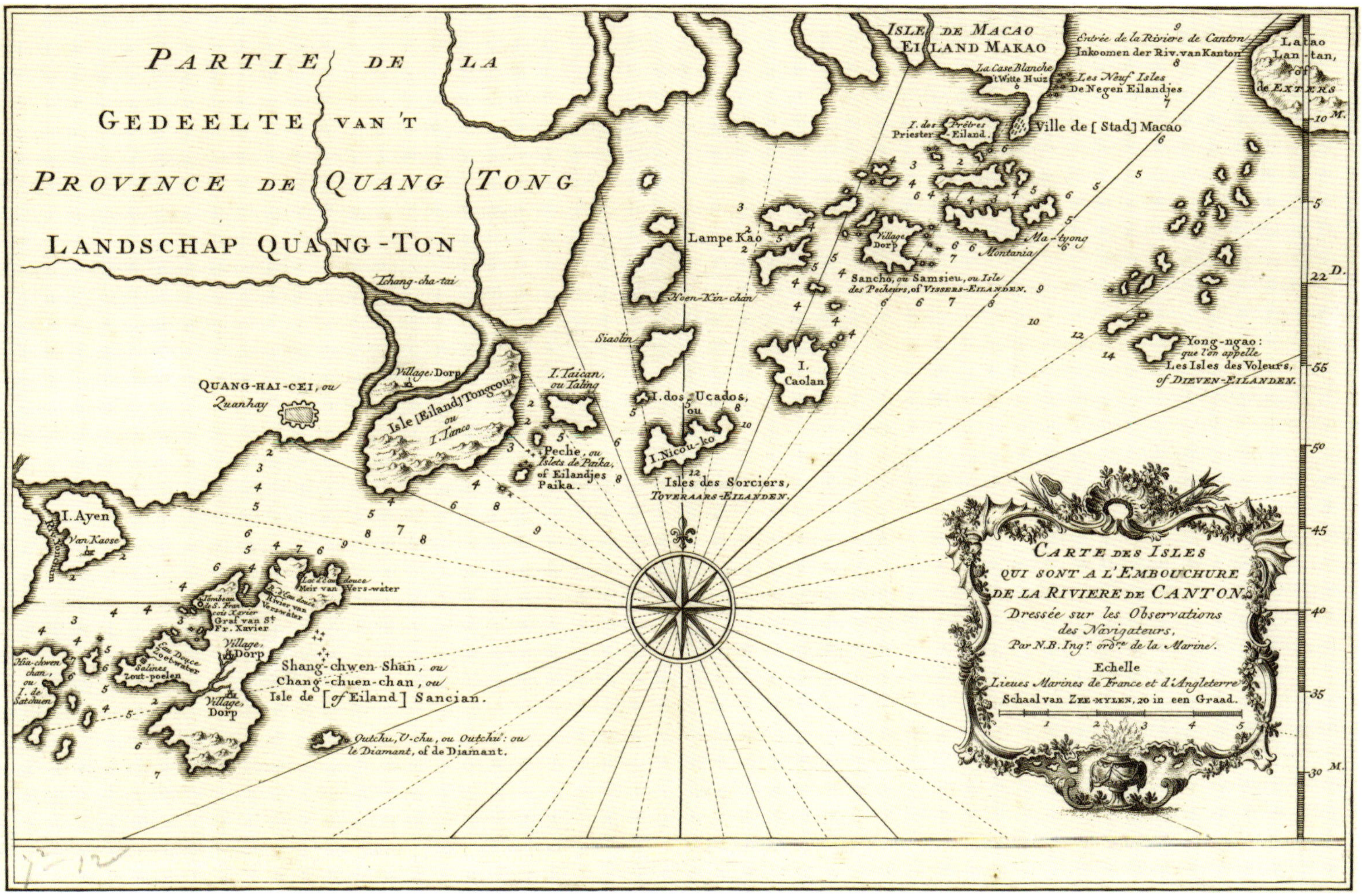

雅克－尼古拉斯·贝林

◇

《珠江口及附近岛屿地图》
约 1749 年
27×39cm
哈佛大学图书馆藏，MAP-LC G7810 1749. B41.

Jacques-Nicolas Bellin

◇

Map of the Islands at the Entrance of the Pearl River
Circa 1749
27×39cm
Collection of Harvard Library, MAP-LC G7810 1749. B41.

Jacques-Nicolas Bellin

◇

Mapa das Ilhas na Embocadura do Rio das Pérolas
Circa 1749
27 x 39cm
Colecção da Biblioteca da Universidade de Harvard, MAP-LC G7810 1749. B41.

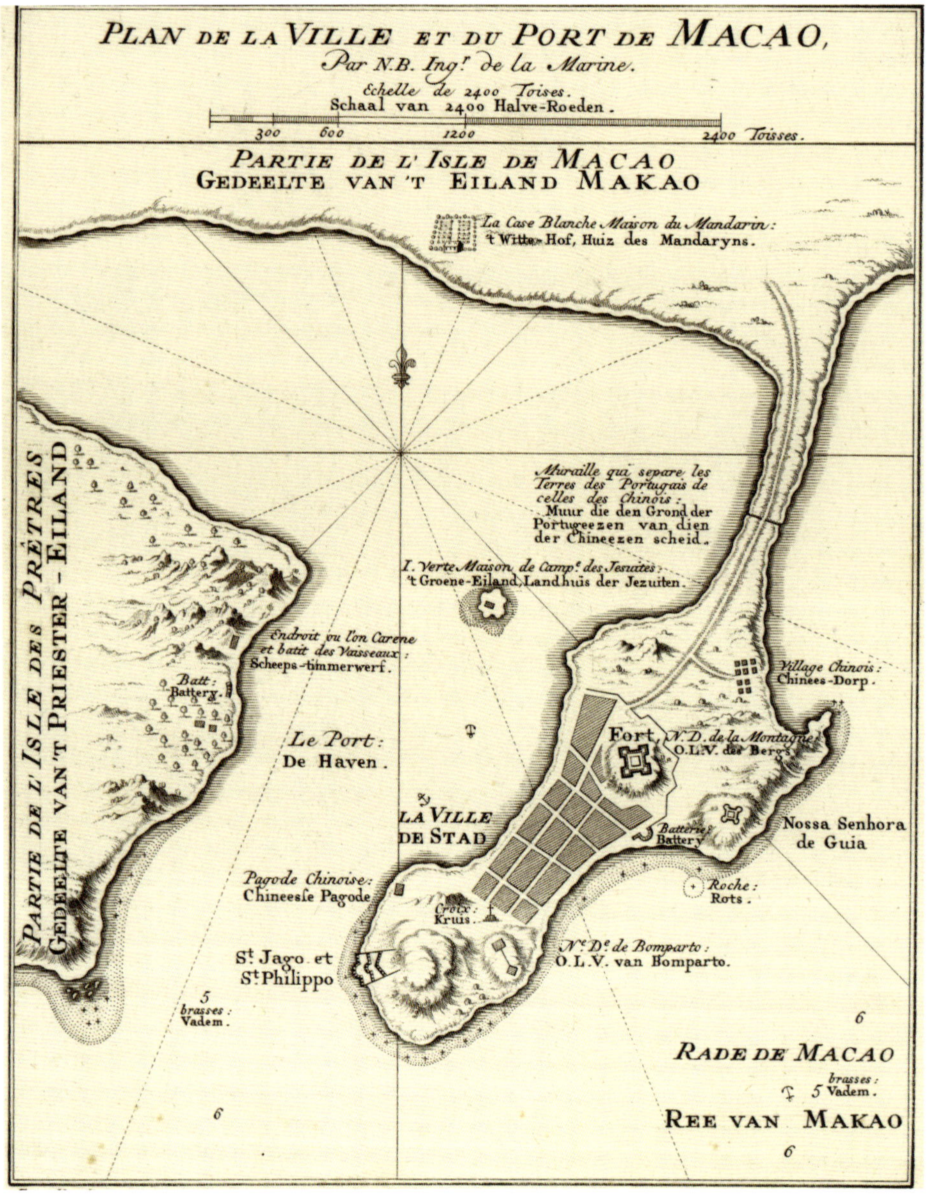

雅克－尼古拉斯·贝林

◇

《澳门港城图》

约 1749 年

18×17cm

哈佛大学图书馆藏，MAP-LC G7823. M2 1749. B4

Jacques-Nicolas Bellin

◇

Map of Macao City and Port

Circa 1749

18×17cm

Collection of Harvard Library, MAP-LC G7823. M2 1749. B4

Jacques-Nicolas Bellin

◇

Mapa da Cidade e Porto de Macau

Circa 1749

18 × 17cm

Colecção da Biblioteca da Universidade de Harvard, MAP-LC G7823. M2 1749. B4

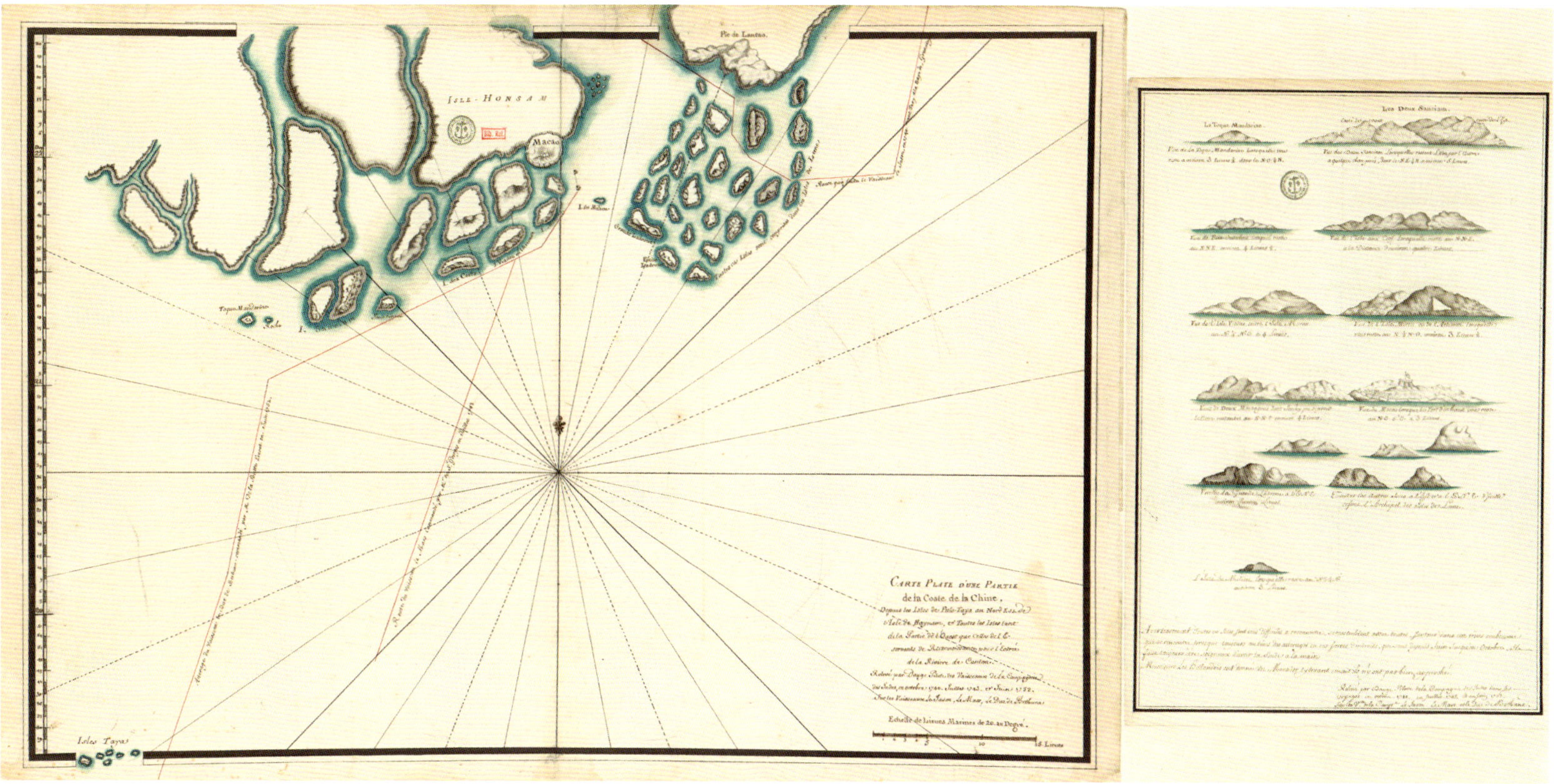

菲利普・道格

◇

《中国部分海岸地图》
约 1752 年
68×136cm
法国国家图书馆藏，GE SH 18 PF 179 DIV 9 P 9

Philippe Dauge

◇

Map of Parts of the Chinese Coast
Circa 1752
68×136cm
Collection of National Library of France, GE SH 18 PF 179 DIV 9 P 9

Philippe Dauge

◇

Mapa Parcial da Costa da China
Circa 1752
68 × 136cm
Colecção da Biblioteca Nacional de França, GE SH 18 PF 179 DIV 9 P 9

拉菲特

◇

《葡属澳门城及其周边平面图》
1781 年
75×102cm
法国国家图书馆藏，GE SH 18 PF 179 DIV 12 P 3-2

Louis François Grégoire Lafitte de Brassier

◇

Portuguese Plan of the City of Macao and Its Surroundings
1781
75×102cm
Collection of National Library of France, GE SH 18 PF 179 DIV 12 P 3-2

Louis François Grégoire Lafitte de Brassier

◇

Planta da Cidade de Macau e os Seus Arredores
1781
75 × 102cm
Colecção da Biblioteca Nacional de França, GE SH 18 PF 179 DIV 12 P 3-2

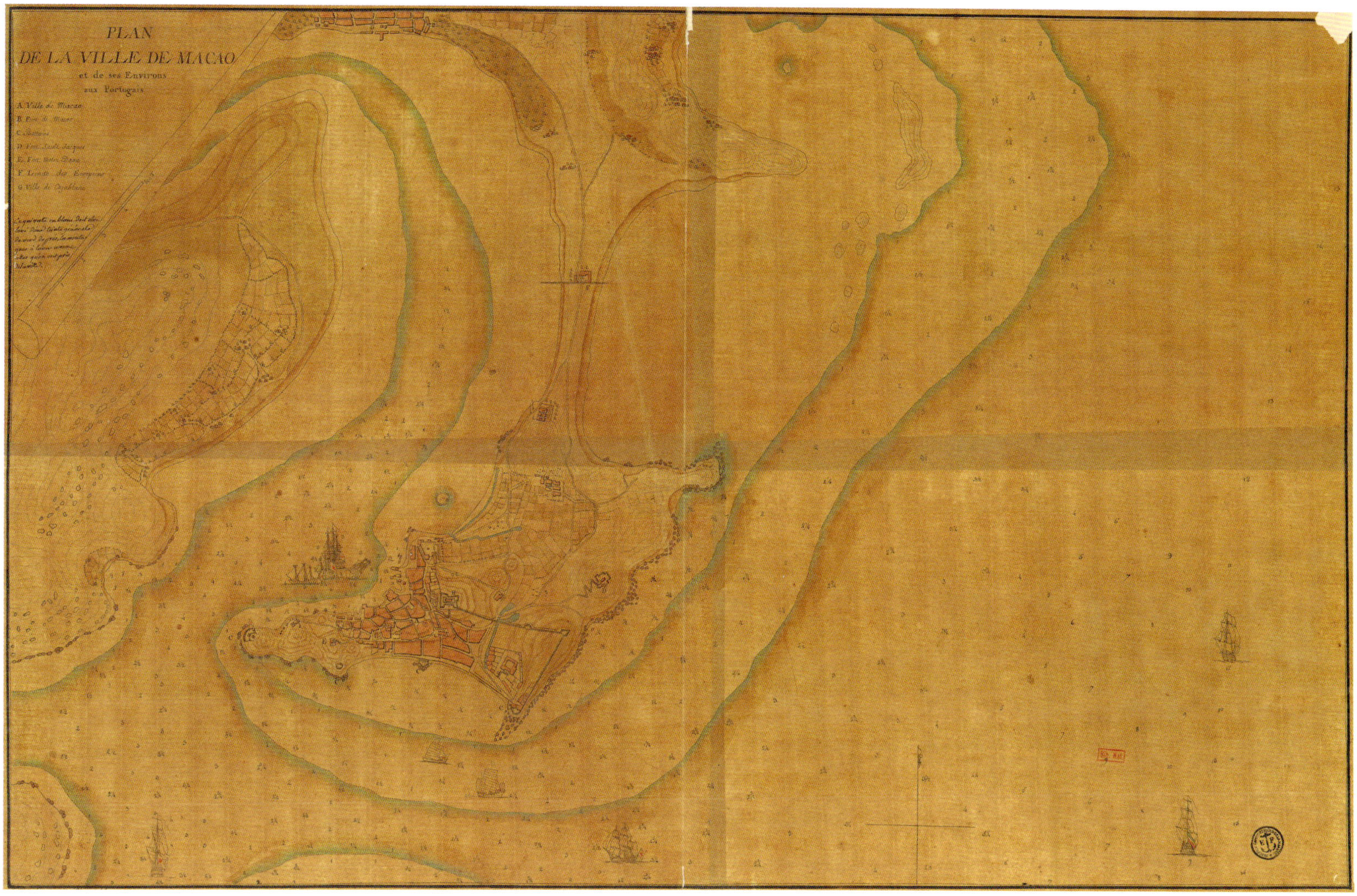

拉菲特

◇

《葡属澳门城及其周边平面图》
约 1785 年
67×103cm
法国国家图书馆藏，GE SH 18 PF 179 DIV 12 P 3/2

Louis François Grégoire Lafitte de Brassier

◇

Portuguese Plan of the City of Macao and Its Surroundings
Circa 1785
67×103cm
Collection of National Library of France, GE SH 18 PF 179 DIV 12 P 3/2

Louis François Grégoire Lafitte de Brassier

◇

Planta da Cidade de Macau e os Seus Arredores
Circa 1785
67 x 103cm
Colecção da Biblioteca Nacional de França, GE SH 18 PF 179 DIV 12 P 3/2

小德金

◇

《澳门城图》
1792 年
40×34cm
法国国家图书馆藏，FOL-H-3109

Chrétien-Louis-Joseph de Guignes

◇

Map of the City of Macao
1792
40×34cm
Collection of National Library of France, FOL-H-3109

Chrétien-Louis-Joseph de Guignes

◇

Mapa da Cidade de Macau
1792
40 x 34cm
Colecção da Biblioteca Nacional de França, FOL-H-3109

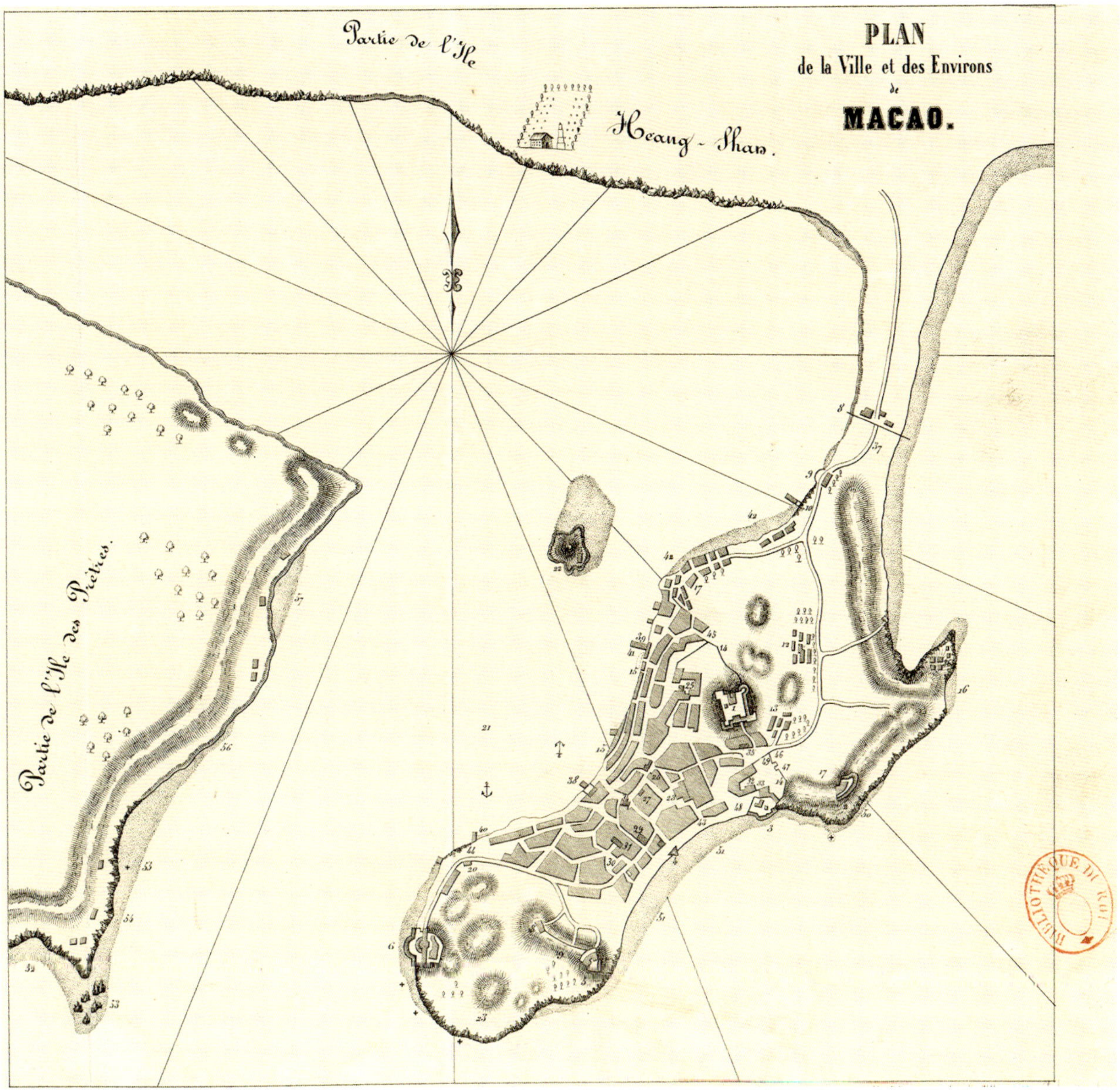

佚名

◇

《澳门城及其周边地图》
约 1846 年
28×35cm
法国国家图书馆藏，GE DL 1846-54

Anonymous

◇

Plan of the City of Macao and Its Surroundings
Circa 1846
28×35cm
Collection of National Library of France, GE DL 1846-54

Anónimo

◇

Mapa da Cidade de Macau e os Seus Arredores
Circa 1846
28 x 35cm
Colecção da Biblioteca Nacional de França, GE DL 1846-54

第二篇章

中国早期洋风画

中西合流中的清代洋风画在全球艺术史中的重要意义

龚之允

清代洋风画在中国艺术体系面向世界、走向现代、共筑文明共同体的进程中扮演了重要的角色。自晚明，西洋人通过新航线，与中国建立了直接的交通路径以来，中国与西方的文艺交流也日趋频繁。通过宗教、政治和商贸三大途径，西洋绘画的图像与范式不断传入中国。西洋绘画独特的写实主义和自然主义的风格与技法，引发了中国的艺术变革。

首先是在中国宫廷和士大夫阶层，洋风画对传统书画体系产生了一定的冲击。由于耶稣会等天主教团体的努力，文艺复兴以来的西方文化优秀成果被介绍到了中国，其中天文和艺术尤其受到中国统治者的青睐。西方的铜版画、珐琅、油画等技术引起了中国统治者的特别重视。通过宗教和政治途径，以郎世宁、王致诚、艾启蒙为代表的西洋传教士艺术家活跃于康雍乾时代，在内务府承接着重大的皇家艺术委任。这些西洋艺术家与他们的中国同事还有徒弟们，汲取了中西艺术体系中的优秀传统，根据当时的实际需要，创造出了独特的中体画。宫廷的洋风画既为我们留下了宝贵的反映清宫历史状态的帝皇像、功臣像、战功图等纪实历史绘画，同时也开启了新颖独特的、服务于内廷生活的装饰艺术。清代洋风画的出现，为中国艺术体系的发展提供了新的可能性。

到了18、19世纪，伴随着全球化的深入，中国生产的丝绸、茶叶、瓷器还有艺术品在全世界范围内传播开来。广州十三行的洋行区域附近，出现了专门针对海外市场开设的手工艺作坊和画肆，其生产的装饰艺术畅销欧美，对日趋繁荣的世界艺术市场做出了巨大的贡献。

广州十三行街区的艺术家们为世界留下了大量优秀的画作，并且这些作品呈现出不同于中西方各自艺术传统的面貌。这些艺术品也被称为中国外销艺术，是18世纪欧洲宫廷艺术的重要来源之一，在洛可可时代引发了中国风的时尚潮流。

中国外销艺术，在中国书画史上一直因为受“重士轻商”保守思想作祟，被认为是不入流的商业绘画。但站在当今全球化艺术史的角度来审视这段中国艺术现代化的先声，中国洋风画的发展史无疑是一部重要的当代艺术史。中国的洋风画无论从艺术语言、题材、媒介、传播生态等哪个角度来看，都与传统文人书画有着巨大的区别。同时，清代洋风画又不同于西方古典主义绘画，有着很强烈的本土意识，以描绘南中国沿岸的风土人情、山川庙宇、港口贸易、百工、船舶、行商居家场景为主。对于艺术赞助人来说，中国的洋风画有着独特的立意、情调和境界，因此在国际艺术市场上备受追捧。毫不夸张地说，中国的外销艺术品是欧美贵族居家的必配装饰。无论是西班牙的阿兰胡埃斯宫、法国的凡尔赛宫、奥地利的美景宫、英国的英皇阁，还是美国的华盛顿故居，都能找到中国洋风画的身影。现在还有许多优秀的中国洋风画被保留在海外许多重要的博物馆和美术馆中。

不少外销艺术家因为其优秀独特的艺术表现力，被赞助人记录了下来，与现在留存的作品形成了文献和实物相互证明的丰富史料。目前已知的中国外销艺术家有：厦门清呱、齐呱、史贝霖、蒲呱、发呱、关乔昌（林呱）、关联昌（庭呱）、顺呱、通呱、煜呱、周呱、方呱、南昌、丽生、永祥、溢安等。其中齐呱曾游历海外，得到了英国王室的贵宾待遇，并且见证了英国皇家美术学院（Royal Academy of Arts）的成立。其画像和在英国的讲学被记录在了英国重要的历史绘画与文献中。蒲呱、史贝霖和林呱这三位艺术家则备受当时来华赞助人的赞誉，被认为是能与西方艺术家相媲美的绘画大家。即使当被誉为英国浪漫主义最后一代大师的乔治·钱纳利来到中国之后，他的同行林呱在竞争中仍占有很大优势。钱纳利一度对林呱在画坛抢占了风头大为嫉妒，却又无可奈何。林呱号称是中国的托马斯·劳伦斯（第四任英国皇家美术学院院长），以华丽优美的肖像画见长。他的赞助人除了来华洋商以外，还包括十三行的行商和外国驻华的外交使臣。林呱的弟弟庭呱则与哥哥进行了差异化竞争，他的风景画和场景画得到了钱纳利的赞誉。这些外销画家充分利用了广州和澳门对外贸易的优势，进口了颜料、画笔和版画，对西方艺术进行了深入学习。不仅如此，他们还进行了大量的实验，发明和推广了玻璃背画、墙纸画和通草画等在西方传统艺术体系中不常见的画种，为艺术全球化提供了新的创作可能性。

中国外销艺术家无疑是中国早期开眼看世界的仁人志士。他们不仅活跃于艺术市场，通过其特有的绘画语言，参加国际画展，在与欧美的画家竞争中不落下风，还积极通过新的大众传媒（报刊和广告等）方式参与国际竞争。其市场的活跃程度，一度让欧美的艺术家们感到惊讶和钦佩。其中林呱除了多次参加国际画展以外，也投身于公益，绘制了大量的病理学画稿，为当时的医学研究提供了技术支持。

遗憾的是，随着鸦片战争的到来，曾经一度繁荣的十三行商贸生态出现了巨大变化。19 世纪欧洲资本主义革命和中国半殖民地半封建的社会形态，都对中国外销艺术提出了挑战。特别是摄影术的兴起和传播，改变了洋风画中写实记录的职能。世界绘画的倾向开始由注重对外在世界的刻画，向描绘内心世界和情绪转变。中国洋风画的自然主义倾向开始向装饰主义转型。在这一进程中，洋风画进一步地融入了中国本土绘画中，逐步隐身于诸如海上画派的新艺术潮流中去。

尽管清代洋风画到了 19 世纪下半叶日渐式微，但无可否认其在中国近代艺术史上所发挥的开创作用。到了 21 世纪，随着人类命运共同体的发展方向的备受重视，清代洋风画能够为和谐平等的艺术全球化交流提供珍贵的历史经验和参照。

The Significance of Qing Dynasty Western-style Painting in World Art History

Gong Zhiyun

During the Qing Dynasty, Western-style painting had a significant impact on the evolution of Chinese art. This period marked a transition towards modernity and the development of a global artistic community. Starting from the late Ming Dynasty, the interaction between China and the West increased as Westerners established new trade routes, leading to more frequent literary and artistic exchanges. Through various channels, including religion, politics, and business, the styles and techniques of Western painting were introduced to China. The unique realism and naturalism of these paintings sparked an artistic revolution in China.

Western-style painting had a significant impact on the Chinese imperial court and literati class, challenging and incorporating Chinese art conventions. Missionary groups like the Jesuits played a crucial role in introducing the excellent achievements of Western culture since the Renaissance, specifically astronomy and art, to China. Chinese rulers showed particular interest in Western copperplate engraving, enamel, and oil painting techniques. During the Kangxi, Yongzheng, and Qianlong periods, Western missionary artists like Castiglione, Jean-Denis Attiret, and Ignatius Sichelbart were active in the court and received major royal art commissions from the Imperial Household through religious and political channels. These artists, along with their Chinese colleagues and apprentices, absorbed the best practices of both Chinese and Western art traditions, creating an eclectic painting style that catered to the actual needs of the time. The Western-style paintings of the court left us with precious documentary historical paintings like portraits of the Emperors, portraits of the high-ranking civil servants, imperial sceneries and military exploits that reflect the historical state of the Qing court. They also paved the way for novel and unique decorative arts that served the life of the inner court. The emergence of Western-style painting in the Qing Dynasty opened up new possibilities for Chinese art development.

During the 18th and 19th centuries,

globalisation increased the worldwide spread of Chinese silk, tea, porcelain, and artwork. Handicraft workshops and painting shops were established in the vicinity of Guangzhou's Thirteen Factories to cater to overseas markets. The decorative arts produced by these workshops were highly sought-after in Europe and the United States, making a significant contribution to the thriving world art market.

The Thirteen Factories District in Guangzhou is home to many skilled artists who have created exceptional paintings that showcase both Chinese and Western art traditions. These beautiful works, commonly referred to as Chinese export art, played a significant role in the development of European court art during the 18th century and sparked the popular Rococo fashion trend known as *Chinoiserie*.

Throughout the history of Chinese Fine Arts (valued highly of Calligraphy and Painting), Chinese export art has often been viewed as commercial products with a lower status due to the traditional belief of valuing scholars over businessmen. In today's globalised art world, the history of Chinese Western-style painting is a significant part of contemporary art. It marks the modernisation of Chinese art and differs greatly from traditional literati calligraphy and painting in terms of artistic language, subject matter, media, and communication ecology. Notably, the Western-style painting of the Qing Dynasty had a distinct regional flavour, portraying Chinese customs, pastoral scenes, landscapes, topographies, various crafts and domestic scenes along the coast of South China. Chinese Western-style paintings are highly sought after by art patrons due to their unique conceptions, sentiments, and tastes. They are considered a must-have decoration for the homes of European and American aristocrats. Chinese export art can be found in many prestigious locations, such as the Palace of Aranjuez in Spain, the Palace of Versailles in France, the Belvedere Palace in Austria, the Royal Pavilion in the United Kingdom, and the former residence of Washington in the United

States. Numerous excellent Chinese Western-style paintings are also preserved in important overseas museums and art galleries.

Patrons have recorded many export artists who possess exceptional and distinctive artistic expressions. The works of these artists have provided valuable historical materials which have been authenticated by documents and objects still preserved today. Some of the known Chinese export artists include Amoy Chinqua, Tan Chitqua, Spoilum, Puqua, Fatqua, Guan Qiaochang (Lamqua), Lianchang (Tingqua), Sunqua, Tongqua, Youqua, Chow Kwa, Fongqua, Namcheong, Lai Sung, Yongxiang, Yat On, and more.

During their time, artists such as Tan Chitqua, Puqua, Spoilum, and Lamqua gained recognition for their incredible talent in painting. Tan Chitqua even had the opportunity to travel overseas and receive prestigious treatment from the British Royal Family. He also witnessed the establishment of the Royal Academy of Arts, which is documented in important British historical paintings and documents. Three artists, Puqua, Spoilum, and Lamqua, were highly praised by their patrons who came to China at that time. They were considered masters of painting, comparable to their Western counterparts. Even when George Chinnery, known as the last master of British Romanticism, came to China, Lamqua still had a great advantage in the competition. Chinnery was jealous of Lamqua's success in the painting world, but he had to submit to reality. Lamqua, self-styled as China's Thomas Lawrence, is famous for his gorgeous and graceful portraits. His patrons included foreign businessmen in China, as well as merchants from the Thirteen Factories and foreign diplomatic envoys stationed in China. Lamqua's younger brother, Tinggua, differentiated himself from his elder brother by focusing on landscape and scenery paintings, which were praised by Chinnery. These Chinese export painters made full use of the foreign trade advantages of Guangzhou and Macao. They imported pigments, brushes, and prints and conducted in-depth studies of Western art. Many experiments were conducted that led to the invention and promotion of reversed painting on glass, wallpaper painting, and pith painting. These new approaches and techniques opened up new creative possibilities for the globalisation of art.

The Chinese export artists were individuals with strong ideals and a broad worldview. They not only actively participated in the art market, but also competed with European and American painters in international art exhibitions using their unique painting style. They were also enthusiastic about new media, such as newspapers and advertisements, and actively engaged in international competitions. The European and American artists were impressed by their market activity. Among them, Lamqua not only participated in numerous international art exhibitions, but also contributed to public welfare through creating a large number of pathological drawings. These drawings provided valuable technical support for medical research at that time.

Unfortunately, due to the Opium War, the Thirteen Factories' once thriving business environment underwent significant changes. The European capitalist revolution of the 19th century and China's semi-colonial and semi-feudal society both posed challenges to Chinese export art. The rise and expansion of photography, in particular, altered the function of realistic records in Western-style painting. The focus of world painting shifted from depicting the external world to capturing the inner world and emotions. The natural tendency of Chinese Western-style painting has transitioned to Decorative-ism. As a result, Western-style paintings have gradually merged with Chinese local paintings and have been replaced by new art trends such as the Shanghai School.

While Western-style painting in the Qing Dynasty experienced a decline during the latter half of the 19th century, their pivotal role in shaping modern Chinese art cannot be denied. As the world focuses on building a community with shared goals and values, these paintings can offer valuable insight and inspiration for promoting harmonious and equal global artistic exchanges.

A Importância da Pintura ao Estilo Ocidental da Dinastia Qing para a História da Arte Mundial, Considerado no Contexto da Fusão Artística Sino-Ocidental

Gong Zhiyun

A pintura ao estilo ocidental da dinastia Qing desempenhou um papel de grande importância no processo de abertura do sistema artístico chinês a influências globais, na transição em direcção à modernidade e na formação conjunta de uma comunidade global de civilizações. As trocas culturais e artísticas entre as duas regiões foram-se tornando cada vez mais frequentes desde os finais da dinastia Ming, com o estabelecimento de novas rotas marítimas pelos ocidentais e a criação de vias de comunicação directa entre a China e o Ocidente. Imagens e paradigmas da pintura ocidental foram continuamente introduzidos na China através de três principais vias de contacto, nomeadamente a religião, a política e o comércio. O estilo e as técnicas singulares do realismo e naturalismo da pintura ocidental provocaram uma transformação artística na China.

Em primeiro lugar, a nível da corte imperial chinesa e da classe dos mandarins letrados, a pintura ao estilo ocidental teve um certo impacto nos sistemas tradicionais de caligrafia e pintura. Através dos esforços de ordens religiosas católicas como a Companhia de Jesus, foram sendo introduzidas na China muitas das importantes conquistas culturais que surgiram no Ocidente desde o Renascimento. Entre estas, a astronomia e a arte foram particularmente apreciadas pelas classes governantes chinesas. Técnicas ocidentais como a gravura em cobre, o esmalte e a pintura a óleo despertaram a atenção especial dos soberanos chineses. Durante os reinados de Kangxi, Yongzheng e Qianlong, artistas missionários como Giuseppe Castiglione, Jean-Denis Attiret e Ignatius Sichelbart trabalharam activamente na corte imperial e receberam importantes comissões de obras de arte por parte da família imperial por meio de abordagens religiosas e políticas. Estes artistas, em colaboração com os seus colegas e discípulos chineses, assimilaram elementos excepcionais das tradições dos sistemas artísticos chinês e ocidental e criaram uma forma única de pintura chinesa que ia ao encontro das necessidades da época. As pinturas ao estilo ocidental criadas no palácio imperial representam um legado valioso e fornecem-nos imagens de um passado histórico, que inclui retratos de imperadores, de oficiais meritórios e de feitos militares. Estas obras são também reflexo histórico da corte da dinastia Qing e, ao mesmo tempo, abriram caminho para uma arte decorativa nova e única que tinha em atenção as exigências da vida palaciana. O advento da pintura ao estilo ocidental na dinastia Qing contribuiu para ampliar o horizonte de possibilidades de desenvolvimento do sistema artístico da China.

Durante os séculos XVIII e XIX, à medida que a globalização se aprofundava, produtos chineses como seda, chá, porcelana e obras de arte foram amplamente difundidos por todo o mundo. Nas proximidades das Treze Fábricas de Guangzhou, surgiram oficinas de artesanato e galerias de pintura destinadas nomeadamente aos mercados estrangeiros, cujas obras de arte decorativa eram muito procuradas na Europa e nos Estados Unidos da América e contribuiram de modo significativo para a crescente prosperidade do mercado de arte global.

Os artistas da região das Treze Fábricas de Guangzhou deixaram-nos um extenso legado de excelentes pinturas, caracterizadas pela sua mescla distinta das tradições artísticas chinesa e ocidental. Essas obras artísticas, que também ficaram conhecidas como "arte chinesa para exportação", constituíram uma importante inspiração para a arte palaciana europeia no século XVIII e inaugurando uma moda chinesa conhecida como *Chinoiserie* durante a Era Rococó.

Ao longo da história da pintura e da caligrafia, este tipo de arte chinesa para exportação foi considerada como uma forma de pintura comercial de estatuto inferior, devido à mentalidade conservadora que colocava os letrados acima dos comerciantes. No entanto, se reavaliarmos esta fase da arte chinesa precursora da modernidade pelo prisma da história da arte e no contexto da actual globalização, não sobra dúvida que o desenvolvimento desta pintura chinesa ao estilo ocidental constitui uma parte importante da história da arte contemporânea. As pinturas ao estilo ocidental diferem significativamente das obras de caligrafia e pintura dos letrados tradicionais em termos de linguagem artística, temática, *media* e ecoambiente de comunicação artística. Ao mesmo tempo, a pintura ao estilo ocidental da dinastia Qing difere também da pintura clássica ocidental, pois manifesta fortes traços locais na sua representação de costumes, montanhas, rios, templos, cenas de comércio portuário, vários tipos de artesanato, embarcações, lojas e, em suma, a vida quotidiana nas zonas costeiras do Sul da China. Para os patronos de arte, as pinturas ao estilo ocidental ofereciam concepções únicas e estilos e gostos particulares, levando a que fossem muito procuradas no mercado internacional de arte. Não exageramos ao afirmar que estas obras de arte para exportação eram presença obrigatória em qualquer residência da aristocracia europeia e americana. Podemos encontrar pinturas deste tipo no Palácio de Aranjuez em Espanha, no Palácio de Versalhes na França, no Palácio Belvedere na Áustria, no Pavilhão Real no Reino Unido e na antiga residência de George Washington nos Estudos Unidos. Actualmente, muitas dessas notáveis pinturas chinesas ao estilo ocidental encontram-se ainda preservadas em muitos grandes museus e galerias de arte no estrangeiro.

A extraordinária e peculiar expressividade artística demonstrada por muitos destes artistas foi muitas vezes registada pelos seus patronos, e tais registos, juntamente com as obras preservadas até hoje, formam um rico manancial de materiais históricos no qual as evidências documentais complementam os artefactos físicos. Actualmente, alguns artístas chineses de arte para exportação conhecidos incluem: Amoy Chinqua, Tan Chitqua, Spoilum, Puqua, Fatqua, Guan Qiaochang (Lamqua), Guan Lianchang (Tingqua), Sunqua, Tongqua, Youqua, Chow Kwa, Fongqua, Namcheong, Lai Sung, Yongxiang, Yat On, entre outros. Entre estes artistas, Tan Chitqua viajou para o estrangeiro e foi recebido como hóspede de honra da família real britânica, para além de ter testemunhado a fundação da Academia Real de Arte. Os retratos de Tan Chitqua e as suas palestras feitas na Inglaterra foram registados em importantes pinturas e documentos históricos britânicos. Os três artistas Puqua, Spoilum e Lamqua, foram muito apreciados por patronos que vinham à China naquela época, sendo considerados grandes mestres de pintura comparáveis aos artistas ocidentais. Mesmo quando George Chinnery, conhecido como o último mestre do Romantismo britânico, chegou à China, o seu colega Lamqua ainda conseguia rivalizar com ele, ao ponto de causar a Chinnery inveja da sua notoriedade no mundo da pintura. Porém, tinha de se render à realidade. Lamqua, auto-intitulado o Thomas Lawrence (o quarto director da Academia Real de Arte da Inglaterra) da China, ficou conhecido pelos seus retratos magníficos e graciosos. Entre os mecenas destes artistas contavam-se não só comerciantes estrangeiros na China, como também comerciantes das Treze Fábricas e enviados diplomáticos estrangeiros. Tingqua, irmão mais novo de Lamqua, optou por se dedicar a temáticas distintas das que ocupavam o seu irmão mais velho, tendo sido elogiado por Chinnery em virtude das suas pinturas de paisagens e cenários. Esses artistas dedicados à pintura para exportação aproveitavam da melhor forma as vantagens oferecidas pelo comércio exterior de Guangzhou e de Macau, importando pigmentos, pincéis e gravuras, e dedicando-se ao estudo aprofundado da arte ocidental. Além disso, realizaram inúmeros trabalhos de cariz experimental, inventando e popularizando formas artísticas que não faziam parte da tradição artística ocidental, como pinturas em vidro reverso, em papel de parede e em folha de palha, contribuindo com novas possibilidades criativas para a globalização da arte.

Os artistas chineses dedicados a obras para exportação foram, sem dúvida, os primeiros indivíduos na China com a nobre aspiração de possuir uma visão mais ampla do mundo. Não apenas eram activos no mercado da arte, participando em exposições internacionais de pintura e competindo de igual para igual com pintores europeus e americanos por meio da linguagem singular das suas pinturas; também participavam activamente em concursos internacionais através de novos meios de comunicação como jornais e anúncios. A intensidade com que participavam no mercado artístico impressionava e admirava artistas europeus e americanos. Entre eles, Lamqua não só marcou presença várias vezes em exposições internacionais de pintura, como também se dedicou à causa pública através da criação de numerosos diagramas para uso médico que constituíram um grande contributo técnico para o estudo da medicina naquela altura.

Infelizmente, a eclosão da Guerra do Ópio veio alterar radicalmente o outrora próspero ambiente comercial das Treze Fábricas. A arte para exportação da China enfrentou sérios desafios, derivados tanto da revolução capitalista que varreu a Europa do século XIX como da sociedade semi-colonial e semi-feudal chinesa. Em particular, o surgimento e popularização da fotografia alteraram a função de registo realista na pintura ao estilo ocidental. Por todo o mundo, a pintura deixou de aspirar ao retrato do mundo exterior, para passar a capturar o mundo interno e as emoções. As tendências naturalistas da pintura ao estilo ocidental da China começaram a dar lugar ao ornamentalismo e, na sequência desse processo, estas pinturas aproximaram-se ainda mais das pinturas locais chinesas e foram gradualmente substituídas por novas tendências artísticas, como a Escola de Shanghai.

Apesar de a pintura ao estilo ocidental da dinastia Qing ter entrado em decadência na segunda metade do século XIX, o seu papel pioneiro no contexto da história da arte moderna chinesa não pode ser negado. No século XXI, com a crescente importância dada à criação de uma comunidade do futuro compartilhado para a humanidade, este tipo de pintura pode constituir uma fonte de valiosas experiências e referências históricas ao serviço dos contactos artísticos globais de modo harmonioso e igualitário.

船舶与港埠风光

韩 晗

15—17世纪，东西海上新航路的开辟与地理大发现使得世界海洋贸易获得了空前巨大的发展，开启了海洋贸易新时代。

18世纪，中国的广州和澳门等南方通商口岸是清朝对外贸易主要口岸，并且从1757年一直到鸦片战争前，清朝实行广州“一口通商”，广州一度成为中国唯一允许西洋人来华通商的口岸，所以众多外商纷至沓来，云集于此。随着贸易的发展许多西方艺术家也随同贸易船队来到广州，中西经济的交流促进了文化的交流，于是珠江通商口岸成为西方文化艺术东渐中国的前沿，铜版画、玻璃画、油画、水彩画、水粉画等众多的西洋艺术品种纷纷传入中国，并在南方通商口岸蔓延开来。

清代中西经济文化交流的主要运载工具就是船舶，而港埠是船舶停靠、装卸货物的地方。所以西方来华商人、船长都喜欢请通商口岸的中国西洋画家为他们创作船舶与港埠的图像作为纪念，于是，以船舶与港埠为主要表现题材的西洋画在广州开始兴起并发展。当时此类画作主要是为满足西方来华商人、船长、旅行者等的需求。

纵观整个船舶与港埠西洋画的发展，首先，从画面表现内容可以看出鸦片战争前期的船舶与港埠题材西洋画主要表现通商港埠、口岸、河道上各式中国船只往来繁忙的贸易景象，体现了中西当时密切的经济交流。而鸦片战争之后的船舶与港埠西洋画中庞然大物已不再有中国的船只，而是西方先进的帆船、蒸汽船，船只的对比则越来越体现出中西强弱碰撞和科技文化的差距，反映出此时期中西不对等的经济文化交流情况。其次，从艺术表现上来看，从早期的因通过临仿学习创作船舶与港埠西洋画而显得“中式意味”浓厚，到19世纪20年代起受钱纳利影响而流行英国学院派写生与写实的创作风格，再到19世纪后期的照相术被运用继而产生照相写实风格的过程，表现了中国船舶与港埠西洋画家们吸收融合、不断进取、创新思变的精神。而这一过程的结果——熟练精湛的西画技艺及思维模式，则对中国近代油画、水粉画、水彩画的发展起到了铺垫的作用。21世纪是个全球化的时代，世界性的文化艺术交流趋势不可阻挡，面对外来艺术文化的冲击，怎样去其糟粕、取其精华，清代船舶与港埠西洋画的发展过程无疑对当代中国绘画的发展有着重要的借鉴意义。

（节选自《视觉的调适——中国早期洋风画》，“论清代船舶与港埠西洋画的发展”）

Seascape and Boat Painting

Han Han

From the 15th to the 17th centuries, the discovery of new sea routes in the Age of Exploration led to significant growth in global trade, marking the beginning of a new era in maritime commerce.

In the 18th century, China's southern trading ports, such as Guangzhou and Macao, were the central areas for foreign trade. Between 1757 and the First Opium War, the Qing government implemented a "one-port trade" policy, limiting Guangzhou as China's only trading port for foreigners. As a result, a large number of foreign businessmen visited and gathered in Guangzhou during the period. With trade development, Western artists also visited Guangzhou looking for new subject matter and patrons. The surge of economic exchange between China and the West correspondingly resulted in a boost in cultural interaction. The Pearl River Delta area became the forefront for Western culture and art to spread to China. Various forms of Western art, including engraving, glass painting, oil, watercolour and gouache painting, were gradually introduced and spread throughout China's southern trading ports.

During the Qing Dynasty, ships were the primary means of economic and cultural exchange between China and the West. Trading ports served as essential locations for loading and unloading goods. Western merchants and sailors who visited China often commissioned Chinese painters skilled in Western painting in these ports to make commemorative art. This led to the rise and development of Western-style painting in Guangzhou, with ships and ports as the central theme. The paintings were mainly created to fulfil the needs of Western businessmen, captains, and travellers who visited China during that time.

Throughout the development of Western-style painting of ships and ports, according to the content, in the early period of the First Opium War, those paintings mainly illustrated the busy trading scenes of various Chinese ships, indicating frequent economic exchange between China and the West. However, after the Opium War, the ships and ports in the paintings were no longer Chinese boats but advanced Western sailing yachts and steamships. It manifested in the unequal economic and cultural exchange between China and the West during this period. Secondly, from the point of view of artistic expression, the trajectory of Chinese oil painting shifted from imitating Western art to creating contemporary content with more Chinese taste. Meanwhile, in the 1820s, some Chinese artists were influenced by George Chinnery and fused his British academic manner with the local subject matter. Due to the invention of photography in the late 19th century, Chinese artists employed Western optics to enhance their limning skills, resulting in photographic realism in oil painting. Such a development demonstrated continuous improvement of Chinese export art, from absorbing and integrating Western skills to innovating pictorial languages. Chinese export artists paved the way for developing modern Chinese oil, gouache, and watercolour paintings. In our modern world, it is common and necessary to have cultural and artistic interactions between countries. The impact of Western-style seascape painting during the Qing Dynasty has been significant in developing contemporary Chinese art. It holds immense reference value for its progress.

("On the Development of Western-style Seascape Paintings in the Qing Dynasty," *Accommodating in the Visual: Early Chinese Western-style painting*)

Embarcações e Cenas Portuárias

Han Han

Do século XV ao século XVII, a abertura das novas rotas marítimas entre o Oriente e o Ocidente e as grandes descobertas geográficas levaram a um desenvolvimento sem precedentes no comércio marítimo global e marcaram o início de uma nova era neste domínio.

No século XVIII, os portos comerciais do Sul da China, como Guangzhou e Macau, eram as principais portos de comércio exterior do império Qing. Desde 1757 até às vésperas da Primeira Guerra do Ópio, o governo Qing implementou uma política de "comércio em porto único" em Guangzhou, tornando-a no único porto da China aberto ao comércio com o Ocidente. Por este motivo, o período assistiu a uma enorme afluência de comerciantes estrangeiros em Guangzhou e, com o desenvolvimento do comércio, chegavam também muitos artistas ocidentais juntamente com as frotas comerciais. Assim, as trocas económicas entre a China e o Ocidente promoveram o intercâmbio cultural e tornaram os portos comerciais do Delta do rio das Pérolas em pontos de partida para a introdução da cultura e arte ocidentais na China. Numerosos géneros artísticos ocidentais, como gravuras em cobre e em vidro, pinturas a óleo, aquarela e gouaches foram gradualmente introduzidos e difundidos pela China a partir destes portos comerciais do Sul.

Durante a dinastia Qing, as embarcações eram o principal veículo de intercâmbio económico e cultural entre a China e o Ocidente. Sendo os portos comerciais os locais onde ocorriam as cargas e descargas de mercadorias destas embarcações, comerciantes e capitães chegados à China vindos do Ocidente costumavam encomendar a pintores chineses especializados em pintura ao estilo ocidental nesses portos para criar obras comemorativas com representações de cenas portuárias e embarcações. Assim surgiu e se desenvolveu a pintura ao estilo ocidental centrada na representação de embarcações e cenas portuárias, e que eram fabricadas principalmente para atender às necessidades dos comerciantes, capitães e viajantes ocidentais que visitavam a China naquela época.

Observando o quadro geral de desenvolvimento das pinturas ao estilo ocidental com estas temáticas, observa-se, em primeiro lugar e de acordo com o conteúdo das pinturas, no início da Guerra do Ópio, essas pinturas ao estilo ocidental ilustram principalmente cenas de prosperidade comercial, na qual estão representados diversos tipos de embarcações chinesas que frequentavam os portos, ancoradouros e vias fluviais; no fundo, representam as intensas trocas económicas entre a China e o Ocidente. No entanto, após a Guerra do Ópio, deixaram de ser representadas embarcações chinesas, que foram substituídas por iates à vela e navios a vapor modernos do Ocidente. O contraste entre as embarcações representadas era indicativo da cada vez maior desigualdade de forças e disparidade científica e técnica entre a China e o Ocidente, assim como um reflexo da desigualdade dos contactos económicos e culturais entre os dois lados naquele período. Em segundo lugar, do ponto de vista da expressão artística, nota-se um processo evolutivo desde um estágio inicial de representações de embarcações e cenas portuárias que, por meio de imitação, mantinha fortes características chinesas, até à década de 1920, quando se faz sentir a influência de George Chinnery e se populariza a pintura ao estilo da Academia Britânica, embora com motivos locais. Mais tarde, com a invenção da fotografia nos finais do século XIX, os artistas chineses passaram a usar técnicas fotográficas das quais resultaram pinturas de um realismo fotográfico. Este processo demonstra uma predisposição para a adopção e a fusão, assim como um espírito de progresso e inovação constantes por parte dos artistas chineses na criação de pinturas de embarcações e cenas portuárias ao estilo ocidental. O resultado deste processo, isto é, as técnicas e os modos de pensamento da pintura ao estilo ocidental, serviram de base para o desenvolvimento da pintura a óleo, gouache e aquarela na China moderna. O século XXI é uma era de globalização na qual é impossível resistir às tendências de intercâmbio cultural e artístico à escala global. Perante o impacto de culturas artísticas estrangeiras, é importante saber como filtrar o que é considerado negativo e aborver o essencial. A evolução da pintura ao estilo ocidental de embarcações e cenas portuárias possui, sem dúvida, um grande valor de referência para o desenvolvimento da pintura contemporânea na China.

(Extracto de "Sobre o desenvolvimento das pinturas ao estilo ocidental de embarcações e cenas portuárias na dinastia Qing" in *Acomodação na Visualidade: Primórdios da Pintura ao Estilo Ocidental na China*)

永祥

◇

《晨光中的帆船》
19 世纪中期
布面油画
29.5×38.3cm
银川当代美术馆藏

Yongxiang

◇

Chinese Sailing Vessel
Mid-19th Century
Oil on canvas
29.5×38.3cm
Collection of Museum of Contemporary Art Yinchuan

Yongxiang

◇

Barco à Vela ao Amanhecer
Meados do século XIX
Pintura a óleo sobre tela
29.5 × 38.3cm
Colecção do Museu de Arte Contemporânea de Yinchuan

(传)林呱

◇

《停靠在虎门的中国帆船》
约 1860 年代
布面油画
33×40.5cm
银川当代美术馆藏

Lamqua (attribute to)

◇

Chinese Boat Near Humen
Circa 1860s
Oil on canvas
33×40.5cm
Collection of Museum of Contemporary Art Yinchuan

(atributo a) Lamqua

◇

Barco à Vela Chinês Atracado em Humen
Circa 1860s
Pintura a óleo sobre tela
33 × 40.5cm
Colecção do Museu de Arte Contemporânea de Yinchuan

溢安

◇

《细密画中国帆船》
19 世纪中期
铜版油画
16.2×10.8cm
银川当代美术馆藏

Yi An

◇

Chinese Sailing Vessel
Mid-19th Century
Oil on canvas
16.2×10.8cm
Collection of Museum of Contemporary Art Yinchuan

Yi An

◇

Barco à Vela Chinês
Meados do século XIX
Pintura a óleo sobre tela
16.2 × 10.8cm
Colecção do Museu de Arte Contemporânea de Yinchuan

佚名

◇

《珠江帆影之一》
19 世纪中期
布面油画
22.1×30cm
银川当代美术馆藏

Unknown Artist

◇

Bocca Tigris at Pearl River I
Mid-19th Century
Oil on canvas
22.1×30cm
Collection of Museum of Contemporary Art Yinchuan

Artista Desconhecido

◇

Barco à Vela no Rio das Pérolas I
Meados do século XIX
Pintura a óleo sobre tela
22.1 × 30cm
Colecção do Museu de Arte Contemporânea de Yinchuan

佚名
◇
《珠江帆影之二》
19 世纪中期
布面油画
21.7×30.1cm
银川当代美术馆藏

Unknown Artist
◇
Bocca Tigris at Pearl River II
Mid-19th Century
Oil on canvas
21.7×30.1cm
Collection of Museum of Contemporary Art Yinchuan

Artista Desconhecido
◇
Barco à Vela no Rio das Pérolas II
Meados do século XIX
Pintura a óleo sobre tela
21.7 × 30.1cm
Colecção do Museu de Arte Contemporânea de Yinchuan

（传）顺呱

◇

《南海巡逻船》
1860 年代
布面油画
28.4×38.8cm
银川当代美术馆藏

Sunqua (attribute to)

◇

Chinese Patrol Boats
1860s
Oil on canvas
28.4×38.8cm
Collection of Museum of Contemporary Art Yinchuan

(atributo a) Sunqua

◇

Barco de Patrulha no Mar da China Meridional
1860s
Pintura a óleo sobre tela
28.4 × 38.8cm
Colecção do Museu de Arte Contemporânea de Yinchuan

顺呱
◇
《海浪中的中国帆船》
1850 年
纸本油画
19.8×25.9cm
银川当代美术馆藏

Sunqua (attribute to)
◇
A Sedate Seascape
1850
Oil on paper
19.8×25.9cm
Collection of Museum of Contemporary Art Yinchuan

(atributo a) Sunqua
◇
Barco à Vela Chinês nas Ondas
1850
Pintura a óleo sobre papel
19.8 × 25.9cm
Colecção do Museu de Arte Contemporânea de Yinchuan

(传)南昌

◇

《黄埔帆影》
约 1860 年代
布面油画
51.4×40.1cm
银川当代美术馆藏

Namcheong (attribute to)

◇

A Huangpu View
Circa 1860s
Oil on canvas
51.4×40.1cm
Collection of Museum of Contemporary Art Yinchuan

(atributo a) Namcheong

◇

Uma Vista de Huangpu
Circa 1860s
Pintura a óleo sobre tela
51.4 × 40.1cm
Colecção do Museu de Arte Contemporânea de Yinchuan

南昌

◇

《海岸风帆》
约 1860 年代
布面油画
52×39.5cm
银川当代美术馆藏

Namcheong

◇

A Coastal View of the Pearl River
Circa 1860s
Oil on canvas
52×39.5cm
Collection of Museum of Contemporary Art Yinchuan

Namcheong

◇

Uma Vista Costeira do Rio das Pérolas
Circa 1860s
Pintura a óleo sobre tela
52 × 39.5cm
Colecção do Museu de Arte Contemporânea de Yinchuan

永祥

◇

《航海中的“官山号”帆船》
约 1860—1870 年
布面油画
46×60cm
银川当代美术馆藏

Yongxiang

◇

The Guanshan Sailing Vessel
Circa 1860–1870
Oil on canvas
46×60cm
Collection of Museum of Contemporary Art Yinchuan

Yongxiang

◇

O Veleiro Guanshan na Navegação
Circa 1860–1870
Pintura a óleo sobre tela
46 × 60cm
Colecção do Museu de Arte Contemporânea de Yinchuan

佚名

◇

《航行中的外国军舰》
19 世纪中期
布面油画
26×34cm
银川当代美术馆藏

Unknown Artist

◇

A British Ship
Mid-19th Century
Oil on canvas
26×34cm
Collection of Museum of Contemporary Art Yinchuan

Artista Desconhecido

◇

Navio de Guerra Estrangeiros
Meados do século XIX
Pintura a óleo sobre tela
26 x 34cm
Colecção do Museu de Arte Contemporânea de Yinchuan

(传)顺呱

◇

《一艘美国帆船驶进维多利亚港》
1850 年代末
布面油画
59.8×81.5cm
银川当代美术馆藏

Sunqua (attribute to)

◇

An American Sailing Ship Approaching the Victria Harbour
Late 1850s
Oil on canvas
59.8×81.5cm
Collection of Museum of Contemporary Art Yinchuan

(atributo a) Sunqua

◇

Um Veleiro Americano Navegando para o Porto de Victoria
Final dos anos 1850
Pintura a óleo sobre tela
59.8 × 81.5cm
Colecção do Museu de Arte Contemporânea de Yinchuan

黄大伟

◇

《停泊在中国海的美国帆船》
19 世纪晚期
绢本水彩
65.8×88.8cm
银川当代美术馆藏

Hang Dawei

◇

An American Boat
Late 19th Century
Watercolour on silk
65.8×88.8cm
Collection of Museum of Contemporary Art Yinchuan

Hang Dawei

◇

Um Barco Americano
Finais do século XIX
Aguarela sobre seda
65.8 × 88.8cm
Colecção do Museu de Arte Contemporânea de Yinchuan

黄大伟

◇

《"信鸽号"帆船》
19 世纪晚期
绢本水彩
65.7 × 88.6cm
银川当代美术馆藏

Hang Dawei

◇

Carrier Pigeon Boat
Late 19th Century
Watercolour on silk
65.7 × 88.6cm
Collection of Museum of Contemporary Art Yinchuan

Hang Dawei

◇

Veleiro Pombo-correio
Finais do século XIX
Aguarela sobre seda
65.7 x 88.6cm
Colecção do Museu de Arte Contemporânea de Yinchuan

（传）丽方

◇

《亚历山大号帆船》
19 世纪晚期
布面油画
75.3×122.8cm
银川当代美术馆藏

Lai Fong (attribute to)

◇

Alexandra
Late 19th Century
Oil on canvas
75.3×122.8cm
Collection of Museum of Contemporary Art Yinchuan

(atributo a) Lai Fong

◇

Veleiro Alexander
Finais do século XIX
Pintura a óleo sobre tela
75.3 × 122.8cm
Colecção do Museu de Arte Contemporânea de Yinchuan

广生

◇

《英国四桅帆船尤洛米号》
1894 年
布面油画
65×88.6cm
银川当代美术馆藏

Kwong Sang

◇

Eulomene
1894
Oil on canvas
65×88.6cm
Collection of Museum of Contemporary Art Yinchuan

Kwong Sang

◇

Eulomene
1894
Pintura a óleo sobre tela
65 × 88.6cm
Colecção do Museu de Arte Contemporânea de Yinchuan

佚名

◇

《美国运输舰萨姆纳号》
19 世纪末
布面油画
44.7×63.3cm
银川当代美术馆藏

Unknown Artist

◇

American Warship Sumner
Late 19th Century
Oil on canvas
44.7×63.3cm
Collection of Museum of Contemporary Art Yinchuan

Artista Desconhecido

◇

Navio de Guerra Americano Sumner
Finais do século XIX
Pintura a óleo sobre tela
44.7 x 63.3cm
Colecção do Museu de Arte Contemporânea de Yinchuan

丽方

◇

《克莱德号帆船》
1900 年
布面油画
25.8×40.5cm
银川当代美术馆藏

Lai Fong

◇

Clyde
1900
Oil on canvas
25.8×40.5cm
Collection of Museum of Contemporary Art Yinchuan

Lai Fong

◇

Veleiro Clyde
1900
Pintura a óleo sobre tela
25.8 × 40.5cm
Colecção do Museu de Arte Contemporânea de Yinchuan

佚名
◇
《珠江风景》
约 1800 年
铜版油画
12.1×15.3cm
银川当代美术馆藏

Unknown Artist
◇
Waterfront of Zhujiang
Circa 1800
Oil on copper
12.1×15.3cm
Collection of Museum of Contemporary Art Yinchuan

Artista Desconhecido
◇
Cenário do Rio das Pérolas
Circa 1800
Pintura a óleo em cobre
12.1 × 15.3cm
Colecção do Museu de Arte Contemporânea de Yinchuan

佚名

◇

《广州黄埔港》
约 1800 年
布面油画
46.2×60.4cm
银川当代美术馆藏

Unknown Artist

◇

Whampoa
Circa 1800
Oil on canvas
46.2×60.4cm
Collection of Museum of Contemporary Art Yinchuan

Artista Desconhecido

◇

Porto de Huangpu, Guangzhou
Circa 1800
Pintura a óleo sobre tela
46.2 × 60.4cm
Colecção do Museu de Arte Contemporânea de Yinchuan

佚名

◇

《码头景色》
1820—1855 年
布面油画
45.5×58.1cm
银川当代美术馆藏

Unknown Artist

◇

Seascapes
1820–1855
Oil on canvas
45.5×58.1cm
Collection of Museum of Contemporary Art Yinchuan

Artista Desconhecido

◇

Vista do Cais
1820–1855
Pintura a óleo sobre tela
45.5 x 58.1cm
Colecção do Museu de Arte Contemporânea de Yinchuan

（传）林呱

◇

《广州商馆区风景》
约 1840 年
纸本淡墨水彩
36.7×57.1cm
银川当代美术馆藏

Lamqua (attribute to)

◇

The Hongs of Guangzhou
Circa 1840
Ink and light colour on paper
36.7×57.1cm
Collection of Museum of Contemporary Art Yinchuan

(atributo a) Lamqua

◇

Os Hongs de Cantão
Circa 1840
Tinta e cor clara em papel
36.7 × 57.1cm
Colecção do Museu de Arte Contemporânea de Yinchuan

(传)煜呱

◇

《澳门南湾全景》
约 1849—1851 年
布面油画
42.2×141cm
银川当代美术馆藏

Youqua (attribute to)

◇

Panorama of Nanwan, Macao
Circa 1849-1851
Oil on canvas
42.2×141cm
Collection of Museum of Contemporary Art Yinchuan

(atributo a) Youqua

◇

Vista Panorâmica da Praia Grande, Macau
Circa 1849-1851
Pintura a óleo sobre tela
42.2 x 141cm
Colecção do Museu de Arte Contemporânea de Yinchuan

（传）顺呱

◇

《浴火重生的广州十三行风光》
约 1855 年
布面油画
45.7×59.7cm
银川当代美术馆藏

Sunqua (attribute to)

◇

The Hongs After the Fire
Circa 1855
Oil on canvas
45.7×59.7cm
Collection of Museum of Contemporary Art Yinchuan

(atributo a) Sunqua

◇

As Treze Fábricas de Guangzhou Após o Incêndio
Circa 1855
Pintura a óleo sobre tela
45.7 × 59.7cm
Colecção do Museu de Arte Contemporânea de Yinchuan

（传）顺呱

◇

《澳门南湾》
约 1850 年代
布面油画
45.7×77.2cm
银川当代美术馆藏

Sunqua (attribute to)

◇

Nanwan, Macao
Circa 1850s
Oil on canvas
45.7×77.2cm
Collection of Museum of Contemporary Art Yinchuan

(atributo a) Sunqua

◇

Praia Grande de Macau
Circa 1850s
Pintura a óleo sobre tela
45.7 × 77.2cm
Colecção do Museu de Arte Contemporânea de Yinchuan

佚名

◇

《岭南港景》
19 世纪中期
布面油画
20.5×32.2cm
银川当代美术馆藏

Unknown Artist

◇

Seascape of South China Coast
Mid-19th Century
Oil on canvas
20.5×32.2cm
Collection of Museum of Contemporary Art Yinchuan

Artista Desconhecido

◇

Paisagem Marítima da Costas do Sul da China
Meados do século XIX
Pintura a óleo sobre tela
20.5 × 32.2cm
Colecção do Museu de Arte Contemporânea de Yinchuan

佚名

◇

《大黄滘炮台》

1860 年代

布面油画

39.7×59.5cm

银川当代美术馆藏

Unknown Artist

◇

Chewai Coastal Artillery

1860s

Oil on canvas

39.7×59.5cm

Collection of Museum of Contemporary Art Yinchuan

Artista Desconhecido

◇

Artilharia Costeira de Chewai

1860s

Pintura a óleo sobre tela

39.7 × 59.5cm

Colecção do Museu de Arte Contemporânea de Yinchuan

（传）周呱

◇

《上海外滩》
约 1850—1860 年
纸本水彩
27×51.3cm
银川当代美术馆藏

Chow Kwa (attribute to)

◇

The Bund of Shanghai
Circa 1850–1860
Watercolor on paper
27×51.3cm
Collection of Museum of Contemporary Art Yinchuan

(atributo a) Chow Kwa

◇

Bund de Shanghai
Circa 1850–1860
Aquarela sobre papel
27 x 51.3cm
Colecção do Museu de Arte Contemporânea de Yinchuan

佚名

◇

《广州河南货仓区风景》
19 世纪后期
纸本水彩
19.8×40.3cm
银川当代美术馆藏

Unknown Artist

◇

The Bund of Guangzhou
Late 19th Century
Watercolour on paper
19.8×40.3cm
Collection of Museum of Contemporary Art Yinchuan

Artista Desconhecido

◇

Bund de Guangzhou
Finais do século XIX
Aquarela sobre papel
19.8 × 40.3cm
Colecção do Museu de Arte Contemporânea de Yinchuan

佚名

◇

《广州港埠风景》
19 世纪后期
纸本水彩
20.5×40.2cm
银川当代美术馆藏

Unknown Artist

◇

Landscape in Guangzhou
Late 19th Century
Watercolour on paper
20.5×40.2cm
Collection of Museum of
Contemporary Art Yinchuan

Artista Desconhecido

◇

Paisagem do Porto de Guangzhou
Finais do século XIX
Aquarela sobre papel
20.5 x 40.2cm
Colecção do Museu de Arte
Contemporânea de Yinchuan

中西人物肖像

胡 艺

在照相术发明以前，人们纪念身边的人最重要的手段就是绘制肖像。随着世界地理大发现和东西方交通贸易的发展，不同地区肖像的绘制材料、技艺得以相互交流。明清中国肖像画的巨大变革也是受到了西方油画东渐并在中国传播的重大影响，一方面西方油画肖像得以在中国生根、发展，另一方面也与中国的传统绘画相互融合。

西方油画肖像画能够如此迅速地吸引中国人的眼球，其中一个较大的原因就是中西方的绘画差异。传统中国的人物画即“传神”或“写真”，讲求以形写神、迁想妙得、形神兼备，重点刻画人物的外形特征和内在神韵，尤其注重的是脸部的神韵刻画。但是与西方油画相比较，中国传统绘画缺乏解剖、透视等科学方法，衣物的处理平面化，立体写实效果较西方欠缺。因此，在西方油画传入中国时，其精细逼真的立体造型和绚丽的色彩，对习惯于中国传统绘画的人来说是一个强烈的视觉冲击。受这种完全不同的绘画效果的吸引，从18世纪起西方肖像画在中国的发展，开始分为两条途径——北方的中国宫廷及南方的沿海通商港埠。

广州、澳门、香港等南方沿海通商口岸是明清时期西洋画传入中国的门户，不但欧洲传教士西洋画家通过这些口岸北上进入中国宫廷，而且欧洲西洋画也在这些口岸得到长足发展。西洋肖像画的发展和清朝宫廷肖像洋画的发展大不相同。清廷传教士画家为了迎合帝皇的喜好不得不受中国文化的限制，在艺术表现上更接近于中国传统的审美习惯，西洋画表现技巧上也做了较大改变；

而中国南方沿海地区商埠开放、对外贸易频繁，吸引西方多个国家的商人、航海家、官员、富豪、旅行家、外交人员前来中国从事经济贸易和文化“猎奇”。由于中国南方通商口岸远离朝廷，所谓“山高皇帝远”，外籍来华西洋画家不受中国文化的苛刻限制，西洋肖像画的创作环境相对自由宽松，加上中西商贾士绅对西洋肖像画的艺术需求，愿意掏钱请外籍西洋画家及中国洋画家为他们本人和亲属绘制油画或水彩画肖像，从而促成西洋肖像画在中国南方口岸兴起和发展了100多年。

总而言之，欧洲的西洋画传入中国并成为中国肖像画创作的形式，在南方通商口岸兴起发展了100多年，既归诸中外商人、官员、海员等对于西洋肖像画的喜爱和赞助，又归功于清代中国南方通商口岸洋画家的吸收融汇、钻研进取、与时俱进的创作精神，极大地发挥了肖像画的艺术性、装饰性、写实性以及交流的功能。特别是当照相术刚一问世就漂洋东渡中国，又被中国南方通商口岸洋画家广泛接受，与同样来自西洋的油画、水彩画相结合创作的照相写实肖像画，融中国的工笔人物画为一体，开民国月份牌人物肖像画之先河。可想而知，清代南方通商口岸西洋肖像画在中国近代美术发展史和中西经济文化艺术交流史上举足轻重的意义和价值，是不言而喻的。

（节选自《视觉的调适——中国早期洋风画》，“论清代西洋肖像画的发展”）

Chinese and Western Portrait

Hu Yi

Before the invention of photography, the primary means to commemorate someone was painting portraits. Due to the significant explorations of the world and the rapid advancements in transportation and trade between the East and the West, the exchange of materials and techniques for creating portraits between different regions became more prominent. The great transformation of Chinese portrait painting in the Ming and Qing Dynasties was also greatly influenced by the East transition of Western painting. As a result, not only did Western portrait styles and techniques take root and develop in China, but also, they merged with traditional Chinese painting.

Due to the significant visual difference between Chinese and Western paintings, people in China immediately appreciated naturalism and realism in paintings from the West. The traditional Chinese figurative painting emphasised "conveying the likeness through the spiritual", using art forms to express inner feelings. However, traditional Chinese painting lacked scientific methods, such as anatomy and linear perspective, compared to its Western counterpart. Therefore, when Western oil painting was introduced to China, its delicate and lifelike three-dimensional shapes and brilliant colours strongly impacted those accustomed to traditional Chinese painting. Attracted by such different characteristics, the development of Western-mannered portraiture in China was divided into two trends from the 18th century: the courtly style at the Imperial Palace in the north and the export paintings in trading ports in the south.

Guangzhou, Macao, Hong Kong and other southern coastal treaty ports were the gateways for introducing Western paintings to China during the Ming and Qing Dynasties. Not only did European missionaries and artists go northward to enter the Chinese court through these ports, but paintings of Western manners also developed rapidly in these ports. The trajectory of the export paintings is quite different from that of Qing court portraits. In order to cater to the Emperors' preferences, the missionary painters serving in the Imperial Household had to be restricted by Chinese culture, and their artistic expression was closer to the traditional Chinese aesthetic habits, and changes were made in the expression skills of Western paintings. At the same time, the commercial ports in the southern coastal areas encountered frequent foreign trade, attracting businessmen, navigators, officials, wealthy individuals, travellers, and diplomats from many Western countries to come to China to engage in commercial and cultural exchange. As the trading ports in southern China were less influenced by the Imperial Court, foreign Western painters in China were not subject to the strict restrictions of Chinese culture, and the artistic environment of Western portraits was relatively free and relaxed. In addition, both Chinese and Western merchants and gentry in South China had specific aesthetic requests for Western portraits. The patrons employed foreign and Chinese painters, with more open minds, to paint oil or watercolour portraits for themselves and their relatives, which contributed to the rise and development of Western-style portraiture in southern Chinese ports for more than a hundred years.

In conclusion, Western painting techniques were introduced into China and contributed to the new trend of portrait painting during the Qing Dynasty. The trend was matured and popularised due to the patronage from merchants, officials and sailors, as well as the open-mindedness and adaption of the artists. The artists endeavoured to combine Western realism and Chinese aesthetics to make a new type of portrait that was artistic, decorative, representationalist and communicative. When photography was invented, it was widely accepted by painters in the southern trading ports of China to achieve photographic realism in painting. The photo-realistic portraits created by combining oil and watercolour paintings from the West were also integrated with fine Chinese brushwork figurative paintings. They significantly impacted the calendar portraits in the Republic of China. It is conceivable that Western-style portraits shaped the history of modern Chinese art with profound influence.

("On the Development of Western-style Portrait Painting in the Qing Dynasty," *Accommodating in the Visual: Early Chinese Western-style painting*)

Retratos Chineses e Ocidentais

Hu Yi

Antes da invenção da fotografia, a principal forma de homenagear alguém era através da pintura de retratos. Com as grandes descobertas geográficas e o desenvolvimento do comércio e do tráfego entre o Oriente e o Ocidente, deu-se também o intercâmbio dos materiais e técnicas de criação de retratos de diversas regiões. As transformações significativas verificadas na pintura de retratos chineses durante as dinastias Ming e Qing foram profundamente influenciadas pela introdução e disseminação na China da pintura a óleo ocidental. Ao mesmo tempo que, por um lado, estilos e técnicas associados à pintura de retratos a óleo foram adoptados e desenvolvidos na China, por outro lado, estes fundiram-se com as técnicas da pintura tradicional chinesa.

Se a pintura ocidental de retratos a óleo foi capaz de atrair rapidamente a atenção dos chineses, tal se deve, em grande parte, às grandes diferenças de abordagem artística entre as duas regiões. A pintura figurativa tradicional da China, conhecida pelas suas "descrições vivas" ou "retratos fieis", coloca a ênfase na representação da forma de modo a expressar sentimentos interiores e transferir pensamentos para a personagem retratada, combinando assim forma e sentimento e destacando tanto as características exteriores quanto os sentimentos interiores. Tal é mais notável na representação de expressões faciais. No entanto, em comparação com a pintura a óleo ocidental, este tipo de pintura tradicional chinesa carece de métodos científicos, como anatomia e perspectiva, resultando num tratamento mais plano do vestuário e na falta de efeitos trimensionais realistas quando comparado com a sua contraparte ocidental. Portanto, quando a pintura a óleo ocidental foi introduzida na China, as suas formas delicadas trimensionais e realistas, juntamente com as suas cores vivas, provocaram um impacto visual muito forte em quem estava acostumado à pintura tradicional chinesa. A partir do século XVIII, a atracção por características artísticas tão diferentes levou ao desenvolvimento da retratística ao estilo ocidental na China em duas variantes: o estilo cortesão no Norte e o estilo de pinturas para exportação dos portos comerciais do Sul.

Guangzhou, Macau, Hong Kong e outros portos comerciais costeiros do Sul da China serviram de portas de entrada para a introdução da pintura ocidental na China durante as dinastias Ming e Qing. Para além dos pintores missionários europeus que partiram desses portos e se dirigiram para a capital imperial a norte através desses portos, desenvolveu-se também aqui uma pintura ao estilo ocidental. O desenvolvimento da pintura de retratos ao estilo ocidental difere muito do da pintura de retratos de estilo cortesão no palácio imperial. Uma vez que tinham que atender aos gostos dos imperadores, os pintores missionários que serviam na corte Qing estavam limitados pela cultura chinesa e, como resultado, a sua expressão artística acabava por ser mais próxima aos hábitos estéticos tradicionais da China, com alterações significativas nas técnicas de expressão da pintura ao estilo ocidental. Já os portos comerciais nas áreas costeiras do Sul da China encontravam-se abertos ao exterior e o comércio externo nestes locais era bastante próspero, atraindo comerciantes, navegadores, oficiais, indivíduos abastados, viajantes e diplomatas de diversos países ocidentais que vinham à China não só em busca de lucro como também de culturas exóticas. Estes portos comerciais do Sul da China, tão distantes em relação à corte imperial no Norte, davam razão ao ditado chinês segundo o qual "a lei do imperador não se estende a lugares distantes". Os pintores ocidentais que vinham à China não estavam sujeitos às rígidas restrições da cultura chinesa, e o ambiente de criação para os pintores de retratos ao estilo ocidental era relativamente livre e descontraído. Além disso, estes retratos ao estilo ocidental eram procurados tanto por comerciantes estrangeiros como pelas elites estrangeiras e chinesas, que estavam dispostos a pagar bem a pintores de todas as nacionalidades para pintar retratos a óleo ou em aguarelas de si mesmos ou de seus parentes e familiares. Esta situação contribuiu para o aparecimento e desenvolvimento dos retratos ao estilo ocidental nos portos do Sul da China durante mais de cem anos.

Em suma, a pintura ao estilo ocidental foi transmitida a partir da Europa e tornou-se uma modalidade de pintura de retratos na China durante a dinastia Qing. Essa forma de arte desenvolveu-se durante mais de um século nos portos comerciais do Sul da China graças à apreciação e ao patrocínio de comerciantes chineses e estrangeiros, oficiais e marinheiros, mas também devido ao espírito criativo dos pintores deste estilo que frequentavam os portos comerciais e que procuraram assimilar, integrar, aprender, inovar e acompanhar os tempos. Estes artistas contribuíram muito para que as pinturas de retratos passassem a combinar as funções artística, decorativa, representacional e comunicativa. Além de mais, a fotografia chegou à China pouco depois da sua invenção e foi amplamente aceite por estes artistas. Como resultado, retratos fotográficos realistas, criados pela combinação da fotografia e da pintura a óleo e aquarelas foram integrados à fina pintura de figuras com pinceladas chinesas, marcando o início dos retratos em calendário na República da China. A pintura de retratos ao estilo ocidental nos portos comerciais do Sul da China durante a dinastia Qing possui evidentemente um significado e valor consideráveis, tanto para a história das belas artes como dos intercâmbios artísticos, culturais e económicos com o Ocidente na China moderna.

(Extracto de "Sobre o desenvolvimento da pintura de retratos ao estilo ocidental na dinastia Qing" in *Acomodação na Visualidade: Primórdios da Pintura ao Estilo Ocidental na China*)

郎世宁

◇

《乾隆皇帝半身冬装像》
约 1756—1757 年
高丽纸本油画
62.6×51cm
银川当代美术馆藏

Giuseppe Castiglione

◇

Portrait of Emperor Qianlong in a Winter Coat
Circa 1756-1757
Oil on paper
62.6×51cm
Collection of Museum of Contemporary Art Yinchuan

Giuseppe Castiglione

◇

Busto do Imperador Qianlong em Traje de Inverno
Circa 1756-1757
Pintura a óleo em papel
62.6 x 51cm
Colecção do Museu de Arte Contemporânea de Yinchuan

托马斯·基克尼

◇

《乔治·托马斯·斯当东肖像》
1790 年代
布面油画
167.7×114.2cm
银川当代美术馆藏

Thomas Hickey

◇

Portrait of George Thomas Staunton as a Boy
1790s
Oil on canvas
167.7×114.2cm
Collection of Museum of Contemporary Art Yinchuan

Thomas Hickey

◇

Retrato de George Thomas Staunton
1790s
Pintura a óleo sobre tela
167.7 x 114.2cm
Colecção do Museu de Arte Contemporânea de Yinchuan

（传）史贝霖

◇

《英国人像》
约 1770 年代
玻璃镜背面油画
33.4×22.7cm
银川当代美术馆藏

Spoilum (attribute to)

◇

Portrait of an Englishman
Circa 1770s
Reversed oil painting on mirror
33.4×22.7cm
Collection of Museum of Contemporary Art Yinchuan

(atributo a) Spoilum

◇

Retrato de um Inglês
Circa 1770s
Pintura a óleo invertida no espelho
33.4 × 22.7cm
Colecção do Museu de Arte Contemporânea de Yinchuan

（传）史贝霖

◇

《中国少妇像》
1770—1805 年
玻璃镜背面油画
47.7×34.7cm
银川当代美术馆藏

Spoilum (attribute to)

◇

Portrait of a Chinese Lady
1770–1805
Reversed oil painting on mirror
47.7×34.7cm
Collection of Museum of Contemporary Art Yinchuan

(attribute to) Spoilum

◇

Retrato de Uma Senhora Jovem Chinesa
1770–1805
Pintura a óleo invertida no espelho
47.7 × 34.7cm
Colecção do Museu de Arte Contemporânea de Yinchuan

林呱

◇

《蓝色围巾的少女》
约 1825 年
布面油画
26.7×22.4cm
银川当代美术馆藏

Lamqua

◇

Portrait of a Young Lady
Circa 1825
Oil on canvas
26.7×22.4cm
Collection of Museum of Contemporary Art Yinchuan

Lamqua

◇

Uma Menina com um Cachecol Azul
Circa 1825
Pintura a óleo sobre tela
26.7 × 22.4cm
Colecção do Museu de Arte Contemporânea de Yinchuan

林呱

◇

《十三行总商伍秉鉴肖像》
1830 年代
布面油画
64×48.9cm
银川当代美术馆藏

Lamqua

◇

Portrait of the Hong Merchant Howqua
1830s
Oil on canvas
64×48.9cm
Collection of Museum of Contemporary Art Yinchuan

Lamqua

◇

Retrato do Mercador de Hong Howqua
1830s
Pintura a óleo sobre tela
64 × 48.9cm
Colecção do Museu de Arte Contemporânea de Yinchuan

（传）林呱

◇

《西方绅士肖像》
1840—1850 年代
布面油画
40.8×34.2cm
银川当代美术馆藏

Lamqua (attribute to)

◇

Portrait of a Gentleman
1840s–1850s
Oil on canvas
40.8×34.2cm
Collection of Museum of Contemporary Art Yinchuan

(atributo a) Lamqua

◇

Retrato de um Cavalheiro Ocidental
1840s–1850s
Pintura a óleo sobre tela
40.8 × 34.2cm
Colecção do Museu de Arte Contemporânea de Yinchuan

（传）林呱

◇

《美籍船长肖像》
1825—1860 年
布面油画
30.5×25.5cm
银川当代美术馆藏

Lamqua (attribute to)

◇

Portrait of an American Captain
1825-1860
Oil on canvas
30.5×25.5cm
Collection of Museum of Contemporary Art Yinchuan

(atributo a) Lamqua

◇

Retrato de um Capitão Americano
1825-1860
Pintura a óleo sobre tela
30.5 x 25.5cm
Colecção do Museu de Arte Contemporânea de Yinchuan

（传）林呱

◇

《黑色披肩的短发少女》
约 1850 年
布面油画
35.5×27.6cm
银川当代美术馆藏

Lamqua (attribute to)

◇

Short-haired Girl with a Black Shawl
Circa 1850
Oil on canvas
35.5×27.6cm
Collection of Museum of Contemporary Art Yinchuan

(atributo a) Lamqua

◇

Menina de Cabelos Curtos com um Xaile Preto
Circa 1850
Pintura a óleo sobre tela
35.5 × 27.6cm
Colecção do Museu de Arte Contemporânea de Yinchuan

（传）林呱

◇

《金发女郎》
1801— 1860 年
布面油画
23.6×18.8cm
银川当代美术馆藏

Lamqua (attribute to)

◇

Portrait of a Lady
1801–1860
Oil on canvas
23.6×18.8cm
Collection of Museum of Contemporary Art Yinchuan

(atributo a) Lamqua

◇

Mulher Loira
1801–1860
Pintura a óleo sobre tela
23.6 x 18.8cm
Colecção do Museu de Arte Contemporânea de Yinchuan

（传）林呱
◇
《伊丽莎·莫厄尔肖像》
1840—1850 年
布面油画
45.1×33.3cm
银川当代美术馆藏

Lamqua (attribute to)
◇
Portrait of Eliza Mower
1840-1850
Oil on canvas
45.1×33.3cm
Collection of Museum of Contemporary Art Yinchuan

(atributo a) Lamqua
◇
Retrato de Eliza Mower
1840-1850
Pintura a óleo sobre tela
45.1 x 33.3cm
Colecção do Museu de Arte Contemporânea de Yinchuan

(传)林呱

◇

《濠江渔女》
约 1850 年
布面油画
32.6×26.1cm
银川当代美术馆藏

Lamqua (attribute to)

◇

Portrait of a Tanka Girl
Circa 1850
Oil on canvas
32.6×26.1cm
Collection of Museum of Contemporary Art Yinchuan

(atributo a) Lamqua

◇

Retrato de uma Menina Tanka
Circa 1850
Pintura a óleo sobre tela
32.6 x 26.1cm
Colecção do Museu de Arte Contemporânea de Yinchuan

煜呱

◇

《西洋少女肖像》
1850 年
布面油画
39×31.2cm
银川当代美术馆藏

Youqua

◇

Portrait of a Young Lady
1850
Oil on canvas
39×31.2cm
Collection of Museum of Contemporary Art Yinchuan

Youqua

◇

Retrato de uma Menina Ocidental
1850
Pintura a óleo sobre tela
39 x 31.2cm
Colecção do Museu de Arte Contemporânea de Yinchuan

煜呱

◇

《中国女士肖像》
约 1850—1860 年
布面油画
40.7×33.3cm
银川当代美术馆藏

Youqua

◇

Portrait of a Chinese Woman
Circa 1850–1860
Oil on canvas
40.7×33.3cm
Collection of Museum of Contemporary Art Yinchuan

Youqua

◇

Retrato de uma Mulher Chinesa
Circa 1850–1860
Pintura a óleo sobre tela
40.7 x 33.3cm
Colecção do Museu de Arte Contemporânea de Yinchuan

丽生

◇

《菲利普先生 / 夫人肖像》
1850 年
布面油画
60.4×45.8cm
银川当代美术馆藏

Lai Sung

◇

Portrait of Mr Philips / Portrait of Mrs Philips
1850
Oil on canvas
60.4×45.8cm
Collection of Museum of Contemporary Art Yinchuan

Lai Sung

◇

Retrato do Sr. Phillips / Retrato da Sra. Phillips
1850
Pintura a óleo sobre tela
60.4 × 45.8cm
Colecção do Museu de Arte Contemporânea de Yinchuan

顺呱
◇
《约翰·赫德的肖像》
1860 年
象牙面水彩
17.5×14cm
银川当代美术馆藏

Sunqua
◇
Portrait of John Heard
1860
Watercolour on ivory
17.5×14cm
Collection of Museum of Contemporary Art Yinchuan

Sunqua
◇
Retrato de John Heard
1860
Aguarela sobre marfim
17.5 x 14cm
Colecção do Museu de Arte Contemporânea de Yinchuan

佚名

◇

《凝思》
19 世纪末 20 世纪初
布面油画
41× 31.5cm
银川当代美术馆藏

Unknown Artist

◇

Portrait of a Chinese Lady Holding a Book
Late 19th Century Early 20th Century
Oil on canvas
41×31.5cm
Collection of Museum of Contemporary Art Yinchuan

Artista Desconhecido

◇

Retrato de uma Senhora Chinesa
Finais do século XIX, princípios do século XX
Pintura a óleo sobre tela
41 × 31.5cm
Colecção do Museu de Arte Contemporânea de Yinchuan

佚名

◇

《憧憬》
19 世纪末 20 世纪初
布面油画
40.7×31.7cm
银川当代美术馆藏

Unknown Artist

◇

Portrait of a Chinese Lady
Late 19th Century Early 20th Century
Oil on canvas
40.7×31.7cm
Collection of Museum of Contemporary Art Yinchuan

Artista Desconhecido

◇

Retrato de uma Senhora Chinesa
Finais do século XIX, princípios do século XX
Pintura a óleo sobre tela
40.7 × 31.7cm
Colecção do Museu de Arte Contemporânea de Yinchuan

风　景

连文舟

18、19世纪广州口岸一度成为中国的唯一通商口岸，不断地为朝廷输送传教士油画家，在这里形成了一些西洋画传播的文化积淀。在中西贸易不断增长的情况下，中西经济文化交流也有了长足的发展，与此同时，中国民间西洋画家逐渐成熟，西洋画在广东的通商口岸也得到了广泛的传播与发展。在中国西洋画史上，清代广东口岸西洋风景画弥补了北方宫廷西洋风景画发展的不足，在西方绘画东渐中国的历史发展过程中具有重要的意义。

广州口岸是明清中西经济交流的“第一港”，也是西画东渐在民间传播、发展的重要地区。正当西方传教士源源不断地北上进京时，乾隆皇帝于1757年颁布诏令，宣布广州为中国唯一对西方人开放的通商口岸。大量外国商船蜂拥而至，使广州商业活动逐渐兴盛，广州口岸的西洋风景画也随之应运而生。在照相术发明之前，与西方商船同来中国的商人、船长、水手、旅行家，为了纪念自己的职业生涯，向家人展示自己曾经到过的地方以及记录商船经过之地周边的风景和地貌，往往就需要一些能够展现当地风光的风景画。广州口岸的本土画家受西方人在广州口岸活动形成的西方文化积淀的影响，为迎合西方顾客的审美趣味，开始尝试使用西方绘画的技法、材料，并结合中国画的表现手法，进行西洋风景画的创作。

随着广州口岸的本土西洋画家对透视法、明暗法等西方绘画技法的掌握不断成熟，作品中受中国传统绘画的影响也随之减少，他们开始放弃将各种风景绘于同一幅长卷上的做法，使用独立的画面去表现不同的风景。其中，庭院风景画在表现清代中国园林的同时，也记录了庭院中的家居生活。由于庭院是富商妻妾活动的主要场所，女性的活动成为庭院家居生活的重要组成部分，也是园林文化中特殊的组成部分，所以在庭院风景画中，女性的活动成为这类题材绘画中一道亮丽的风景。

总而言之，清代广州口岸西洋风景画是中国早期西洋画的重要组成部分，它在18、19世纪中西经济文化交流繁荣发展的大背景下应运而生，从现存的大量广州口岸风景画的画面中可以看出，当时的中国西洋画家已经能够驾驭西方的绘画材料，娴熟地运用西洋画技法，从而形成自己的绘画风格。这些先辈在清代西洋画的创作上已经取得了丰硕的成果，对研究西洋画在中国的传播和发展有着重要的艺术史意义。

（节选自《视觉的调适——中国早期洋风画》，“羊城胜景——清代广东口岸西洋风景画研究”）

Landscape

Lian Wenzhou

Guangzhou was once China's only trading port for Westerners to visit in the 18th and 19th centuries. It transported Western painters to the Imperial Court in Beijing, forming a significant cultural accumulation of Western-style painting in China. With the continuous growth of Sino-Western trade, cultural exchanges had also increased tremendously. At the same time, Chinese artists, who adopted Western painting techniques, gradually matured in art skills and trade. As a result, Western-style paintings were widely disseminated and developed in the coastal area of Guangdong. In the history of Western-style art in China, landscape paintings of Guangdong ports in the Qing Dynasty substituted the demand for exporting paintings depicting northern court scenes. Export landscape paintings in Guangzhou played an essential role in developing Western-style art in China.

Guangzhou was the primary port of economic exchange between China and the West in the Ming and Qing Dynasties, and it was also an essential area for the spread and development of Western paintings among the people. When Western missionaries continued north to Beijing, Emperor Qianlong issued an edict in 1757 to make Guangzhou the only open trading port in China for Westerners to visit. Many foreign merchant ships flocked to Guangzhou, making its commercial activities gradually prosperous. Before the invention of photography, merchants, captains, sailors, and travellers came to China via Western merchant ships in order to commemorate their careers, show their families the places they had been to and record the surrounding scenery and landforms. Often some landscape paintings that can show the local scenery are needed. Influenced by the accumulation of Western culture formed by the activities of Western missionaries in Guangzhou Port, the local painters began to try to use Western painting techniques and materials combined with Chinese painterly brushwork to create export landscape paintings to cater to the aesthetic taste of Western customers.

As the local painters in Guangzhou gradually matured their Western painting techniques, such as perspective and chiaroscuro, the influence of traditional Chinese painting in their works also decreased. They began to give up painting various landscapes in the running scroll format. In this way, independent pictures are used to express different scenery. Among them, paintings of Chinese courtyard scenes not only represent the Chinese gardens in the Qing Dynasty, but also record the domestic life of the Hong merchants. Since the courtyard was the central place for the activities of the wives of wealthy businessmen, female imagery had become a particular part of domestic life. As a result, the depiction of women engaging in various activities within courtyard landscapes became a beloved feature in paintings of this kind.

In conclusion, Western-style painting of Guangzhou landscapes in the Qing Dynasty were significant to the early modernisation of Chinese art. It is apparent that Chinese Western-style painters during that era had the ability to use Western painting materials and techniques proficiently, resulting in the development of their unique painting style. The pioneers of Western-style painting in the Qing Dynasty achieved significant results and contributed greatly to the study of Western paintings in China. Their work holds great importance in the history of Chinese art.

("Picturesque Views of City of the Goat: A Study of Western Landscape Paintings in Guangdong Ports during the Qing Dynasty," *Accommodating in the Visual: Early Chinese Western-style painting*)

Pintura Paisagística

Lian Wenzhou

Nos séculos XVIII e XIX, o porto de Guangzhou foi, durante determinada altura, o único porto de comércio da China, assim como o local a partir de onde eram constantemente enviados à corte imperial missionários mestres de pintura a óleo. Tal contribuiu para um processo de acumulação cultural que impulsionou a disseminação da pintura ao estilo ocidental pela região. As trocas económicas e culturais entre a China e o Ocidente foram aumentando significativamente com o constante aumento do comércio entre as duas partes. Ao mesmo tempo, e à medida que a capacidade artística dos artistas chineses dedicados à pintura ao estilo ocidental amadurecia gradualmente, este tipo de pintura desenvolveu-se e foi amplamente difundido pelos portos comerciais de Guangdong. Na história da pintura ao estilo ocidental na China, a pintura paisagística proveniente dos portos de Guangdong durante a dinastia Qing foi ao encontro das insuficiências de desenvolvimento da pintura paisagística da corte no Norte da China. As pinturas dos portos de Guangdong revestem-se, assim, de um significado importante para o processo histórico da introdução da pintura ao estilo ocidental na China.

O porto de Guangzhou foi o primeiro porto de comércio com o Ocidente durante as dinastias Ming e Qing, e como tal uma região importante para a divulgação e desenvolvimento da pintura ao estilo ocidental entre o povo. Numa altura em que os missionários continuavam a viajar para Norte em direcção a Beijing, o imperador Qianlong emitiu um édito em 1757 declarando Guangzhou como o único porto comercial na China aberto aos ocidentais. Com isto chegaram inúmeras embarcações mercantes vindas do estrangeiro, levando gradualmente à prosperidade das actividades comerciais em Guangzhou e ao surgimento das pinturas paisagísticas ao estilo ocidental. Antes da invenção da fotografia, comerciantes, capitães, marinheiros e viajantes chegados à China a bordo dos navios mercantes ocidentais sentiam a necessidade de adquirir pinturas paisagísticas que representassem cenas locais, a fim de comemorar as sua carreiras, mostrar a familiares os lugares visitados e registar as paisagens e características geográficas dos locais por onde os navios mercantes passavam. Os pintores locais do porto de Guangzhou, tendo acumulado e absorvido influências culturais do Ocidente decorrentes das actividades dos missionários na região, começaram a experimentar com o uso das técnicas e materiais de pintura dos estrangeiros, combinando-os com as abordagens da pintura chinesa e criando pinturas paisagísticas ao estilo ocidental que iam de encontro aos gostos estéticos dos clientes estrangeiros.

À medida que estes pintores locais do porto de Guangzhou aperfeiçoavam o seu domínio de técnicas da pintura ocidental como a perspectiva e o chiaroscuro, a influência da pintura tradicional chinesa nas suas obras foi diminuindo. A prática da pintura de paisagens diversas num rolo contínuo foi sendo abandonada, optando-se pelo uso de telas individuais para cada cena. Entre as obras deste género, a pintura de cenas associadas aos pátios residenciais capturava não só o aspecto dos jardins chineses da dinastia Qing, como também a vida doméstica nesses espaços. O pátio de uma residência era um dos principais locais onde as esposas e concubinas de comerciantes ricos desempenhavam as suas actividades domésticas, de modo que estas actividades se tornassem uma parte importante da vida doméstica nos pátios residenciais, assim como uma parte especial da cultura dos jardins. Por conseguinte, a representação das actividades das mulheres tornou-se um aspecto encantador deste género de pintura.

Em resumo, a pintura paisagística ao estilo ocidental do porto de Guangzhou na dinastia Qing constitui um importante elemento dos primórdios da pintura ao estilo ocidental na China. Este tipo de pintura emergiu num contexto de desenvolvimento e prosperidade nos intercâmbios económicos e culturais entre a China e o Ocidente nos séculos XVIII e XIX. A partir das inúmeras pinturas paisagísticas do porto de Guangzhou que possuímos actualmente, é possível observar como os artistas chineses dedicados a este tipo de pintura dominavam, já nesta época, o uso de materiais e técnicas da pintura ocidental e que vinham desenvolvendo o seu próprio estilo singular. Estes pioneiros haviam já alcançado resultados consideráveis no que toca à criação de pinturas ao estilo ocidental na dinastia Qing. O seu trabalho possui um grande significado para a história da arte chinesa, contribuindo muito para o estudo da divulgação e do desenvolvimento da pintura ao estilo ocidental na China.

(Extracto de "Belas Paisagens da Cidade da Cabra: Um Estudo sobre Pinturas de Paisagem ao Estilo Ocidental nos Portos de Guangdong durtante a dinastia Qing " in *Acomodação na Visualidade: Primórdios da Pintura ao Estilo Ocidental na China*)

佚名

◇

《欧洲庭院之一》
约 1780 年
纸本水彩
92×49.5cm
银川当代美术馆藏

Unknown Artist

◇

European Merchants and Houses I
Circa 1780
Watercolour on paper
92×49.5cm
Collection of Museum of Contemporary Art Yinchuan

Artista Desconhecido

◇

Comerciantes e Casas Europeias I
Circa 1780
Aquarela sobre papel
92 × 49.5cm
Colecção do Museu de Arte Contemporânea de Yinchuan

佚名

◇

《欧洲庭院之二》
约 1780 年
纸本水彩
92×49.5cm
银川当代美术馆藏

Unknown Artist

◇

European Merchants and Houses II
Circa 1780
Watercolour on paper
92×49.5cm
Collection of Museum of Contemporary Art Yinchuan

Artista Desconhecido

◇

Comerciantes e Casas Europeias II
Circa 1780
Aquarela sobre papel
92 x 49.5cm
Colecção do Museu de Arte Contemporânea de Yinchuan

佚名

◇

《欧洲庭院之三》
约 1780 年
纸本水彩
92×49.5cm
银川当代美术馆藏

Unknown Artist

◇

European Merchants and Houses III
Circa 1780
Watercolour on paper
92×49.5cm
Collection of Museum of Contemporary Art Yinchuan

Artista Desconhecido

◇

Comerciantes e Casas Europeias III
Circa 1780
Aquarela sobre papel
92 x 49.5cm
Colecção do Museu de Arte Contemporânea de Yinchuan

佚名

◇

《海景之一》
1800 年
纸本水彩
31.88×38.8cm
银川当代美术馆藏

Unknown Artist

◇

Seascape I
1800
Watercolour on paper
31.88×38.8cm
Collection of Museum of Contemporary Art Yinchuan

Artista Desconhecido

◇

Paisagem Marítima I
1800
Aquarela sobre papel
31.88 x 38.8cm
Colecção do Museu de Arte Contemporânea de Yinchuan

佚名

◇

《海景之二》
1800 年
纸本水彩
32×38.5cm
银川当代美术馆藏

Unknown Artist

◇

Seascape II
1800
Watercolour on paper
32×38.5cm
Collection of Museum of Contemporary Art Yinchuan

Artista Desconhecido

◇

Paisagem Marítima II
1800
Aquarela sobre papel
32 × 38.5cm
Colecção do Museu de Arte Contemporânea de Yinchuan

（传）发呱

◇

《冬景》
约 1800—1825 年
布面油画
45.5×60.9cm
银川当代美术馆藏

Fatqua (attribute to)

◇

A Winter Scene
Circa 1800–1825
Oil on canvas
45.5×60.9cm
Collection of Museum of Contemporary Art Yinchuan

(atributo a) Fatqua

◇

Uma Cena de Inverno
Circa 1800–1825
Pintura a óleo sobre tela
45.5 x 60.9cm
Colecção do Museu de Arte Contemporânea de Yinchuan

（传）林呱

◇

《农家炊烟》
19 世纪中期
布面油画
28.6×46.3cm
银川当代美术馆藏

Lamqua (attribute to)

◇

Landscape
Mid-19th Century
Oil on canvas
28.6×46.3cm
Collection of Museum of Contemporary Art Yinchuan

(atributo a) Lamqua

◇

Paisagem
Meados do século XIX
Pintura a óleo sobre tela
28.6 x 46.3cm
Colecção do Museu de Arte Contemporânea de Yinchuan

（传）林呱

◇

《拉纤》
19 世纪中期
布面油画
28.7×45.3cm
银川当代美术馆藏

Lamqua (attribute to)

◇

Towing a Boat
Mid-19th Century
Oil on canvas
28.7×45.3cm
Collection of Museum of Contemporary Art Yinchuan

(atributo a) Lamqua

◇

Sirgar um Barco
Meados do século XIX
Pintura a óleo sobre tela
28.7 × 45.3cm
Colecção do Museu de Arte Contemporânea de Yinchuan

(传)林呱

◇

《珠江边的村口》
1820—1860 年
布面油画
26.7×34.2cm
银川当代美术馆藏

Lamqua (attribute to)

◇

A Village in the Pearl River Delta
1820–1860
Oil on canvas
26.7×34.2cm
Collection of Museum of Contemporary Art Yinchuan

(atributo a) Lamqua

◇

Uma Aldeia no Delta do Rio das Pérolas
1820–1860
Pintura a óleo sobre tela
26.7 × 34.2cm
Colecção do Museu de Arte Contemporânea de Yinchuan

（传）林呱

◇

《华南山村小景》
19 世纪中期
布面油画
28.4×45.5cm
银川当代美术馆藏

Lamqua (attribute to)

◇

A Village in South China
Mid-19th Century
Oil on canvas
28.4×45.5cm
Collection of Museum of Contemporary Art Yinchuan

(atributo a) Lamqua

◇

Uma Aldeia no Sul da China
Meados do século XIX
Pintura a óleo sobre tela
28.4 × 45.5cm
Colecção do Museu de Arte Contemporânea de Yinchuan

（传）林呱

◇

《广东新会紫阳观》
19 世纪中期
布面油画
28.7×46.4cm
银川当代美术馆藏

Lamqua (attribute to)

◇

A Taoist Temple in Xinhui, Guangdong
Mid-19th Century
Oil on canvas
28.7×46.4cm
Collection of Museum of Contemporary Art Yinchuan

(atributo a) Lamqua

◇

Templo Taoísta em Xinhui, Guangdong
Meados do século XIX
Pintura a óleo sobre tela
28.7 × 46.4cm
Colecção do Museu de Arte Contemporânea de Yinchuan

（传）林呱

◇

《珠江景色》

1840 年

布面油画

45.8×59.3cm

银川当代美术馆藏

Lamqua (attribute to)

◇

Coastal View of the Pearl River

1840

Oil on canvas

45.8×59.3cm

Collection of Museum of Contemporary Art Yinchuan

(atributo a) Lamqua

◇

Vista Costeira do Rio das Pérola

1840

Pintura a óleo sobre tela

45.8 x 59.3cm

Colecção do Museu de Arte Contemporânea de Yinchuan

佚名

◇

《牧归》
1820—1855 年
布面油画
40.9×56.7cm
银川当代美术馆藏

Unknown Artist

◇

The Countryside of Guangdong
1820–1855
Oil on canvas
40.9×56.7cm
Collection of Museum of Contemporary Art Yinchuan

Artista Desconhecido

◇

O Campo de Guangdong
1820–1855
Pintura a óleo sobre tela
40.9 x 56.7cm
Colecção do Museu de Arte Contemporânea de Yinchuan

（传）南昌

◇

《广州海神庙》
1850 年代
布面油画
48.7×35.7cm
银川当代美术馆藏

Namcheong (attribute to)

◇

The Temple of the Sea God
1850s
Oil on canvas
48.7×35.7cm
Collection of Museum of Contemporary Art Yinchuan

(atributo a) Namcheong

◇

O Templo do Deus do Mar
1850s
Pintura a óleo sobre tela
48.7 × 35.7cm
Colecção do Museu de Arte Contemporânea de Yinchuan

（传）南昌

◇

《琶洲塔》

1850 年代

布面油画

48.5×35.7cm

银川当代美术馆藏

Namcheong (attribute to)

◇

Whampoa Pagoda

1850s

Oil on canvas

48.5×35.7cm

Collection of Museum of Contemporary Art Yinchuan

(atributo a) Namcheong

◇

Pagode Whampoa

1850s

Pintura a óleo sobre tela

48.5 × 35.7cm

Colecção do Museu de Arte Contemporânea de Yinchuan

(传)南昌

◇

《赤岗古塔》
1850 年代
布面油画
48.2×35.6cm
银川当代美术馆藏

Namcheong (attribute to)

◇

Whampoa Pagoda
1850s
Oil on canvas
48.2×35.6cm
Collection of Museum of Contemporary Art Yinchuan

(atributo a) Namcheong

◇

Pagode Whampoa
1850s
Pintura a óleo sobre tela
48.2 x 35.6cm
Colecção do Museu de Arte Contemporânea de Yinchuan

（传）顺呱

◇

《琶洲塔》

1850 年代

纸本水彩

12.3×18.7cm

银川当代美术馆藏

Sunqua (attribute to)

◇

Whampoa Pagoda

1850s

Watercolour on paper

12.3×18.7cm

Collection of Museum of Contemporary Art Yinchuan

(atributo a) Sunqua

◇

Pagode Whampoa

1850s

Aquarela sobre papel

12.3 × 18.7cm

Colecção do Museu de Arte Contemporânea de Yinchuan

（传）顺呱

◇

《珠江古桥风景》
约 1850 年代
纸本水彩
12.1 × 18.7cm
银川当代美术馆藏

Sunqua (attribute to)

◇

Riverscape
Circa 1850s
Watercolour on paper
12.1 × 18.7cm
Collection of Museum of Contemporary Art Yinchuan

(atributo a) Sunqua

◇

Paisagem Fluvial
Circa 1850s
Aquarela sobre papel
12.1 x 18.7cm
Colecção do Museu de Arte Contemporânea de Yinchuan

(传)顺呱

◇

《大黄滘炮台》
约 1850 年代
纸本水彩
12.1×18.8cm
银川当代美术馆藏

Sunqua (attribute to)

◇

Chewai Coastal Artillery
Circa 1850s
Watercolour on paper
12.1×18.8cm
Collection of Museum of Contemporary Art Yinchuan

(atributo a) Sunqua

◇

Artilharia Costeira de Chewai
Circa 1850s
Aquarela sobre papel
12.1 × 18.8cm
Colecção do Museu de Arte Contemporânea de Yinchuan

（传）顺呱

◇

《大黄滘炮台风景》
1854 年
布面油画
43×31.3cm
银川当代美术馆藏

Sunqua (attribute to)

◇

Chewai Coastal Artillery
1854
Oil on canvas
43×31.3cm
Collection of Museum of Contemporary Art Yinchuan

(atributo a) Sunqua

◇

Artilharia Costeira de Chewai
1854
Pintura a óleo sobre tela
43 x 31.3cm
Colecção do Museu de Arte Contemporânea de Yinchuan

(传)顺呱
◇
《琶洲塔风景》
约 1850 年代
布面油画
42.5×41cm
银川当代美术馆藏

Sunqua (attribute to)
◇
Whampoa Pagoda
Circa 1850s
Oil on canvas
42.5×41cm
Collection of Museum of Contemporary Art Yinchuan

(atributo a) Sunqua
◇
Pagode Wampoa
Circa 1850s
Pintura a óleo sobre tela
42.5 × 41cm
Colecção do Museu de Arte Contemporânea de Yinchuan

(传)南昌

◇

《塔影风光》
19 世纪中期
布面油画
52 × 39.5cm
银川当代美术馆藏

Namcheong (attribute to)

◇

View of Whampoa Pagoda
Mid-19th Century
Oil on canvas
52 × 39.5cm
Collection of Museum of
Contemporary Art Yinchuan

(atributo a) Namcheong

◇

Pagode Whampoa
Meados do século XIX
Pintura a óleo sobre tela
52 × 39.5cm
Colecção do Museu de Arte
Contemporânea de Yinchuan

（传）南昌

◇

《老树斜阳》
19世纪中期
布面油画
52×39.5cm
银川当代美术馆藏

Namcheong (attribute to)

◇

Coastal Views of Guangzhou
Mid-19th Century
Oil on canvas
52×39.5cm
Collection of Museum of Contemporary Art Yinchuan

(atributo a) Namcheong

◇

Vista Costeira de Guangzhou
Meados do século XIX
Pintura a óleo sobre tela
52 × 39.5cm
Colecção do Museu de Arte Contemporânea de Yinchuan

（传）顺呱

◇

《江旁垂钓》
19 世纪中期
纸本水彩
19.8×25.9cm
银川当代美术馆藏

Sunqua (attribute to)

◇

Landscape
Mid-19th Century
Watercolour on paper
19.8×25.9cm
Collection of Museum of Contemporary Art Yinchuan

(atributo a) Sunqua

◇

Paisagem
Meados do século XIX
Aquarela sobre papel
19.8 x 25.9cm
Colecção do Museu de Arte Contemporânea de Yinchuan

（传）林呱
◇
《疍家渔姑》
约 1825—1860 年
布面油画
19×27.9cm
银川当代美术馆藏

Lamqua (attribute to)
◇
Tanka Girls
Circa 1825–1860
Oil on canvas
19×27.9cm
Collection of Museum of Contemporary Art Yinchuan

(atributo a) Lamqua
◇
Meninas Tanka
Circa 1825–1860
Pintura a óleo sobre tela
19 × 27.9cm
Colecção do Museu de Arte Contemporânea de Yinchuan

佚名

◇

《澳门铁匠铺》
19 世纪中期
布面油画
51.2×40cm
银川当代美术馆藏

Unknown Artist

◇

The Blacksmith's Shop in Macao
Mid-19th Century
Oil on canvas
51.2×40cm
Collection of Museum of Contemporary Art Yinchuan

Artista Desconhecido

◇

Loja de Ferreiro de Macau
Meados do século XIX
Pintura a óleo sobre tela
51.2 × 40cm
Colecção do Museu de Arte Contemporânea de Yinchuan

奥古斯特·博尔热

◇

《船屋》

1876 年

木板油画

沙特鲁，贝特朗博物馆藏

Auguste Borget

◇

Chinese Boats

1876

Oil on mahogany

Collection of Hotel Bertrand

Museum in Chateauroux

Auguste Borget

◇

Barcos Chineses

1876

Pintura a óleo sobre madeira

Colecção do Hotel Bertrand

Museu em Chateauroux

奥古斯特·博尔热

◇

《在澳门和广州放牧的中国牧羊人》
约 1843 年
布面油画
塞夫尔 - 马努法克图尔国家博物馆藏

Auguste Borget

◇

Chinese Shepherds Grazing Their Cattle in Macao and Guangzhou
Circa 1843
Oil on canvas
Collection of Sèvres-Manufacture et Musée Nationaux

Auguste Borget

◇

Pastores Chineses que Pastam em Macau e Guangzhou
Circa 1843
Pintura a óleo sobre tela
Colecção de Sèvres-Manufacture et Musée Nationaux

奥古斯特·博尔热

◇

《广州的一条街道》
约 1843 年
布面油画
塞夫尔 – 马努法克图尔国家博物馆藏

Auguste Borget

◇

A street in Guangzhou
Circa 1843
Oil on canvas
Collection of Sèvres-Manufacture et Musée Nationaux

Auguste Borget

◇

Uma Rua em Guangzhou
Circa 1843
Pintura a óleo sobre tela
Colecção de Sèvres-Manufacture et Musée Nationaux

奥古斯特 · 博尔热

◇

《广州近郊海幢运河上的官船》
约 1843 年
布面油画
塞夫尔－马努法克图尔国家博物馆藏

Auguste Borget

◇

Mandarin Boat on One of the Canals of Honan, a Suburb of Guangzhou
Circa 1843
Oil on canvas
Collection of Sèvres-Manufacture et Musée Nationaux

Auguste Borget

◇

Navio Oficial no Canal de Honan, um dos Suburbios de Guangzhou
Circa 1843
Pintura a óleo sobre tela
Colecção de Sèvres-Manufacture et Musée Nationaux

奥古斯特·博尔热

◇

《香山的寺庙》
约 1843 年
布面油画
塞夫尔－马努法克图尔国家博物馆藏

Auguste Borget

◇

Temple in the Xiangshan Hills
Circa 1843
Oil on canvas
Collection of Sèvres-Manufacture et Musée Nationaux

Auguste Borget

◇

Templo em Xiangshan
Circa 1843
Pintura a óleo sobre tela
Colecção de Sèvres-Manufacture et Musée Nationaux

奥古斯特·博尔热

◇

《城中闲散的中国人》
约 1843 年
布面油画
塞夫尔－马努法克图尔国家博物馆藏

Auguste Borget

◇

Idle Chinese in the City
Circa 1843
Oil on canvas
Collection of Sèvres-Manufacture et Musée Nationaux

Auguste Borget

◇

Chineses Ociosos na Cidade
Circa 1843
Pintura a óleo sobre tela
Colecção de Sèvres-Manufacture et Musée Nationaux

奥古斯特·博尔热

◇

《诗人李太白在御花园中漫步，宫廷侍从端着盛满美酒的金杯跟随其后》
布面油画
塞夫尔－马努法克图尔国家博物馆藏

Auguste Borget

◇

Poet Li Bai Strolling through the Royal Garden, Followed by Palace Servants Carrying Golden Goblets Full of Wine
Circa 1843
Oil on canvas
Collection of Sèvres-Manufacture et Musée Nationaux

Auguste Borget

◇

O Poeta Li Bai Passeando pelo Jardim Imperial, Seguido por Servos do Palácio com Taças Douradas Repletas de Vinho
Circa 1843
Pintura a óleo sobre tela
Colecção de Sèvres-Manufacture et Musée Nationaux

奥古斯特·博尔热

◇

《搬家》
1856 年
木板油画
沙特鲁，贝特朗博物馆藏

Auguste Borget

◇

A Chinese Family Moves
1856
Oil on mahogany
Collection of Hotel Bertrand
Museum in Chateauroux

Auguste Borget

◇

Mudança de Casa
1856
Pintura a óleo sobre madeira
Colecção do Hotel Bertrand
Museu em Chateauroux

奥古斯特·博尔热

◇

《澳门妈阁庙》

1840 年

布面油画

布尔日城市博物馆藏

Auguste Borget

◇

View of a temple in Macao

1840

Oil on canvas

Collection of Bourges City Museums

Auguste Borget

◇

Templo de A-Má de Macau

1840

Pintura a óleo sobre tela

Colecção do Museu da Cidade de Bourges

社会生产与生活

魏　崴

清代广东油画中的社会生活场景主要包括广东地区的行商庭院生活和普通百姓的市井生活、农村生活等；展现社会生产的场景则主要以制瓷、制茶等中国传统手工业为代表。具有浓郁东方风情的画面主题加之绘画材料的稀缺性和表现技法的不易掌握，使以广东社会生活、社会生产为题材的油画作品成为继肖像油画之后最为昂贵的绘画艺术。油画作为商品从广州大量回流欧洲，不仅为欧洲带去了神秘中国社会的真实写照，也为画家本人与清政府赚得了丰厚收入。

在商业利益的驱动下，以鬻画为生的画家逐渐汇集于广州，形成了全新的画家群体，中国的民间油画家由此增多起来。清代的广州偏离中国传统文化的核心地带，再加上商人与画家地位卑微，以至在很长一段历史区间内，这些曾享誉海外的中国洋画家被中外学者双重遗忘。他们中只有少数画家的姓名为今天的人们所知晓。

为了适应东西方客户多变的审美趣味，智慧的广州洋画家们往往一专多能，各有专长。比如史贝霖早在18世纪末便以娴熟的油画肖像画技艺蜚声海外，顺呱和煜呱则以港埠绘画闻名于世。但是为了迎合市场的需要，他们也均参与了反映广东社会生活油画的创作活动。除了成长于本土的油画家之外，个别画家甚至早已游学欧洲，掌握了纯粹的西方古典主义油画表现技巧。《续南海县志》记载："关作霖，字苍松，江浦司竹径乡人。少家贫，思托业以谋生，又不欲执艺居人下，因附海舶遍游欧美各国，喜其油画传神，从而学习。"其实，当时出洋求艺的中国画家不乏其人，关作霖作为一个时代的典型人物，说明中西艺术交流的大门已经随着中西经贸活动的繁盛而缓缓开启了。

1825年，英国画家乔治·钱纳利侨居澳门更为广东洋画艺术风格的转变注入了澎湃动力。

从18世纪到19世纪中期，正是通过这些图像，居住在地球另一端的西方人才能了解遥远神秘的中国社会。

19世纪后期，照相术传入中国，广东油画的艺术品质由盛转衰。五口通商之后，广州失去了一口通商时期的垄断特权，大批洋画家前往上海、香港等地谋求发展，广东社会生活、社会生产题材油画没落了。

（节选自《视觉的调适——中国早期洋风画》，"18、19世纪广东社会生产与社会生活油画研究"）

Genre Painting

Wei Wei

Oil paintings depicting social life in Guangdong during the Qing Dynasty mainly portray the daily lives of merchants, courtyards, and ordinary people in both urban and rural areas. These paintings often depict traditional Chinese crafts such as porcelain and tea making. With their solid Eastern style, these oil paintings are highly valued due to the scarcity of painting materials and the difficulty of mastering expressive techniques. It can be said that they are a very valuable genre of oil paintings after portraits. These paintings were exported to Europe as commodities, accurately portraying Chinese society and providing significant income for Chinese export painters and the Qing government.

During the Qing Dynasty, a group of painters who made their living selling paintings gathered in Guangzhou due to commercial interests. This led to an increase in the number of artists specialised in genre paintings in China. However, Guangzhou was not considered a core area of traditional Chinese culture, and merchants and export painters had low social status. As a result, many of these Chinese export artists, who were once famous overseas, were forgotten by both modern Chinese and Western art historians for a long time. Today, only a few of them are known by name.

Chinese export painters in Guangzhou are known for specialising in multiple skills to cater to the ever-changing aesthetic tastes of both Eastern and Western clients. For instance, renowned painter Spoilum garnered international recognition for his adeptness in oil painting and portrait painting as early as the late 18th century. Meanwhile, Sunqua and Youqua were acclaimed for their trading port scenery paintings. However, to cater to market demands, they also delved into the creation of oil paintings depicting the social life in Guangdong. While some artists were trained locally, others had even traveled to Europe and mastered Western classical oil painting techniques. As The Continued Chorography of Nanhai County (Xu Nan Hai Xian Zhi) records: "Guan Zuolin (courtesy name Cangsong) was born into a poor family in Sizhujing, Jiangpu. He sought a livelihood through his craft. Refusing to live under the roof of others, he chose to travel to Europe and America, and, drawn by the expressiveness of oil paintings, he learned to paint." In fact, numerous Chinese painters pursued artistic education abroad during the time, and Guan Zuolin served as an emblematic figure of that era, marking the dawn of Sino-Western artistic exchange as Sino-Western economic and trade activities flourished.

During the year 1825, the renowned British artist George Chinnery resided in Macao, where he played a significant role in influencing the art scene in Guangdong by infusing it with renewed energy.

During the period spanning from the 18th to the mid-19th centuries, these images served as a means for Westerners residing on the opposite side of the globe to gain insight into the far-off and enigmatic Chinese culture.

During the late 19th century, photography was introduced to China, causing a decline in the artistic quality of Cantonese oil paintings. Following the five-port trade agreement, Guangzhou lost its monopoly privilege during the port trade period. As a result, many foreign painters sought development in Shanghai, Hong Kong, and other places, leading to a decline in the creation of oil paintings depicting social life and social production in Guangdong.

("A Study of Paintings Depicting Guangdong's Social Production and Everyday Life in the Eighteenth and Nineteenth Centuries," *Accommodating in the Visual: Early Chinese Western-style painting*)

Produção Social e Vida Urbana

Wei Wei

As cenas da vida social nas pinturas a óleo de Guangdong durante a dinastia Qing incluem principalmente a vida nos pátios residenciais dos comerciantes abastados, assim como a vida quotidiana das populações urbanas e rurais. Reproduções de actividades produtivas da sociedade focam-se principalmente em actividades tradicionais chinesas como o fabrico de porcelana e a produção de chá. Pinturas a óleo que abordavam a vida quotidiana e as actividades produtivas sociais de Guangdong tornaram-se as obras de arte mais caras a seguir aos retratos a óleo, uma vez que incidiam sobre temas tipicamente orientais, implicavam a utilização de materiais escassos e empregavam técnicas expressivas difíceis de dominar. Estas pinturas a óleo eram uma mercadoria exportada em grande quantidade desde Guangzhou para a Europa e constituía uma fonte de rendimento considerável para os próprios pintores e para o governo Qing, para além de oferecer aos europeus uma perspectiva autêntica sobre a misteriosa sociedade chinesa.

Movidos por interesses comerciais, pintores que ganhavam a vida pela venda das suas obras reuniram-se gradualmente em Guangzhou e aí formaram novas colectividades de pintores e contribuíam para aumentar o número de pintores entre o povo na China. Na dinastia Qing, Guangzhou estava afastada do núcleo da cultura tradicional chinesa e, tendo comerciantes e pintores um estatuto social inferior, esses artistas chineses especializados na pintura ao estilo ocidental, embora muito conhecidos no exterior, foram durante muito tempo esquecidos pelos estudiosos chineses e estrangeiros. Actualmente, apenas alguns deles são conhecidos pelo nome.

No sentido de atender aos gostos estéticos em constante mudança de clientes orientais e ocidentais, os inteligentes pintores de Guangzhou possuíam diversas habilidades, mas cada um se destacava na sua área. Por exemplo, o pintor Spoilum era muito conhecido no estrangeiro durante os finais do século XVIII pelas suas excelentes técnicas de pintura de retratos a óleo. Por sua vez, Sunqua e Youqua eram mundialmente famosos pelas suas pinturas de cenas portuárias. Porém, para atender às necessidades do mercado, também participaram na criação de pinturas a óleo que reflectiam a vida social em Guangdong.

Além dos artistas de pintura a óleo formados localmente, alguns outros estudaram na Europa e dominaram as técnicas puras de expressão em pintura a óleo do classicismo ocidental. De acordo com a *Continuação da Crónica Distrital de Nanhai*, "*Guan Zuolin, com o nome de cortesia Cangsong, natural da aldeia de Sizhujing, em Jiangpu, provém duma família pobre e ganha a vida por meio da sua habilidade. Recusando-se a viver sob tecto alheio, optou por viajar pela Europa e América, visitou vários países e, maravilhado pela expressividade da pintura a óleo, aprendeu ele mesmo a pintar.*" Na verdade, durante este período, bastantes pintores chineses viajavam para o estrangeiro em busca de educação artística. Guan Zuolin foi uma figura emblemática da época, um indicador de que as portas para os intercâmbios artísticos entre a China e o Ocidente se abriam lentamente ao mesmo tempo que as actividades económica e comercial prosperavam.

Em 1825, o pintor britânico George Chinnery fixou-se em Macau e a sua presença deu um poderoso impulso à transformação do estilo de arte ocidental em Guangdong.

Durante o período que se estende do século XVIII aos meados do século XIX, foi precisamente por meio de obras de arte como estas que os ocidentais, que residiam no lado oposto do globo, podiam ficar a conhecer a distante e misteriosa sociedade chinesa.

Nos finais do século XIX, a fotografia foi introduzida na China, provocando uma decadência na qualidade artística das pinturas a óleo de Guangdong. Após o acordo comercial que decretou a abertura de cinco portos chineses ao comércio externo, Guangzhou perdeu o monopólio que havia detido durante o período de "comércio em porto único". Muitos pintores estrangeiros mudaram-se para outras cidades como Shanghai e Hong Kong em busca de melhores oportunidades, levando ao declínio das pinturas a óleo que representavam a vida e a produção social em Guangdong.

(Extracto de "Estudo das Pinturas a Óleo sobre Produção e Vida Social em Guangdong nos Séculos XVIII e XIX" in *Acomodação na Visualidade: Primórdios da Pintura ao Estilo Ocidental na China*)

（传）顺呱

◇

《华南园林风景·佳人赏花》
1850 年代
布面油画
45.7×60cm
银川当代美术馆藏

Sunqua (attribute to)

◇

Chinese Garden in Autumn
1850s
Oil on canvas
45.7×60cm
Collection of Museum of Contemporary Art Yinchuan

(atributo a) Sunqua

◇

Jardim Chinês no Outono
1850s
Pintura a óleo sobre tela
45.7 x 60cm
Colecção do Museu de Arte Contemporânea de Yinchuan

（传）顺呱

◇

《华南园林风景·佳人闲情》
1850 年代
布面油画
45.6×59.9cm
银川当代美术馆藏

Sunqua (attribute to)

◇

Chinese Garden in Winter
1850s
Oil on canvas
45.6×59.9cm
Collection of Museum of Contemporary Art Yinchuan

(atributo a) Sunqua

◇

Jardim Chinês no Inverno
1850s
Pintura a óleo sobre tela
45.6 x 59.9cm
Colecção do Museu de Arte Contemporânea de Yinchuan

顺呱

◇

《花园春色一》
19 世纪中期
布面油画
45.6×59.4cm
银川当代美术馆藏

Sunqua

◇

Chinese Garden I
Mid-19th Century
Oil on canvas
45.6×59.4cm
Collection of Museum of Contemporary Art Yinchuan

Sunqua

◇

Jardim Chinês I
Meados do século XIX
Pintura a óleo sobre tela
45.6 × 59.4cm
Colecção do Museu de Arte Contemporânea de Yinchuan

顺呱

◇

《花园春色二》
19 世纪中期
布面油画
44.6×58.5cm
银川当代美术馆藏

Sunqua

◇

Chinese Garden II
Mid-19th Century
Oil on canvas
44.6×58.5cm
Collection of Museum of
Contemporary Art Yinchuan

Sunqua

◇

Jardim Chinês II
Meados do século XIX
Pintura a óleo sobre tela
44.6 x 58.5cm
Colecção do Museu de Arte
Contemporânea de Yinchuan

佚名

◇

《伍家花园》

19 世纪中期

通草纸本水彩

19.5×27cm

银川当代美术馆藏

Unknown Artist

◇

The Garden of Howqua

Mid-19th Century

Watercolour on pith paper

19.5×27cm

Collection of Museum of Contemporary Art Yinchuan

Artista Desconhecido

◇

O Jardim de Howqua

Meados do século XIX

Aquarela sobre papel

19.5 x 27cm

Colecção do Museu de Arte Contemporânea de Yinchuan

佚名

◇

《河南伍园》
1860 年代
布面油画
75×112.6cm
银川当代美术馆藏

Unknown Artist

◇

The Garden of Howqua
1860s
Oil on canvas
75×112.6cm
Collection of Museum of Contemporary Art Yinchuan

Artista Desconhecido

◇

O Jardim de Howqua
1860s
Pintura a óleo sobre tela
75 x 112.6cm
Colecção do Museu de Arte Contemporânea de Yinchuan

佚名

◇

《广州洋塘清华池馆风景》
19 世纪中晚期
布面油画
31.3×43cm
银川当代美术馆藏

Unknown Artist

◇

Chinese Garden
Mid to Late 19th Century
Oil on canvas
31.3×43cm
Collection of Museum of Contemporary Art Yinchuan

Artista Desconhecido

◇

Jardim Chinês
Meados e finais do século XIX
Pintura a óleo sobre tela
31.3 × 43cm
Colecção do Museu de Arte Contemporânea de Yinchuan

（传）庭呱

◇

《中国庭园生活一景·一》
19 世纪中期
布面油画
45.8×59.5cm
银川当代美术馆藏

Tingqua (attribute to)

◇

Chinese Garden
Mid-19th Century
Oil on canvas
45.8×59.5cm
Collection of Museum of Contemporary Art Yinchuan

(atributo a) Tingqua

◇

Jardim Chinês I
Meados do século XIX
Pintura a óleo sobre tela
45.8 x 59.5cm
Colecção do Museu de Arte Contemporânea de Yinchuan

（传）庭呱

◇

《中国庭园生活一景·二》

19 世纪中期

布面油画

46.6×60.5cm

银川当代美术馆藏

Tingqua (attribute to)

◇

Chinese Garden

Mid-19th Century

Oil on canvas

46.6×60.5cm

Collection of Museum of Contemporary Art Yinchuan

(atributo a) Tingqua

◇

Jardim Chinês II

Meados do século XIX

Pintura a óleo sobre tela

46.6 × 60.5cm

Colecção do Museu de Arte Contemporânea de Yinchuan

煜呱

◇

《故园旧事·春·赏花》
19 世纪中期
布面油画
45.9×59.5cm
银川当代美术馆藏

Youqua

◇

Chinese Garden
Mid-19th Century
Oil on canvas
45.9×59.5cm
Collection of Museum of Contemporary Art Yinchuan

Youqua

◇

Jardim Chinês
Meados do século XIX
Pintura a óleo sobre tela
45.9 x 59.5cm
Colecção do Museu de Arte Contemporânea de Yinchuan

煜呱

◇

《故园旧事·夏·对弈》
19 世纪中期
布面油画
45.8×59.1cm
银川当代美术馆藏

Youqua

◇

Chinese Garden
Mid-19th Century
Oil on canvas
45.8×59.1cm
Collection of Museum of Contemporary Art Yinchuan

Youqua

◇

Jardim Chinês
Meados do século XIX
Pintura a óleo sobre tela
45.8 × 59.1cm
Colecção do Museu de Arte Contemporânea de Yinchuan

煜呱

◇

《故园旧事・秋・弹唱》

19 世纪中期

布面油画

45.4×68.5cm

银川当代美术馆藏

Youqua

◇

A Domestic Scene

Mid-19th Century

Oil on canvas

45.4×68.5cm

Collection of Museum of Contemporary Art Yinchuan

Youqua

◇

Uma Cena Doméstica

Meados do século XIX

Pintura a óleo sobre tela

45.4 x 68.5cm

Colecção do Museu de Arte Contemporânea de Yinchuan

煜呱

◇

《故园旧事・冬・斗鹌鹑》
19 世纪中期
布面油画
45.8×59.7cm
银川当代美术馆藏

Youqua

◇

A Domestic Scene
Mid-19th Century
Oil on canvas
45.8×59.7cm
Collection of Museum of Contemporary Art Yinchuan

Youqua

◇

Uma Cena Doméstica
Meados do século XIX
Pintura a óleo sobre tela
45.8 × 59.7cm
Colecção do Museu de Arte Contemporânea de Yinchuan

佚名

◇

《中国学者》
19 世纪中期
布面油画
43.2×34.5cm
银川当代美术馆藏

Unknown Artist

◇

An Elderly Scholar
Mid-19th Century
Oil on canvas
43.2×34.5cm
Collection of Museum of Contemporary Art Yinchuan

Artista Desconhecido

◇

Um Estudioso Chinês
Meados do século XIX
Pintura a óleo sobre tela
43.2 x 34.5cm
Colecção do Museu de Arte Contemporânea de Yinchuan

佚名

◇

《中国学者之妻》
19 世纪中期
布面油画
43.4×34.3cm
银川当代美术馆藏

Unknown Artist

◇

The Wife of a Chinese Scholar
Mid-19th Century
Oil on canvas
43.4×34.3cm
Collection of Museum of Contemporary Art Yinchuan

Artista Desconhecido

◇

A Esposa de um Estudioso Chinês
Meados do século XIX
Pintura a óleo sobre tela
43.4 × 34.3cm
Colecção do Museu de Arte Contemporânea de Yinchuan

方呱

◇

《庭院风景》
19 世纪中后期
布面油画
45.5×59.3cm
银川当代美术馆藏

Fongqua

◇

Chinese Garden
Mid to Late 19th Century
Oil on canvas
45.5×59.3cm
Collection of Museum of Contemporary Art Yinchuan

Fongqua

◇

Jardim Chinês
Meados e finais do século XIX
Pintura a óleo sobre tela
45.5 x 59.3cm
Colecção do Museu de Arte Contemporânea de Yinchuan

（传）史贝霖

◇

《书香门第》
18 世纪晚期
玻璃镜背面油画
51.4×68.8cm
银川当代美术馆藏

Spoilum (attribute to)

◇

A Mandarin and His Wife
Late 18th Century
Reversed oil painting on mirror
51.4×68.8cm
Collection of Museum of
Contemporary Art Yinchuan

(atributo a) Spoilum

◇

Um Mandarim e Sua Esposa
Finais do século XVIII
Pintura a óleo invertida no
espelho
51.4 × 68.8cm
Colecção do Museu de Arte
Contemporânea de Yinchuan

(传)史贝霖

◇

《卿卿我我》
18世纪晚期
玻璃镜背面油画
51.4×68.8cm
银川当代美术馆藏

Spoilum (attribute to)

◇

A Chinese Official Flirting with His Wife
Late 18th Century
Reversed oil painting on mirror
51.4×68.8cm
Collection of Museum of Contemporary Art Yinchuan

(atributo a) Spoilum

◇

Um Mandarim Chinês Flertando Com Sua Esposa
Finais do século XVIII
Pintura a óleo invertida no espelho
51.4 × 68.8cm
Colecção do Museu de Arte Contemporânea de Yinchuan

史贝霖

◇

《牧羊女》
1770—1790 年
玻璃镜背面油画
71.9×63.4cm
银川当代美术馆藏

Spoilum

◇

A Pastoral Scene
1770-1790
Reversed oil painting on mirror
71.9×63.4cm
Collection of Museum of Contemporary Art Yinchuan

Spoilum

◇

Uma Cena Pastoral
1770-1790
Pintura a óleo invertida no espelho
71.9 × 63.4cm
Colecção do Museu de Arte Contemporânea de Yinchuan

（传）史贝霖

◇

《阳台上的行商一家》

1800—1810 年

布面油画

51.5×64.3cm

银川当代美术馆藏

Spoilum (attribute to)

◇

The Hong Merchant Family on the Chinese Terrace

1800–1810

Oil on canvas

51.5×64.3cm

Collection of Museum of Contemporary Art Yinchuan

(atributo a) Spoilum

◇

A Família de um Mercador Chinês no Terraço

1800–1810

Pintura a óleo sobre tela

51.5 × 64.3cm

Colecção do Museu de Arte Contemporânea de Yinchuan

佚名
◇
《庭院小曲》
19 世纪中晚期
布面油画
45.8×59.3cm
银川当代美术馆藏

Unknown Artist
◇
Domestic Scene
Mid to Late 19th Century
Oil on canvas
45.8×59.3cm
Collection of Museum of Contemporary Art Yinchuan

Artista Desconhecido
◇
Cena Doméstica
Meados e finais do século XIX
Pintura a óleo sobre tela
45.8 × 59.3cm
Colecção do Museu de Arte Contemporânea de Yinchuan

佚名

◇

《居家生活》
19 世纪早期
布面油画
39.3×51cm
银川当代美术馆藏

Unknown Artist

◇

Domestic Scene
Early 19th Century
Oil on canvas
39.3×51cm
Collection of Museum of Contemporary Art Yinchuan

Artista Desconhecido

◇

Cena Doméstica
Início do século XIX
Pintura a óleo sobre tela
39.3 x 51cm
Colecção do Museu de Arte Contemporânea de Yinchuan

佚名

◇

《家中一景》
19 世纪中期
布面油画
50.7×63.5cm
银川当代美术馆藏

Unknown Artist

◇

Domestic Scene
Mid-19th Century
Oil on canvas
50.7×63.5cm
Collection of Museum of Contemporary Art Yinchuan

Artista Desconhecido

◇

Cena Doméstica
Meados do século XIX
Pintura a óleo sobre tela
50.7 × 63.5cm
Colecção do Museu de Arte Contemporânea de Yinchuan

佚名

◇

《游戏牌九》
19 世纪
布面油画
50.5×64.5cm
银川当代美术馆藏

Unknown Artist

◇

Pai Gow
19th Century
Oil on canvas
50.5×64.5cm
Collection of Museum of Contemporary Art Yinchuan

Artista Desconhecido

◇

Pai Gow
Século XIX
Pintura a óleo sobre tela
50.5 x 64.5cm
Colecção do Museu de Arte Contemporânea de Yinchuan

佚名

◇

《耍纸牌》
1820—1830 年
布面油画
50.9×63.9cm
银川当代美术馆藏

Unknown Artist

◇

Playing a Card Game
1820–1830
Oil on canvas
50.9×63.9cm
Collection of Museum of Contemporary Art Yinchuan

Artista Desconhecido

◇

Jogar Cartas
1820–1830
Pintura a óleo sobre tela
50.9 × 63.9cm
Colecção do Museu de Arte Contemporânea de Yinchuan

佚名

◇

《茶园小憩》
1810—1820 年
布面油画
43.8×59cm
银川当代美术馆藏

Unknown Artist

◇

A Break in the Tea Garden
1810–1820
Oil on canvas
43.8×59cm
Collection of Museum of Contemporary Art Yinchuan

Artista Desconhecido

◇

Uma Pausa no Jardim de Chá
1810–1820
Pintura a óleo sobre tela
43.8 x 59cm
Colecção do Museu de Arte Contemporânea de Yinchuan

佚名

◇

《洗瓷器》
19 世纪中期
纸本水彩
39.1 × 50.3cm
银川当代美术馆藏

Unknown Artist

◇

Washing Porcelain Wares
Mid-19th Century
Watercolour on paper
39.1 × 50.3cm
Collection of Museum of Contemporary Art Yinchuan

Artista Desconhecido

◇

Lavar Artigos de Porcelana
Meados do século XIX
Aquarela sobre papel
39.1 × 50.3cm
Colecção do Museu de Arte Contemporânea de Yinchuan

佚名

◇

《落桶图》
19 世纪中期
纸本水彩
39.3×50.8cm
银川当代美术馆藏

Unknown Artist

◇

Dropping a Vase
Mid-19th Century
Watercolour on paper
39.3×50.8cm
Collection of Museum of Contemporary Art Yinchuan

Artista Desconhecido

◇

Partir um Vaso
Meados do século XIX
Aquarela sobre papel
39.3 x 50.8cm
Colecção do Museu de Arte Contemporânea de Yinchuan

佚名

◇

《瓷器入窑》
19 世纪中期
纸本水彩
43.6×54.5cm
银川当代美术馆藏

Unknown Artist

◇

Putting Wares to the Kiln
Mid-19th Century
Watercolour on paper
43.6×54.5cm
Collection of Museum of Contemporary Art Yinchuan

Artista Desconhecido

◇

Colocar Louças no Forno
Meados do século XIX
Aquarela sobre papel
43.6 x 54.5cm
Colecção do Museu de Arte Contemporânea de Yinchuan

佚名

◇

《包装瓷器》
19 世纪中期
纸本水彩
44.2 × 54.8cm
银川当代美术馆藏

Unknown Artist

◇

Packing Porcelain Wares
Mid-19th Century
Watercolour on paper
44.2 × 54.8cm
Collection of Museum of Contemporary Art Yinchuan

Artista Desconhecido

◇

Embalar Porcelana
Meados do século XIX
Aquarela sobre papel
44.2 x 54.8cm
Colecção do Museu de Arte Contemporânea de Yinchuan

佚名

◇

《变魔术》

19 世纪早期

布面油画

60.1×80.8cm

银川当代美术馆藏

Unknown Artist

◇

A Magician Showing Tricks

Early 19th Century

Oil on canvas

60.1×80.8cm

Collection of Museum of Contemporary Art Yinchuan

Artista Desconhecido

◇

Fazer Mágica

Início do século XIX

Pintura a óleo sobre tela

60.1 x 80.8cm

Colecção do Museu de Arte Contemporânea de Yinchuan

侠名

◇

《中国粤剧》

约 1860 年

布面油画

79×112cm

银川当代美术馆藏

Unknown Artist

◇

Cantonese Opera

Circa 1860

Oil on canvas

79×112cm

Collection of Museum of Contemporary Art Yinchuan

Artista Desconhecido

◇

Ópera Cantonense

Circa 1860

Pintura a óleo sobre tela

79 x 112cm

Colecção do Museu de Arte Contemporânea de Yinchuan

钱纳利

楼望杰

乔治·钱纳利1774年1月5日出生于英国伦敦弗利特（Fleet）街高夫（Gough）广场4号。其祖父老威廉·钱纳利（William Chinnery，1709—1791）是著名的书写大师；而钱纳利的父亲小威廉既继承了其父的书写技巧，还发展了对绘画的爱好，其肖像作品曾于1764年在自由艺术家协会（Free Society of Artists）展出，同时亦有素描作品保存于其家族后人手中。从日后钱纳利速写上的笔记逆推，不难发现家传的书写技巧对他的影响，而且他能较早地展现其艺术天赋，17岁（1791年）就在皇家美术学院展出作品。

1792年7月6日，钱纳利入学英国皇家美术学院。进入学院之后，他一方面追随科斯韦的风格，继续创作细密画，另一方面努力接受学院的训练和聆听院士的教导，其中雷诺兹每年或隔年发表的讲演对他产生了深远的影响。总体而言，细密画的创作帮助钱纳利打下了坚实的素描基础并熟悉了水彩画的创作，为其日后成为肖像和风景画家创造了条件；在学院的学习既让他得以见到各个时代的杰作并加以模仿，也让他对绘画形成较为全面的认识，使他在日后得以确立起个人的画风。英国皇家美术学院是钱纳利正式成长为画家的地方，也是其日后辉煌成就的起点。

1796年6月，钱纳利来到了爱尔兰都柏林。在这里，他被选为附属于都柏林皇家协会的素描学校的指导员，而后又被任命为1800年成立的爱尔兰艺术家协会的秘书。在事业获得成功之际，钱纳利也收获了爱情。1799年4月19日，他与房东的二女儿玛丽安娜·瓦因（Marianne Vigne）喜结连理，在随后的两年拥有了一对儿女。但好景不长，爱尔兰的社会动荡导致了大批艺术赞助人的离开，而钱纳利夫妇之间似乎也出现了感情问题，最终钱纳利决定离开，另辟天地。

钱纳利于1802年6月11日搭乘“吉维尔”（Gilwell）号前往印度，于当年12月21日抵达了印度马德拉斯，并在朋友的介绍下进入当地的社交圈，得到了作画的委托。之后，他往返于马德拉斯、达卡、加尔各答、孟加拉等地为人作画，成为印度地区的重要画家。

儿子约翰的去世以及夫妻间的矛盾导致其家庭生活非常不如意，更兼经济上的困顿，使得钱纳利曾于1821年前往不受英国法律管束的萨林普（Serampore）避难。最后在1825年远赴中国，于1825年9月29日抵达澳门，往返于澳门和广州两地。对经济不甚宽裕的钱纳利而言，画画和参与宴会是生活中非常重要的两个部分。

早在18世纪下半叶，中国沿海的广州等地就已经出现了许多以西方风格创作的外销画家（或称洋风画家），钱纳利到来之后，凭借其精湛的技巧和新的画风，他的画作很快就风靡一时，对中国早期外销画风格的转变产生了积极的影响，是以在晚清油画史上占据了一席之地。

同时，自1830年起，钱纳利恢复在皇家美术学院展出作品，其创作的《马礼逊像》《浩官像》和《自画像》等都曾在学院展出。钱纳利再次成了西方人社交圈中的宠儿，不断有人邀请其进餐和赴宴（当然，很多时候其实是主动蹭饭）。但是由于西方人的数量太少以及面临中国港口画家的竞争，钱纳利很难凭借为人作画营生，尤其是在鸦片战争前后大批西方富人离去之后，他的生活愈发需要仍在中国的西方人善意的接济，而他则用画作以及陪伴、逗乐等回报。

随着年事渐增，他本人甚至成了澳门的一个活的景点，很多人专门到他在澳门的画室拜访他。最后，1852年5月30日，钱纳利在W. C. 亨特、帕特里克·斯图尔特（Patrick Stewart）和帕西人鲁斯托吉姆（Hurjeebhoy Rustomjee）的陪伴下去世，其财产由于无人认领而在澳门拍卖，成为当年的一大盛事。

（节选自《视觉的调适——中国早期洋风画》，“钱纳利”）

George Chinnery

Lou Wangjie

George Chinnery was born on January 5, 1774, at 4 Gough Square, Fleet Street, London, England. His grandfather, William Chinnery (1709–1791), was a famous engraver of letters and a writing master. George's father, William Jr., inherited his father's writing skills and developed a painting hobby. His portrait works were exhibited at the Free Society of Artists in 1764, and there are also drawings preserved in the descendants of his family. From the notes on George Chinnery's sketches, it is easy to find the influence of his family's writing skills on him, and he could express his artistic talent earlier. At seventeen, he exhibited his work at the Royal Academy of Arts in 1791.

On July 6, 1792, Chinnery entered the Royal Academy of Arts. After entering the academy, on the one hand, he followed Richard Cosway's style and continued to create miniature paintings; on the other hand, he worked hard to accept the training of the academy and listen to the teachings of the academicians, among which the lectures delivered by Reynolds every year or every other year had a profound impact on him. Overall, the creation of miniature paintings helped Chinnery lay a solid foundation for sketching and become familiar with the creation of watercolours, which created the conditions for him to become a portrait and landscape painter in the future. Masterpieces and imitation also allowed him to form a more comprehensive understanding of painting, ultimately enabling him to establish his own style of painting in the future. The Royal Academy of Arts is where Chinnery formally grew up as a painter and is the starting point of his future brilliant achievements.

In June 1796, Chinnery arrived in Dublin, Ireland. He was elected instructor of the School of Drawing attached to the Royal Dublin Society and later appointed secretary of the Society of Artists of Ireland, founded in 1800. When his career became successful, Chinnery also fell in love. On April 19, 1799, he married his landlord's second daughter, Marianne Vigne, and they had a pair of children in the following two years. But the good times did not last long. The social turmoil in Ireland led to the departure of many art patrons, and there seemed to be emotional problems between the Chinnery couple. In the end, Chinnery decided to leave and find another world.

Chinnery departed for India on June 11, 1802,

on a ship named Gilwell. He arrived in Madras, India, on December 21 of that year, entered the local social circle and subsequently was commissioned to make art. After that, he travelled back and forth to Madras, Dhaka, Calcutta, Bangladesh and other places to paint for others, becoming a well-known painter in India.

Due to the unsatisfactory family life caused by the death of his son John, the conflicts with his wife, as well as financial difficulties, Chinnery took refuge in Serampore, which was not subject to British law, in 1821. Finally, he went to China in 1825 and arrived in Macao on September 29, 1825. He went back and forth between Macao and Guangzhou. For Chinnery, who was not well off, painting and participating in banquets were two very important parts in his life.

As early as the second half of the 18th century, many export painters (or Western-style painters) created in Western style appeared in Guangzhou and other places on the coast of China. After Chinnery's arrival, with his superb skills and new style of painting quickly became popular, which had a positive impact on the transformation of the style of early Chinese export paintings, and thus occupied a place in the history of Late Qing's oil paintings.

At the same time, since 1830, Chinnery resumed exhibiting works at the Royal Academy of Arts, and his creations such as *Portrait of John Robert Morrison*, *Portrait of Howqua* and *Self-Portrait* were all exhibited at the Academy. Chinnery was once again well-recognised in the Western social circle and was constantly invited to dinners and balls (of course, in many cases, he took the initiative), but due to the small number of Westerners and the competition from Chinese port painters, It is difficult for Chinnery to make a living by painting for others, especially after a large number of wealthy Westerners left around the Opium War.

As he grew older, he himself even became a living attraction in Macao, and many people specially visited him in his studio in Macao. Finally, on May 30, 1852, Chinnery died in the company of W. C. Hunter, Patrick Stewart and Hurjeebhoy Rustomjee. His property was auctioned in Macao as unclaimed and became a significant event of the year.

("George Chinnery," *Accommodating in the Visual: Early Chinese Western-style painting*)

George Chinnery

Lou Wangjie

George Chinnery nasceu a 5 de Janeiro de 1774, em Gough Square, No. 4, Fleet Street, Londres, Inglaterra. O seu avô, William Chinnery (1709–1791), foi um conhecido mestre de caligrafia. O pai de George Chinnery, William Jr., herdou o talento do seu pai para a caligrafia e desenvolveu um gosto pela pintura. Retratos da sua autoria foram exibidos na Sociedade Livre de Artistas em 1764, e existem também esboços preservados entre os seus descendentes da família. A partir das notas nos esboços de George Chinnery, é fácil perceber a influência que o talento da sua família para a caligrafia exerceu sobre ele. Chinnery desde cedo deixou transparecer o seu talento artístico. Em 1791, aos 17 anos, expunha já o seu trabalho na Academia Real de Arte.

Em 6 de Julho de 1792, George Chinnery entrou na Academia Real de Arte. Após ingressar na Academia, seguiu, por um lado, o estilo de Richard Cosway e continuou a criar pinturas em miniatura; por outro lado, tirou o melhor partido da formação que recebeu na Academia, prestando particular atenção às orientações dos instrutores. As palestras ministradas anualmente ou bi-anualmente por Reynolds tiveram uma influência muito profunda sobre Chinnery. De modo geral, a criação de pinturas em miniatura ajudou-o a consolidar as bases da sua técnica de esboço e a familiarizar-se com a produção de aguarelas, criando as condições para a sua carreira futura como pintor de retratos e de paisagens. O estudo na Academia permitia-lhe não apenas conhecer e imitar obras-primas dos mais diversos períodos, como também obter um conhcimento abrangente sobre pintura que o tornou capaz de estabelecer o seu próprio estilo posteriormente. Foi na Academia Real de Arte que Chinnery se tornou formalmente um pintor, e a Academia foi também é o ponto de partida para os seus futuros êxitos.

Chinnery mudou-se para Dublin em Junho de 1796, e aí foi eleito instrutor da Escola de Desenho afiliada à Sociedade Real de Dublin, e posteriormente nomeado secretário da Sociedade de Artistas da Irlanda, fundada em 1800. Os primeiros sinais de sucesso da sua carreira coincidiram também com o início da sua vida amorosa. Em 19 de Abril de 1799, casou-se com Marianne Vigne, a segunda filha do seu senhorio, e dela teve dois filhos nos dois anos seguintes. Porém, a boa-aventurança não estava para durar. A instabilidade social na Irlanda levou à partida de muitos patronos das artes, e parece que mesmo entre o casal Chinnery foram surgindo algumas tensões emocionais. George Chinnery decidiu abandonar a Irlanda e procurar a sua sorte em outras paragens.

Partiu para a Índia em 11 de Junho de 1802 a bordo do navio Gilwell, e chegou a Madras em 21 de Dezembro do mesmo ano. Por meio da recomendação de amigos, conseguiu ser aceite nos círculos sociais e passou a aceitar encomendas para criar pinturas. No período subsequente, viajou constantemente entre lugares como Madras, Dhaka, Calcutá e Bangladesh, e pintou para diversas pessoas, tornando-se um importante pintor conhecido na Índia.

A tragédia familiar causada pela morte do seu filho John, os conflitos com a esposa e as dificuldades financeiras levaram Chinnery, em 1821, a procurar refúgio em Serampore, que não estava sujeito à lei britânica. Por fim, partiu para a China em 1825, tendo chegado a Macau em 29 de Setembro de 1825. Na China, fez numerosas viagens entre Macau e Guangzhou. Aflito com dificuldades financeiras, para Chinery, a pintura e a participação em banquetes eram duas partes muito importantes da sua vida.

Na segunda metade do século XVIII, iam surgindo em Guangzhou e por toda a parte na área costeira da China muitos artistas dedicados a pinturas para exportação (ou pintores de estilo ocidental) e que se dedicavam à criação de obras de arte ao estilo ocidental. Tendo chegado à China, a excelência técnica de Chinnery e o seu novo estilo de pintura rapidamente tornaram as suas pinturas muito populares, exercendo uma influência muito positiva na transformação do estilo das primeiras pinturas para exportação da China e ocupando um lugar de destaque na história da pintura a óleo durante a dinastia Qing tardia.

Ao mesmo tempo, a partir de 1830, Chinnery retomou a exposição das suas obras na Academia Real de Arte. Trabalhos seus como o Retrato de John Robert Morrison, o Retrato de Howqua e o Auto-retrato foram todos exibidos na Academia. Chinnery foi novamente reconhecido nos círculos sociais e era frequentemente convidado para jantares e banquetes (na verdade, muitas vezes ele próprio se fazia convidado). Porém, o número reduzido de clientes ocidentais e a concorrência dos pintores portuários chineses tornava difícil para Chinnery sustentar-se pintando para outros, nomeadamente após a partida de um grande número de ocidentais abastados antes e depois da Guerra do Ópio. A sua vida tornou-se cada vez mais dependente da generosa ajuda financeira de outros estrangeiros, a quem ele retribuía com as suas pinturas, bem com a sua companhia e entretenimento.

Com o acumular dos seus anos, Chinnery tornou-se uma atracção viva em Macau, e muitas pessoas iam especialmente ao seu estúdio para visitá-lo. Faleceu a 30 de Maio de 1852, na companhia de Patrick Stewart e Hurjeebhoy Rustomjee. O seu património não foi reclamado por ninguém e, como tal, foi leiloado naquilo que se tornou um evento significativo daquele ano.

(Extracto de "Chinnery" in *Acomodação na Visualidade: Primórdios da Pintura ao Estilo Ocidental na China*)

乔治·钱纳利

◇

《自画像》
1802—1825 年
布面油画
24.6×19.1cm
银川当代美术馆藏

George Chinnery

◇

Self-Portrait
1802-1825
Oil on canvas
24.6×19.1cm
Collection of Museum of
Contemporary Art Yinchuan

George Chinnery

◇

Auto-retrato
1802-1825
Pintura a óleo sobre tela
24.6 x 19.1cm
Colecção do Museu de Arte
Contemporânea de Yinchuan

乔治·钱纳利

◇

《詹姆士·威尔逊肖像》
约 19 世纪中期
布面油画
77.2×63.8cm
银川当代美术馆藏

George Chinnery

◇

Portrait of James Wilson
Mid-19th Century
Oil on canvas
77.2×63.8cm
Collection of Museum of Contemporary Art Yinchuan

George Chinnery

◇

Retrato de James Wilson
Meados do século XIX
Pintura a óleo sobre tela
77.2 x 63.8cm
Colecção do Museu de Arte Contemporânea de Yinchuan

乔治·钱纳利

◇

《多林顿上尉肖像》
约 1820 年代
布面油画
76.1×63.5cm
银川当代美术馆藏

George Chinnery

◇

Portrait of J. M. Dodington
Circa 1820s
Oil on canvas
76.1×63.5cm
Collection of Museum of Contemporary Art Yinchuan

George Chinnery

◇

Retrato de J. M. Dodington
Circa 1820s
Pintura a óleo sobre tela
76.1 × 63.5cm
Colecção do Museu de Arte Contemporânea de Yinchuan

乔治·钱纳利

◇

《穿白裙的女孩》
19 世纪早期
布面油画
33×29.4cm
银川当代美术馆藏

George Chinnery

◇

A Girl in a White Dress
Early 19th Century
Oil on canvas
33×29.4cm
Collection of Museum of Contemporary Art Yinchuan

George Chinnery

◇

Uma Menina de Vestido Branco
Início do século XIX
Pintura a óleo sobre tela
33 x 29.4cm
Colecção do Museu de Arte Contemporânea de Yinchuan

乔治·钱纳利

◇

《尼尔和苏珊娜·爱德蒙斯通》
1800 年代
纸本铅笔水彩
32.3×26.3cm
银川当代美术馆藏

George Chinnery

◇

Neil and Susanna Edmonstone
1800s
Watercolour on paper
32.3×26.3cm
Collection of Museum of Contemporary Art Yinchuan

George Chinnery

◇

Neil e Susanna Edmonstone
1800s
Aguarela sobre papel
32.3 x 26.3cm
Colecção do Museu de Arte Contemporânea de Yinchuan

乔治·钱纳利

◇

《夏洛特和亨利埃塔·爱德蒙斯通》
1800 年代
纸本铅笔水彩
27.8×21.7cm
银川当代美术馆藏

George Chinnery

◇

Charlotte and Henrietta Edmonstone
1800s
Watercolour on paper
27.8×21.7cm
Collection of Museum of Contemporary Art Yinchuan

George Chinnery

◇

Charlotte e Henrietta Edmonstone
1800s
Aguarela sobre papel
27.8 x 21.7cm
Colecção do Museu de Arte Contemporânea de Yinchuan

乔治 · 钱纳利

◇

《少妇肖像》

1801 年

纸本水彩

25.7×16.8cm

银川当代美术馆藏

George Chinnery

◇

Portrait of a Young Lady

1801

Watercolour on paper

25.7×16.8cm

Collection of Museum of Contemporary Art Yinchuan

George Chinnery

◇

Retrato de uma Mulher Jovem

1801

Aquarela sobre papel

25.7 x 16.8cm

Colecção do Museu de Arte Contemporânea de Yinchuan

乔治·钱纳利

◇

《孟加拉的乡村 一》
1802—1825 年
纸本速写（钢笔、水墨）
11.6×18cm
银川当代美术馆藏

George Chinnery

◇

A Chowkidar Outside His Thannah
1802–1825
Pencil and ink on paper
11.6×18cm
Collection of Museum of Contemporary Art Yinchuan

George Chinnery

◇

Uma Aldeia em Bangladesh I
1802–1825
Esboços em papel (caneta, tinta)
11.6 × 18cm
Colecção do Museu de Arte Contemporânea de Yinchuan

乔治·钱纳利

◇

《孟加拉的乡村 二》
1802—1825 年
纸本速写（钢笔、水墨）
11.3 × 18.2cm
银川当代美术馆藏

George Chinnery

◇

A Chowkidar Outside His Thannah
1802–1825
Pencil and ink on paper
11.3 × 18.2cm
Collection of Museum of Contemporary Art Yinchuan

George Chinnery

◇

Uma Aldeia em Bangladesh II
1802–1825
Esboços em papel (caneta, tinta)
11.3 × 18.2cm
Colecção do Museu de Arte Contemporânea de Yinchuan

乔治·钱纳利

◇

《修整木船》
1825—1852 年
布面油画
26.5×21.5cm
银川当代美术馆藏

George Chinnery

◇

Repairing Boats
1825-1852
Oil on canvas
26.5×21.5cm
Collection of Museum of Contemporary Art Yinchuan

George Chinnery

◇

Consertar Barcos de Madeira
1825-1852
Pintura a óleo sobre tela
26.5 x 21.5cm
Colecção do Museu de Arte Contemporânea de Yinchuan

乔治·钱纳利

◇

《渔归》
1825—1852 年
布面油画
10.1×14.6cm
银川当代美术馆藏

George Chinnery

◇

A Chinese Fisherman
1825–1852
Oil on canvas
10.1×14.6cm
Collection of Museum of Contemporary Art Yinchuan

George Chinnery

◇

Um Pescador Chinês
1825–1852
Pintura a óleo sobre tela
10.1 × 14.6cm
Colecção do Museu de Arte Contemporânea de Yinchuan

（传）乔治・钱纳利

◇

《渔村》
1825—1852 年
布面油画
30×50.4cm
银川当代美术馆藏

George Chinnery (attribute to)

◇

A Chinese Coastal Scene With Beached Sampans by a Bamboo Grove
1825–1852
Oil on canvas
30×50.4cm
Collection of Museum of Contemporary Art Yinchuan

(atributo a) George Chinnery

◇

Uma Aldein Piscatória
1825–1852
Pintura a óleo sobre tela
30 x 50.4cm
Colecção do Museu de Arte Contemporânea de Yinchuan

（传）乔治·钱纳利

◇

《南湾》
1825—1852 年
布面油画
33.9×59.6cm
银川当代美术馆藏

George Chinnery (attribute to)

◇

Nanwan, Macao
1825-1852
Oil on canvas
33.9×59.6cm
Collection of Museum of Contemporary Art Yinchuan

(atributo a) George Chinnery

◇

Praia Grande, Macau
1825-1852
Pintura a óleo sobre tela
33.9 × 59.6cm
Colecção do Museu de Arte Contemporânea de Yinchuan

后 记

吕 澎

在历史学领域，如何确定 19 世纪的时间，并不是一件很容易的事情。以欧洲人的观点看，从 1815 年拿破仑的倒台到 1914 年第一次世界大战的爆发，也许可以成为属于 19 世纪的时间；西方历史学家关注工业革命给人类带来的变化，而另一些专家也通过经济数据去寻找人类发展史的节点或者转折性的边界。对于中国人来说，尽管有传教士带来的基督诞生日作为世纪的概念，但朝代更替、周而复始的绵延是他们熟悉的时间。14 世纪开始在欧洲出现并于 18 世纪臻于顶峰的受中国包括远东文化影响的"中国风"表明欧洲人对中国的向往[1]，不过，在马嘎尔尼使团到达中国的 1793 年，那些来自大不列颠的英国人看到了一个并非之前被欧洲人描述为神秘和诗情画意的中国图像：

> 这样多的人口，这样广袤的地面上，遵守着一个统一的政治制度和法律，有共同的语言文字和生活方式，俯首帖耳于君主一人的绝对统治下。他们同世界其余的人在许多方面有很大悬殊，他们闭关自守，同其余世界无争，但也不愿同其余世界有任何往来。[2]

而在大清国度，已不断有人感受到世事的麻烦，民间白莲教军持续九年的起事[3]虽然被镇压下去，但也象征着后面不断出现的世乱。用今天的话来表述：一个让人日益不安的世纪即将到来。总之，划分历史阶段的着眼点的确可以不同。

---

〔1〕 这个受中国或远东文化影响的欧洲现象导致 1839 年出现法语"Chinoiserie"（"中国风"）这个词汇，并于 1883 年被收入《牛津英语词典》，对这个历史现象给予认真研究的第一部著作是英国艺术史家休奥纳尔的《中国风：契丹梦幻》（1961 年）。

〔2〕 斯当东（Sir George Staunton）：《英使觐见乾隆纪实》，三联书店（香港）有限公司 1994 年版，第 439 页。

〔3〕 这个民间武装暴动从 1796 年持续到 1804 年，即嘉庆元年至嘉庆九年，主要涉事范围是四川、湖北、陕西与河南。民间宗教白莲教（由摩尼教、弥勒教、道教和佛教等各种宗教混合演变而成）起源于唐代摩尼教，长期不为朝廷认可。该教中的平均主义（例如"有患相救，有难相死，不持一钱可周行天下"）被认为是吸引参与民众的主要精髓。参加白莲教起事的主要为失去土地的流民，饥馑与贫困是起事的主要原因。

在历史学领域，早年梁启超（1873—1929）在《中国史叙论》（1901年）中，依照西方历史学的逻辑，将中国史分为“上世史，中世史，近世史”，他对“近世史”这样表述：

近世史，自乾隆末年以至于今日，是为世界之中国，即中国民族合同全亚洲民族，与西人交涉竞争之时代也。又君主专制渐就湮灭，而数千年未经发达之国民立宪政体，将嬗代兴起之时代也。此时代今初萌芽，虽阅时甚短，而其内外之变动，实皆为二千年所未有。

梁提醒了区别于中世史的近世史的具体时间节点是“乾隆末年”，原因是所提示的这个历史时期是“与西人交涉竞争之时代”，“而其内外之变动，实皆为二千年所未有”。的确，在清末与20世纪初的不少文人知识分子看来，用西方新的现代文明来改造中国的旧传统已经成为必要。所以，我们很容易想象并理解：随着西方文明的影响，中国人观看作为人类文明的绘画的视角和方法发生了改变，在现代历史学出现的同时，中国历代画论和关于绘画记述的文章也逐渐被西方人文学科以及艺术史学的方法所取代[1]，这种情况对于那些仅仅精通中国传统思想与文化经典的学者来说，的确困扰于心。

基于历史的理由，我将1793年视为中国19世纪绘画史的开端，中国的历史书将这一年马嘎尔尼使团访问中国仅仅视为一个外交事件，可是，正如大多数了解晚清史的人知道的那样，中国皇帝和他的大多数臣民对这类外邦来朝的事件只看成是一次礼节性的招待，中国皇帝对外来文明，包括物产没有太大的兴趣，乾隆对乔治三世的一道敕谕中的一段话让希望到中国来做生意的英国人包括欧洲人显然感到不安：

其实天朝德威远被，万国来王，种种贵重之物，梯航毕集，无所不有，尔之正使所亲见。然从不贵其巧，并无更需尔国制办物件。是尔国王所请留京一事，于天朝礼制既属不合，而于尔国亦殊觉无益。[2]

我们知道，中国皇帝（包括大部分上层官员）这样的态度差不多一直持续到1900年清廷被八国联军打败。其间，那些了解西方并对中华帝国的未来忧心忡忡的人试图改变中国人的狭隘观念的种种努力常常无济于事。

---

〔1〕早年，姜丹书（1885—1962）、陈师曾（1876—1923）、傅抱石（1904—1965）、滕固（1901—1941）的方法则直接来自德国艺术史学背景。1949年直至1978年的艺术史写作非常严重地受到“唯物主义和唯心主义”意识形态教条的影响。直至20世纪80年代开始，中国艺术史学领域才逐渐有西方艺术史著作翻译的出版。不过，直至今天，关于20世纪大多数阶段——例如延安时期、“文革”时期以及1978年以来的当代——的艺术史写作，也仍然困扰着艺术史领域的作者。事实上，作为历史学的一个分支，艺术史学在中国的充分建设仍需时日。

〔2〕J. L. Cranmer-Byng编：《访华使节：马嘎尔尼勋爵日记，1793—1794》，伦敦1962年版，第340页。转引自史景迁（Jonathan D. Spence）：《追寻现代中国》（*The Search for Modern China*），上海远东出版社2005年版，第140页。

马嘎尔尼使团的主要目的是商业，英国人认为之前大英帝国与中国之间的贸易，远不如先于欧洲很多国家到达中国的葡萄牙与荷兰，实际上，1637 年，英国的商船“伦敦号”才被明确允许抵达澳门，开始与中国的直接贸易。英国这种主动与急迫的情形也表明了直至 18 世纪下半叶在欧洲还普遍存在着的对中国的想象与愿望——当然有马可・波罗（Marco Polo，1254—1324）的《马可・波罗游记》给欧洲人最早而持久的幻想，即欧洲人将中国视为物质和精神财富象征，在各个方面，欧洲人都试图去模拟和再现中国，从文学、戏剧、哲学、建筑以及器物等任何方面去呈现中国风貌与趣味，绘画无疑是一个重要的表现渠道。这样的风气在 18 世纪弥漫欧洲——当然也包括英国。文明的影响不可能是单向的，例如，1600 年，已经有西方人在中国定居[1]；1687 年，懂拉丁文的沈福宗（1657—1692）已经在欧洲，尽管沈福宗最终没有将他在欧洲的见闻带回到中国，但是这一年，拉丁文的《论语》已经出版。可是，当马嘎尔尼使团将他们亲眼看到的中国最终告诉欧洲人之后，连同前前后后更多的中国信息被传递到欧洲，欧洲人对中国的想象终止了。就东西方文化之间演变的情势上看，“东风西渐”为“西风东渐”所替代。在 18 世纪，法国画家将中国的多联屏风构图用于油画作品，而在 19 世纪，中国画家将透视放进对庭院的描绘，使用的材料是油画颜料。

本书描述的是今天可以被笼统称为“艺术”的一段图像史。有相当长的时间，这段图像史中的一些重要部分并不被人们清楚地了解，甚而至今也不被一些艺术史研究者所熟知。在他们看来，不是从清初“四王”所影响的传统绘画成为我们所说的晚清绘画的“主流”，就是人们必须等待 20 世纪随着政治与文化运动兴起的“西画”潮流，可以成为书写中国艺术史的主要内容，结果，一个与特定历史时期相呼应的 19 世纪“绘画史”书写变得非常尴尬——“四王”的文化价值与传统可以上溯到宋元，将“四王”的传统作为晚清最后一百年绘画历史的主体已经显得言之无物；而徐悲鸿、刘海粟、林风眠（即便是李铁夫、冯钢百、李叔同）等人的经历则是 20 世纪中国艺术史要涉及的故事。有清三百年的画家名单的确可以数出不少，但是，那些凭借传统工具（笔、墨、纸、砚）在纸或绢上作画的画家中的大多数的的确确限于延续“四王”的笔墨惯习，他们不过是提供了用于文人墨客或士大夫把玩的趣味，陈独秀提醒说“四王”以降的传统画家大都采用“‘临’、‘摹’、‘仿’、‘抚’四大本领，复写古画”[2]，他差不多把“四王”这个传统抛出了需要认真书写的历史。有中国传统绘画知识的人清楚：陈独秀提及中国画传统中的那些本领不能简单地表述为“复写”，其中的笔墨不仅存在差异，也给我们带来丰富的文化趣味与教养，但是，这样的传统继续前行的空间的确至今也没有看到明显的扩展。早在 20 世纪初，知识界就有“终清一代三百年中，而未尝有绘画”（陈小蝶，1897—1989）的说法，这样的看法接近于至少把 19 世纪

〔1〕 1535 年（嘉靖十四年），已经有葡萄牙人定居澳门，1564 年，澳门已“筑室又不知几许，夷众殆万人矣”。（见庞尚鹏：《抚处濠境澳夷疏》，《百可亭摘稿》卷一，道光十二年刻本。参见《明史・佛郎机传》。）另一方面，1562 年，有耶稣会士定居澳门，1578 年，当耶稣会总长派遣的视察员范礼安到达澳门时，传教士的事业进入发展时期。

〔2〕 参见郎绍君、水天中编：《二十世纪中国美术文选》（上卷），上海书画出版社 1999 年版，第 30 页。

晚清的中国绘画史视为空白。“四王”的绘画传统显然是我们今天所说的艺术，但是，在一个关注“问题”与“方法”、材料以及观念变迁的艺术史里，大多数保持笔墨传统的画家都可以划归到趣味史的研究中。如何书写19世纪的绘画历史，仅仅从笔墨传统去着手已经非常困难，相反，西方文明对中国社会生活与文化艺术的影响，却表现出明显的趋势，这使得最初通过传教、贸易或者其他方式发生的中西交流在视觉图像、制作、材料以及工具上有了超越“笔墨纸砚”传统的历史素材的性质。

正如康熙皇帝对用科学与技术为大清帝国服务的外国人非常优待甚至给予很大程度信任一样，接受外来文明的事实与事实背后的观念会不断生发和变化。这使我们想到：该如何来选取或者确定有历史意义的绘事，以构成艺术史家认识与书写涉及艺术史的课题。除了传统绘画点点滴滴受到外来文明的影响外，被文人士大夫（或者传统文化的精英）看不上的那些“虽工亦匠”（邹一桂：《小山画谱》）的作品，在19世纪的沿海城市一度非常普及，显然应该成为今天的艺术史家关注的对象。

考察欧洲绘画对中国的影响应该从早期意大利传教士在中国的传教事业入手[1]，尽管历史文献浩瀚繁叠，但是，今天的学者们大致认为，从利玛窦（Matteo Ricci，1552—1610）到郎世宁（Giuseppe Castiglione，1688—1766），构成了一条研究明清之际开始的东西艺术相互影响的路线[2]，这条路线还需要深入发掘历史文献，它是元朝之后古老的中国与西方文明重新对话的开始，不过，传教士们前赴后继的努力大致仅仅限于中国宫廷范围的影响，与19世纪的那些带着“坚船利炮”彻底打开中国国门的欧洲人不同，明清之际带着科学与欧洲文化陆续进入中国的传教士都为这个古老的国度走向新文明做出了贡献。在绘画方面，尽管传教士画家在中国宫廷留下了令人印象深刻的艺术故事——从利玛窦带来的西方原作到郎世宁等欧洲人在中西艺术之间保持风格与手法的平衡，绘制了大量有历史文献和艺术史意义的作品，但是在题材、出发点和方法上与19世纪出现在沿海民间社会中的“洋风画”及其影响比较，这些作品大致是传教士们不得不采取的文化适应策略的结果，从出发点和目的上看，与之后在19世纪里欧洲绘画对中国的影响及其结果显然不属于同一个历史段落。

利玛窦是受先期到达澳门的耶稣会视察员范礼安（Alessandro Valignano，1539—1606）的激励与安排到达中国的。他被安排在澳门学习中文和相关知识，目的是传教。基于耶稣会对成员的严格要求，耶稣会对成员的训练包括哲学、伦理、逻辑、数学、物理等各类知识，其中包括绘画。

〔1〕最早到达中国的是生于西班牙，但由葡萄牙派至亚洲的天主教传教士、耶稣会士沙勿略（St. Francis Xavier，1506—1552），他于1549年到达日本，1552年到达中国台山上川岛，于同年12月2日病逝于该岛。

〔2〕对利玛窦是第一个传播西洋绘画的人的肯定者是发表在《东方杂志》1930年第27卷第1号上的《明清之际中国美术所受西洋之影响》的作者向达，文章写道：“1581年，利玛窦继（罗明坚）来中国，而后天主教始着其基，西洋学术因之传入；西洋美术传入中土，盖亦自利玛窦始也。”之前通过陆路发生的东西方交通史属于另一个研究课题，最重要的是，在绘画领域，我们没有具体材料说明西方对中国的影响，例如瓷器领域出现的西式缠枝纹图案源头（希腊和罗马的玫瑰饰、棕榈饰和藤蔓饰）的考证不属于本课题。

在辽宁省博物馆的《野墅平林图》（17世纪初）疑为利玛窦的作品，无论作品的手法如何受到中国传统绘画的影响，画作采用的透视构图显然不同于中国传统绘画，一幅17世纪初的作品，能够呈现出明显的欧洲影响，必定与传教士有关。利玛窦曾如此教导徐光启关于几何学如何应用于绘画透视表现：

> 察目视势，以远近正邪高下之差，照物状可画立圜、立方之度数于平版之上，可远测度物及真形。画小，使目视大，画近，使目视远，画圜，使目视球；画像，有坳突；画室，有明暗也。〔1〕

完全是出自传教的目的，在携带教堂祭坛画复制品到中国的利玛窦与其他神父的催促下，描绘圣母的油画原作被从欧洲发往澳门，直至由利玛窦带进广东的城市（肇庆）。经过文艺复兴时期人文知识过滤的绘画——尽管仍然是宗教题材——让观者更加感到亲近，这种今天被专门家表述为具有视错觉效果的绘画具有强烈的感染力，因为画中的人物与现实生活中的真人很接近，不会让中国人感到过分不适，进而容易接受入教的引导；最后，利玛窦以贡品的形式向中国皇帝呈上了来自欧洲的天主与圣母像油画。〔2〕

传教士们不懈的努力铸就了充满牺牲精神的宏大历史叙事，用绘画或者制图来为传教服务的人物和事迹不可胜数。可是，今天涉及彼时绘画和制图的文献与作品实物并不多，中国人在刚刚建立起来的教堂或场所充满好奇心地观看那些宗教图像的现场统统随时间的流逝消散湮灭，作为西方绘画对中国画家产生影响的例证，只有利玛窦的两位助手游文辉（Manuel Pereira Yeou，1575—1633）和倪雅谷（Jacpues Niva，1579—1638）的作品。游文辉绘制的《利玛窦像》（1610年，罗马耶稣会总部收藏）早早于1614年被金尼阁（Nicolas Trigault，1577—1628）带回罗马，尽管澳门天主教艺术博物馆保留下倪雅谷的绘画《圣密额尔大天神像》，但这位中日混血的画家大量装饰教堂的绘画与教堂一并在时间中被摧毁。〔3〕

用星星点点、涓涓流水和潜移默化来描述传教士们利用图画传教的努力一点也不过分，他们从欧洲带来了不少宗教书籍，其中大量的铜版画与插图影响着中国人的读图习惯。可以想象，因为传教士有限的数量以及在路途中的风险，来自欧洲的图书数量一定有限，对图书的使用也因为传教事业而不断消耗，这导致传教士们在中国不是自己就是邀请中国画家复制圣经教义的图

〔1〕 徐光启：《译几何原本引》，载徐宗泽：《明清间耶稣会士译著提要》，上海世纪出版集团2010年版，第258页。

〔2〕 “《时画天主图像》一幅，《古画天主母图像》一幅，《时画天主圣母像》一幅”，载于《熙朝崇正集》卷二。“时画”为15—16世纪文艺复兴时期盛期风格；“古画”为中世纪向文艺复兴初期转变的意大利绘画，文献提示可以理解为接近契马贝风格的作品。参见莫小也：《十七—十八世纪传教士与西画东渐》，中国美术学院出版社2002年版，第二章。

〔3〕 实际上，在绘画上，游文辉与倪雅谷都是画家修士尼阁老（Cola Nicola Giovanni，1560—1626）的学生。尼阁老于1581年与利玛窦同到澳门，1582年，耶稣会又将他派遣到日本做专业绘画老师，1614年，尼阁老从日本避难到澳门，继续培养学生。

画。可以想象，这种委托将使得委托方与受托方之间相互影响：基本的情况是，中国画家在复制与制图中会改变范本（由传教士提供）图像的造型甚至趣味。现存北京图书馆的由程大约编的《程氏墨苑》（1605年之后）里的插图，旨在图解耶稣受难的故事，却呈现出一种受到不管是有意还是无意修改的造型，参与绘制的是中国安徽的画家（丁云鹏、吴廷羽、黄磷、黄应道、黄应泰等），画家们可能接受了利玛窦的修改授意[1]，同时可以想象那时中国画家的写实能力和木板仿制铜版所不能具备的精细度，木板制图的效果事实上是中国化的，中国画家的绘制因自己的习惯与技能很容易会呈现出气质与趣味的差异，尽管在人物与环境的绘制上，中国画家也尽可能保留了欧洲艺术的形制。在稍后时间（约1619—1624年）绘制的《颂念珠规程》——最早的汉文天主教义插图本——里，可能是董其昌的学生大胆地按照自己的想象进行描绘，用中国木刻版画改造欧洲铜版画：房屋、家具、山石，都倾向于中国趣味的造型和处理，例如云中传递信息的小天使干脆改成了小鸟，线条构图把原作三维空间的层次全部抹去了。这类修改看上去是出于在中国方便传播教义的目的，画家参与了对西方绘画方法的改造。不过也有一些其他情况，由耶稣会神父艾儒略（Giulio Aleni，1582—1649）推动完成同样以《福音史事图解》为蓝本的《天主降生出像经解》（约1635—1637年区间完成）中的插图表现出画家几乎尽可能地接近西方绘画的方法，在造型、建筑、人物、风景的表现上，尽可能采用欧洲画家的技法——阴影、透视以及相对准确的造型，改造的痕迹不多，这也表明，在这个时候，中国画家对西方绘画的知识已经有充分的模仿能力——但这不等于中国画家对文艺复兴时期欧洲艺术在几何学、数学以及透视方面有更为深入的了解，同时，中国画家对外来版画的改造程度显然取决于委托者传播教义的策略与要求。这类为大多数文人士大夫不屑一顾的绘画实践在意大利传教士马国贤（Matteo Ripa，1682—1745）的努力下获得了皇帝的青睐——其原因也首先是传教士用西洋的材料和方法去模仿中国传统绘画仍然接近原作效果，以致使铜版这一西洋技术赢得了皇帝的认可[2]，正是马国贤为康熙完成的《避暑山庄三十六景图》（1711年）铜版画，通过模仿中国画将西洋绘画的题材进一步推向了世俗内容。[3]尤其是在乾隆年间，君王的事功是绘画的主要题材，因此，18世纪留下来的铜版画表现出将题材集中到了皇室的生活与政治事业。另一方面，由于马国贤的《三十六景》连同之后完成的《皇

〔1〕例如利玛窦没有让中国画家在耶稣的手与脚上画出钉眼，也免去了被罗马士兵用矛刺出来的伤疤，这样的意图显然是利玛窦传教的策略：他不希望中国人感受基督受难所表现出来的过分残酷的刺激。而在这些图所临摹的原作《福音史事图解》（*Evangelicae Historiae Imagines* [*Pictures of the Gospel Stories*]）里，作为欧洲画家，原作画家帕萨里（Bernardino Passeri，1540—1596）和沃斯（Maerten de Vos，1532—1603）无疑遵循了基本教义。

〔2〕马国贤有这样的记录："皇帝命令中国画工们画一张山水画，以便让我照样雕刻。当铜版画一做完，它就与原作一起被呈给皇上看。皇上看了非常高兴，因为他惊奇地发现摹品与原作很接近，丝毫没有使原作失色。这是他第一次看到铜版画的制作。"《京庭十有三年记》，由福尔图纳托·普兰迪从意大利原文中节选并翻译，中国，1939年，第66页。

〔3〕原作由中国画家沈喻用山水画法完成，康熙对铜版画的兴趣使得他也要求马国贤用铜版画去复制这一组作品。最后康熙看到，铜版画比中国木板刻印的复制品更加接近原作。

舆全览图》被带到欧洲宫廷后，铜版画中国园林的准确制图对欧洲的园林花园设计产生了明显的影响，构成了欧洲“中国风”的重要部分。与其他传教士一样，马国贤们在宫中完成的绘画肯定对中国画家有影响，但是继续有效承继欧洲传统的画家，仍然是那些虔诚的传教士，例如《平定西域战图》（约1765—1774年区间）的绘画作者是郎世宁、王致诚（Jean-Denis Attiret，1702—1768）、安德义（Joannes Damascenus Salusti，？—1781）、艾启蒙（Jgnatius Sickeltart，1708—1780）等人，当然，基于中国皇帝的趣味与要求，这些欧洲人的绘画也不可避免地受到中国传统绘画的影响。

发生在中国境内“东西共渐”的基本情况是，利玛窦来华传教时携带的西洋油画最初为民间所见，这被认为影响了明末中国画家对西洋画的趣味与方法的吸收，在肖像领域首先产生影响，与利玛窦有直接切磋的曾鲸（1564—1647）是最早接受西洋影响的画家之一，以致他创立了“用淡墨渲染出阴影凹凸”的“波臣派”。[1]另外，清初，尤其是康熙朝（1662—1722），汤若望（Johann Adam Schall von Bell，1592—1666）、南怀仁（Ferdinand Verbiest，1623—1688）等西方传教士将西洋油画直接带进宫廷，产生了焦秉贞（生卒年不详，活动于清康熙时期）、冷枚（约1669—1742）和莽鹄立（1672—1736）这类采用西洋画法的宫廷肖像画家，中国画家显然能够感受到西洋绘画准确造型对皇帝的吸引力，所以中国画家努力趋向于学习西洋画。基本说来，17世纪是西方传教士通过万般努力打开局面并取得成绩的时期，他们所发展的数十万名信众中包括政府高级官员、文人以及普通人[2]，在“四王”总体上对中国画家具有非常普遍的影响力的背景下[3]，传教士在文化艺术方面的影响力使得清代学者将其采用的肖像画法能够明确地表述为“海西法”，即承认一种有别于中国传统绘画的方法——其代表经常被认为是郎世宁。“海西”这个词最初表述罗马帝国地域[4]，之后泛指西域之国外。中国人，无论是皇帝、大臣还是御用画家，他们对意大利文

[1] 早期中国绘画史的书写者与画家潘天寿在他的《域外绘画流入中土考略》中写道：“中土最先受西洋画影响，而采用西法者，厥为写真派。此派之开始者，为明末间莆田人曾鲸。”（潘天寿：《中国绘画史》附录，商务印书馆1982年版。）

[2] 1664年统计，仅限耶稣会教友的人数就已经达到114200人。参见徐宗泽：《中国天主教传教史概论》（最初为土山湾印书馆1938年版，现可查阅商务印书馆版）。作者系晚明著名科学家、中国早期天主教徒徐光启之后代。早年入耶稣会初学院，后留学欧美获博士学位。回国后历任《圣教杂志》主编及徐家汇天主堂藏书室主任。也见日文版《耶稣会士中国书信集》第1卷，第73—77页。

[3] 在17世纪有三位中国画家因其自身的特殊画风被绘画史研究者记录：在16—17世纪初区间活动的吴彬，吴的山水所表现出来的体积效果让人联想到西洋风景画。龚贤（1618—1689），虽然没有文献证明他与传教士画家有来往，但是他笔下的山水在视觉上表现出光影效果，不过，我们从他留下的文字中可以了解到他的绘画手法出自自己的观看经验：“画石块上白下黑，白者阳也，黑者阴也。石面多平故白，上承日月照临故白，石旁多纹或草苔所积，或不见日月为伏阴故黑。”另一画家是吴历（1632—1718），虽然为天主教司铎，甚至取有西名Simon-Xavier，但传统教养以及接受“四王”成员王鉴、王时敏教导的经历让他保留了不同于西洋画的绘画立场，对西洋画的敏感最终被对深厚的诗书气质所覆盖。

[4] 古代所称大秦国，为罗马帝国。《史记·大宛列传》：“北有奄蔡黎轩。”张守节正义引《括地志》：“《魏略》云：‘大秦在安息、条支西大海之西，故俗谓之海西。从安息界乘船直载海西，遇风利时三月到，风迟或一、二岁。’”《后汉书·南蛮传》：“永宁元年，掸国王雍由调复遣使者诣阙朝贺……自言我海西人。海西即大秦也。”

艺复兴时期的艺术向巴洛克风格转向一定没有了解，且那些传教士带到中国的宗教绘画很可能仅仅限于文艺复兴艺术风格影响的一般画家，耶稣会对绘画的功能大致限于宗教题材故事的图解与复制，并无风格要求，这也能够解释为什么所有的传教士带到中国的油画或者他们自己完成的绘画并无风格与倾向记录，进而很容易调整自己的方法去适应中国皇帝的要求，但无论如何，西洋画的人物造型与光影导致逼真的表现受到中国人的关注。文献反映出，之前通过模仿和改进葡萄牙“红夷大炮”征服中原的成就，让清朝皇帝例如康熙对技术方面的西学非常在意，神学则几乎被排斥，他给传教士们留下这样的话：

> 尔众西洋人内，如仍似前次各出己见，乱寄书信者，即系乱法之人，在中国亦无用处。除会技艺人留用外，其余众西洋人务必逐回，断不姑留。[1]

在视觉习惯上，康熙对强烈的立体和阴影效果没有兴趣，至少在视觉上没有养成习惯，所以，他对传教士画家的要求显然来自中国人观看图像的习惯与传统。这直接影响了郎世宁使用人物正面、减弱体积感甚至平面化的处理，可以想象，笔触是不能够保留的。这种平滑的表现方法构成了一种符合中国人视觉习惯的画面，这是对西洋画进行改造最明显的结果，以致被认为形成了一个独特的风格。法国人王致诚和捷克人艾启蒙都采取了这样的制图策略。

郎世宁们在受命完成委托时采取的适应立场可以被看成是利玛窦传教适应策略在绘画领域的表现，传教士画家在宫廷的生活与工作条件的优越，维系了他们极大的忍耐心，但是这并不意味着那些看上去符合皇帝标准的绘画始终是一种充满愉悦心情的产物。在这一点上，传教士的那些看上去处于折中立场的绘画与欧洲绘画风格的演变逻辑——例如文艺复兴晚期朝风格主义的变化或者巴洛克艺术的产生——不是一回事。以传教为自己终身事业的王致诚身处中国宫廷境遇不得已的难受心情在他的一封信里表述得非常清楚：

> 我没有一点属于我自己的时间，只能利用睡觉时间来给你写信。我还得请求允许我自由出入别宫，允许我随意停留……皇上几乎每天都到那里来看我们，因此我们也必须每天都到。我们都不能走远，除非要画的东西不能搬来，因为我们被带入宫中时总是有好些太监跟着的。我们走路必须又轻又快，要踮着脚尖走，好像干什么坏事似的。[2]

---

〔1〕 刘潞：《康熙帝与西方传教士》，《故宫博物院刊》1981年第3期。事实上，之后录用西洋人员都不是以传教的名义，而是以“会技艺”为标准。例如白晋（Joachim Bouvet，1656—1730）、洪若翰（Jean de Fontaney，1643—1710）、李明（Louis Le Comte，1655—1728）、张诚（Jean-Francois Gerbillon，1654—1707）、刘应（Claude de Visdelou，1656—1737）这些来自法国的耶稣会士，进入中国宫廷的正式身份是法国国王路易十四的“国王数学家”。

〔2〕 朱静编译：《洋教士看中国朝廷》，上海人民出版社1995年版，第199页。

王致诚不止一次地表达过他对在中国宫廷不能进行传教的愤怒与绝望。[1]尽管传教士们不乏对艺术的热爱——例如利玛窦于1606年向耶稣会总长表达过他对绘画艺术的“极度喜爱”，但是他们不同程度地也有类似王这样的心情与焦急。可以肯定地说，郎世宁等人适应主义的绘画不过是传教士们在对传教事业还没有最后死心的基础上满足中国皇帝标榜盛世功名的结果，因绘画才能而不是传教的任务被介绍进宫中，性情温和、画作受到乾隆皇帝赞赏的郎世宁借圣上看画时冒着风险申请传教，虽然没有受到惩戒，其让中国人皈依天主教的可能性仍然被乾隆断然否定。所以，我们不要把中国皇帝对宫中传教士的宽容视为一种对传教士的放任，应该相信方豪做过的判断：

> 高宗本为排外仇教之帝王，所以容教士在宫中者，纯为其一己之用，如修理钟表，营造圆明园，测绘舆图，制作自动机器及图绘人物；弹奏西洋乐器，也其一也；教士为求减轻各省之教难，偶有潜入传教而被逮时，亦可进一言而获赦，遂终老宫中，其遇可悲，其志可嘉。然西洋美术，无论建筑、图画、音乐，竟因此而不获早日深入民间，圣祖、高宗均有当负之责也。[2]

郎世宁因其天赋和乾隆对西洋趣味的喜好确立了一个特殊的时期，从他以及其他传教士的业绩来看，顺从中国皇帝趣味的努力产生出特殊风格的绘画并没有得到充满生气的延续与发挥，之后潘廷璋（Joseph Panzi）、贺清泰（Louis Poirot，1735—1814）与中国画家合作完成的绘画仅仅可以看成是郎世宁风格的保持。事实上，1785年、1811年，乾隆与嘉庆先后颁布过对传教的惩治条例，随着传教事业的最后终止和嘉庆对传统趣味的恢复，范围本来就大致局限于宫廷内部的西洋画风趋于结束。[3]

1798年是歌颂乾隆武功的铜版画《平定湘黔川苗族起义》组画完成的时间，也是欧洲人阅读《英使谒见乾隆纪实》（1797年出版）并对中国重新认识的开始——可以想象之前在欧洲盛行的“中国风”迅速式微；在中国皇帝对自己的武功进行大力推广颂扬的同时，欧洲国家已经陆续进

〔1〕“这出闹剧还有没有完？这儿离上帝的天堂那么远，一切精神养料都被剥夺了，我简直难以说服自己，难道这一切都是为了上帝的荣耀？”1754年11月17日，王致诚给钱德明信。转引自 Michael Sullivan: The Chinese Response to Western Art. *Art International*, 24, nos. 3-4 (1980): p. 8-31。

〔2〕方豪：《中西交通史》，岳麓书社1987年版，第960页。

〔3〕虽然利玛窦们采取的适应文化策略被之后的龙华民（Niccolo Longobardi，1559—1654）们的天主教原教旨立场取代，在历史上颇受微词，但是，17—18世纪西方天主教传教士内部就中国传统礼仪是否违背天主教义所发生的“礼仪之争”在经典教义的维护上显然不会有任何成果。实际上，东西两种文明之间的融合一直是一个政治文化的实际问题，至今也丝毫没有获得文化意义上的解决。反映在绘画里，郎世宁们采取的适应中国的策略仍然存在着布道传教时面临的尴尬。就此而论，折中手法大多可以看成是一种妥协的结果，而不是像同时代欧洲画家鲁本斯（Peter Paul Rubens，1577—1640）、华托（Jean-Antoine Watteau，1684—1721）、布歇（Francois Boucher，1703—1770）那样对东方因素的利用是一种受到影响后自主与喜好的结果。

入工业革命时代，这种差异不能仅仅被解释为不同国家的文化与发展模式的不同，而应该看成是一个国家和民族面对未来是否采取符合生存进取的文明态度以及即将承担相应后果的反映。1793年之前，欧洲人包括马嘎尔尼本人总是受到莱布尼茨（Gottfried Wilhelm Leibniz，1646—1716）、伏尔泰（François-Marie Arouet，1694—1778）等欧洲知识精英对中国高度赞扬的洗礼，而在此之后，使团的成员们发现中华帝国这艘战舰“也许会像残骸一样漂流一段时间然后触岸，撞个粉碎；但她永远不能在旧基础上重建了”。直到此时，中国人仍然坚持着在“旧基础”上生活，宫廷与文人士大夫的趣味仍然继续守持传统笔墨，对西洋画的方法不再做任何进一步的研习。但是，可以看到的是，新航路引发的中西之间的交流不再中断，传教士通过海路进入中国的传教活动导致西洋绘画进入中国宫廷并不可避免地在贡赐渠道和商路中传播至民间，之后，中国的绘画演变进入了更为世俗的历史语境。正如梁启超提示的，无论是否愿意，中国已经进入了与世界发生不间断联系的19世纪。与之前宫廷里的传教士小心翼翼地保留欧洲艺术方法的同时尽可能适应君王趣味的情形不同，中国人对西方绘画的理解与实践，因为日益增长的相互贸易和越来越频繁的中外交往开始在沿海民间社会出现，并在题材、手法、材料甚至风格方面出现历史性的转变。与14世纪直至18世纪欧洲人对中国文化的想象和崇尚不同，从19世纪开始，中西文明之间的相互影响更多地转为前者对后者越来越多的学习与向往。

Postscript

Lyu Peng

Within the domain of historical inquiry, determining what counts as the 19th century proves an intricate endeavor. For the Europeans, perhaps, the period spanning from Napoleon's downfall in 1815 to the outbreak of the First World War in 1914 belongs to the 19th century. Western historians delve into the transformative ramifications of the Industrial Revolution on humanity, while others seek nodal points or paradigm-shifting boundaries in the annals of human development through economic data. For the Chinese, despite the missionary-introduced concept of a *century* defined by the birth of Christ, the incessant cycle of dynastic succession circumscribes their familiar sense of time. Chinoiserie[1], which bore the influence of China and the Far East, surfacing in Europe in the 14th century and reaching its zenith in the 18th century, manifested Europeans' fascination with China. However, when the Macartney Embassy arrived in China in 1793, what these Englishmen from the faraway British islands witnessed was not the mystical and poetic China that Europeans had portrayed:

> *The ultimate result exhibits to the mind a grand and curious spectacle of so large a proportion of the whole human race, connected together in one great system of polity, submitting quietly, and through so considerable an extent of country, to one great sovereign; and uniform in their laws, their manners, and their language; but differing essentially in each of these respects, from every other portion of mankind; and neither desirous of communicating with, nor forming any designs*

[1] This European phenomenon, influenced by Chinese or Far Eastern culture, gave rise to the French term "Chinoiserie" (meaning Chinese style) in 1839. This term was later incorporated into the *Oxford English Dictionary* in 1883. British art historian Hugh Honour undertook the first in-depth exploration of this historical phenomenon in his work *Chinoiserie: The Vision of Cathay* (1961).

against, the rest of the world.[1]

Meanwhile, disquieting undercurrents are mounting in the Qing Empire: the nine-year-long uprising of White Lotus Sects[2], though suppressed, symbolized the impending turbulences. In today's terms, we could say that such unrest signals an approaching century of mounting anxieties. The focal points for dividing historical periods, indeed, vary considerably.

From a historical perspective, the young Liang Qichao (1873–1929), in "Discussions on Chinese History *(Zhong Guo Shi Xu Lun*)"(1901), classified China's history into "the ancient, the medieval, and the modern" using principles derived from Western historical studies. He depicts the "modern" history as follows:

> *Modern history, from the end of Qianlong's reign to the present, represents the era of China as a nation in the world, in solidarity with all nations of Asia, engaging in competition and negotiations with the West. Simultaneously, the waning of monarchy paves the way for the emergence of constitutional governance after millennia of stagnation; this is indeed a time of great change. This nascent epoch, though brief, engenders internal and external transformations hitherto unseen over two millennia.*

Liang highlights the distinction between the medieval and modern eras, pinpointing the transition time as the "end of Qianlong's reign." This choice stems from the portrayal of this historical period as the age of "competition and negotiations with the West" and "internal and external transformations hitherto unseen over two millennia." Indeed, for intellectuals and scholars of the late Qing history and the early 20th century, the necessity of renovating China's traditional customs with Western modern civilization becomes prominent. Consequently, it is not difficult to understand and imagine that the Western impact altered the Chinese perspective and approach to painting, an integral part of human civilization. As modern historiography emerges, traditional Chinese discourse and literature on painting gradually cede

[1] Staunton, George. *An Authentic Account of an Embassy from the King of Great Britain to the Emperor of China*. Volume 2, London, G. Nicol, 1797, p. 547.

[2] This grassroots armed uprising lasted from 1796 to 1804, spanning the first to ninth years of Jiaqing's reign, and mainly occurred in Sichuan, Hubei, Shaanxi, and Henan. The folk religious movement known as the White Lotus Society (evolved from a blend of various beliefs like Manichaeism, Maitreyism, Taoism, and Buddhism) originated from the Tang-era Manichaeism and was not recognized by the imperial court. The egalitarianism within this movement (such as the principle of mutual aid in times of trouble and shared hardships) was considered a key appeal for the participating masses. The uprising was primarily fueled by landless migrants grappling with famine and poverty.

ground to Western humanities and the methodologies of art history.[1] This shift challenges scholars solely versed in traditional Chinese thought and cultural classics.

On historical considerations, I view the year 1793 as the inception of Chinese 19th-century painting history. Chinese historical records perceive the Macartney Embassy to China merely as a diplomatic event: it is widely known among those familiar with late Qing history that the Emperor and most officials regarded such visits from foreign countries as ceremonial formalities. The Chinese Emperor showed limited interest in foreign civilizations and their products. A passage in Emperor Qianlong's edict to King George III clearly upset the British and European merchants seeking business opportunities with China:

> *In fact, the virtue and power of the celestial Dynasty has penetrated afar to the myriad kingdoms, which have come to render homage, and so all kinds of precious things from "over mountain and sea" have been collected here, things which your chief envoy and others have seen for themselves. Nevertheless we have never valued ingenious articles, nor do we have the slightest need of your country's manufactures. Therefore, O king, as regards your request to send someone to remain at the capital, while it is not in harmony with the regulations of the Celestial Empire we also feel very much that it is of no advantage to your country.*[2]

We know that the Emperor (and most high-ranking officials) maintained such attitudes until the Qing court's defeat by the Eight-Nation Alliance in 1900. During this period, attempts to change the insular mindset of the Chinese, undertaken by those who understood the West and worried about the future of the Chinese Empire, often proved futile.

The primary objective of the Macartney Embassy was commerce, as the British deemed the pre-existing trade between the British Empire with China, compared to that of Portugal and the Netherlands, which arrived earlier than other European nations, to be inadequate. In fact, it was only in 1637 that the English commence vessel *London* was allowed to anchor at Macao, initiating direct trade with China. This proactive and urgent stance of the British underscores the persistent and prevalent imagination and yearning for China in Europe even in the latter half of the 18th century. Indeed, *The*

---

[1] In the early years, the approaches of Jiang Danshu (1885–1962), Chen Shizeng (1876–1923), Fu Baoshi (1904–1965), and Teng Gu (1901–1941) were directly influenced by German art history. From 1949 to 1978, the writing of art history was heavily influenced by the ideological dogmas of materialism and idealism. Only from the 1980s onward did translations of Western art history works begin to find their way into Chinese art history. However, even today, the writing of art history for most of the 20th century, such as the Yan'an period, the "Cultural Revolution" period, and the contemporary period since 1978, continues to pose challenges for art historians. In fact, as a branch of history, the full development of art history in China still requires time and effort.

[2] Cranmer-Byng, J. L. ed. *An Embassy to China: Lord Macartney's Journal, 1793–1794*. London, 1962, p. 340.

Travels of Marco Polo by Marco Polo (1254–1324) contributed to the earliest and enduring fantasies of the European mind, wherein China was regarded as a symbol of material and spiritual wealth. Thus, Europeans attempted to simulate and replicate China in all aspects, from literature, drama, philosophy, architecture to artifacts: undoubtedly, painting stood as a prominent medium for such representation. In the 18th century, this atmosphere pervaded Europe and Britain. The influence of civilization is never unidirectional. For example, as early as 1600, some Westerners had settled in China[1], and by 1687, Shen Fuzong (1657–1692), proficient in Latin, was already in Europe. Although Shen Fuzong never returned to China to tell his tales of Europe, in that same year, the Latin version of *The Analects of Confucius* was published. However, once the Macartney Embassy revealed their firsthand accounts of China to the Europeans, and as a plethora of subsequent information about China found its way to Europe, Europe's imagination of China ceased. The trend of "Eastern Wind Influencing the West" was gradually replaced by "Western Wind Influencing the East." In the 18th century, French painters incorporated Chinese multi-panel screens into their oil paintings, while in the 19th century, Chinese painters began to use perspective to depict courtyards, employing oil paints as their medium.

This book describes a historical account of what we can broadly refer to as "art" today. For quite a considerable span, certain essential aspects of this historical narrative have eluded clear comprehension and, even now, remain unfamiliar to some art historians. From their perspective, either the traditional painting influenced by the "Four Wangs" during the early Qing Dynasty became the mainstream of late Qing painting, or one must await the 20th-century surge of the "Western-style" movement, arising in tandem with political and cultural movements, to emerge as the principal content in the annals of Chinese art history. This, consequently, renders the task of penning the history of painting specific to the 19th century a rather precarious undertaking. The tradition of the "Four Wangs" and the cultural value attributed trace back to the Song and Yuan dynasties: treating their tradition as the principal body of the last century of late Qing painting is an empty gesture. Meanwhile, the experiences of Xu Beihong, Liu Haisu, Lin Fengmian (and even Li Tiefu, Feng Kangbai, and Li Shutong) are stories of 20th-century Chinese art history. The list of painters from the Qing Dynasty is extensive. Yet, most of those who employed traditional tools (brush, ink, paper, inkstone) to create their works were indeed confined to the

[1] Portuguese settlers had already established themselves in Macao in 1535 (the fourteenth year of Jiajing's reign). By 1564, Macao had grown to the extent that "numerous houses had been erected and the number of foreigners had nearly reached ten thousand." (As recorded in Pang Shangpeng, "*Fu Chu Hao Jing Ao Yi Shu*," collected in Volume 1 of *Bai Ke Ting Zhai Gao*, published in the twelfth year of Daoguang's reign. See also "*Fo Lang Ji Zhuan,*" *History of Ming*). On the other hand, in 1562, Jesuit missionaries settled in Macao. By 1578, when Francisco Álvares, an inspector sent by the Jesuit General, arrived in Macao, the missionary activities began to grow.

conventions of the "Four Wangs," merely offering amusement for the literati or scholar-officials. Chen Duxiu reminds us that many traditional painters after the "Four Wangs" employed the four major skills of *lin* (free-hand copy), *mo* (copy made by tracing), *fang* (imitation), and *fu* (inventive fabrication), mainly to replicate paintings of the past.[1] He virtually dismissed the need for serious historical writing about the tradition of the "Four Wangs." Those well-versed in traditional Chinese painting know that the skills highlighted by Chen Duxiu cannot be reduced to mere "replication"; they encompass distinct nuances of brushwork, imbuing their works with rich cultural allure and cultivation. Nonetheless, this tradition has yet to see much room for expansion in its continuation. As early as the beginning of the twentieth century, there was the view in the intellectual world that "in the three hundred years of the late Qing, there was no painting" (Chen Xiaodie, 1897–1989), which essentially regarded the 19th-century late Qing Chinese painting history as blank. The tradition of the "Four Wangs" clearly belongs to what we now call "art," but in an art history that emphasizes "problems" and "methods," materials, and shifts in conceptual paradigms, most painters adhering to the brush and ink tradition can be classified under the study of aesthetic tastes. Attempting to compose a history of 19th-century painting within the brush and ink tradition has proven exceedingly tasking. Conversely, the continuous impact of Western civilization on Chinese social life and cultural arts became more and more discernible. Through missionary activities, trade, or other means of Sino-Western exchanges, visual representations, production techniques, materials, and tools have furnished historical materials transcending the confines of the tradition of "brush, ink, paper, inkstone."

The acceptance of foreign cultures and the ideas that underpin them constantly emerged and evolved, exemplified by Emperor Kangxi's benevolent treatment and considerable trust in foreigners serving the Qing Empire through science and technology. This impels us to contemplate how to discern or ascertain artworks of historical significance to construct an understanding and narrative of art history. Beyond the subtle and continuous influence of foreign civilizations on traditional painting, the works that literati (or the elites of traditional culture) disdainfully labeled as "skilled but craftsmen" (Zou Yigui, *Xiao Shan Hua Pu*) were once widespread in the coastal cities of the 19th century. These works warrant the attention of contemporary art historians.

The examination of the influence of European painting on China should start with the early Italian missionaries' activities in China.[2] Historical documents, though vast and extensive, lead contemporary

〔1〕 See Lang, Shaojun. and Shui Zhongtian. ed. *Selected Essays on Twenty-Century Chinese Art* (*Er Shi Shi Ji Zhong Guo Mei Shu Wen Yuan*). Shanghai Paintings And Calligraphy Publishing House, 1999, p. 30.

〔2〕 The earliest to arrive in China was St. Francis Xavier (1506–1552), a Spanish-born Catholic missionary sent to Asia by Portugal. He reached Japan in 1549 and brought Christianity to the island of Shangchuan, China, in 1552. Unfortunately, he passed away on that island on December 2 of the same year.

scholars to believe that from Matteo Ricci (1552–1610) to Giuseppe Castiglione (1688–1766) forms a trajectory of research[1] on the mutual influence of East-West art that began during the Ming and Qing periods, which deserve further examination. This trajectory marks the start of renewed dialogue between ancient China and Western civilization after the Yuan Dynasty. Still, the influence of the continued efforts of missionaries remained confined within the Chinese imperial court. Unlike the 19th-century Europeans who, with "firm ships and powerful cannons," knocked on China's door, the missionaries in the Ming and Qing Dynasties, arriving in China with science and European culture, made great contributions to the ancient nation's advancement to a new civilization. While missionary painters left impressive art legacies in the Chinese court—from the Western originals brought by Matteo Ricci to the balance of style and technique between Chinese and Western art maintained by Giuseppe Castiglione and other Europeans, along with the numerous historical records and historical-significant artworks they left behind—their works, comparing to the *yangfenghua* (Western-style painting) which appeared in coastal folk societies in the 19th century and their influences in terms of themes, starting-points, and methodologies, should roughly be regarded as the result of the forced cultural adaptation strategies of the missionaries. In terms of starting point and purpose, these works clearly do not belong to the same historical period as the influence of European painting on China and its results in the 19th century.

Matteo Ricci's arrival in China was motivated and arranged by Alessandro Valignano (1539–1606), the Jesuit visitor who arrived in Macao first. Ricci was instructed to study the Chinese language and related subjects for his missionary work. High standards were expected of Jesuit members; their training encompassed a wide range of topics, including philosophy, ethics, logic, mathematics, physics, and even painting. *Villa in a Forest* (early 17th century), housed in the Liaoning Museum, is suspected to be Ricci's work. Regardless of the influence of traditional Chinese painting on the style of this artwork, the use of perspective in the composition makes it distinct from traditional Chinese painting. The apparent European influence in a painting from the early 17th century is undoubtedly linked to the missionaries. Ricci taught Xu Guangqi how geometry could be applied to create perspective in paintings:

---

〔1〕 The first advocate of Matteo Ricci's role in spreading Western painting was Xiang Da, who published "The Influence of the West on Chinese Art during the Ming-Qing Transition" in Volume 27, Issue 1 of *The Eastern Miscellany* in 1930. The article stated, "In 1581, Matteo Ricci arrived in China, followed by the establishment of Catholicism, through which Western learning was introduced. Western art also entered China, and it can be said that it started with Matteo Ricci." The history of East-West communication prior to this, particularly overland routes, belongs to another research topic. Importantly, we lack specific materials in painting to confirm Western influence on China. For instance, the origins of Western-style intertwined floral patterns in ceramics (such as Greek and Roman rose motifs, palm motifs, and vine motifs) are not within the scope of this study.

By observing the eyes and the visual angles, we can use the distance, height, and horizontal differences to determine the proportions of erect circles and cubes on a flat surface, allowing us to measure objects from afar and reproduce their true forms. For small paintings, the viewer's gaze makes them appear larger; for near paintings, the viewer's gaze makes them appear farther away; when painting circles, the viewer's gaze makes them appear spherical; when painting portraits, there are concave and convex features; when painting rooms, there is light and shadow.[1]

Entirely driven by the proselytizing agenda, spurred on by Ricci and other priests who brought replica paintings of altar scenes to China, the original oil painting depicting the Virgin Mary was sent from Europe to Macao and eventually taken by Ricci to the city of Zhaoqing in Guangdong. These Renaissance paintings, imbued with the knowledge of humanities, though still rooted in religious themes, were supposed to be more accessible to viewers. Experts today describe them as having visual illusion effects, but they carry a potent persuasive force, for the figures depicted therein closely resemble real-life individuals, thereby minimizing any pronounced cultural dissonance for the Chinese populace and making them more receptive to religious conversion. At last, Ricci presented European paintings of the Virgin Mary and God as tributes to the Chinese emperor.[2]

The unwavering efforts of missionaries have forged a grand historical narrative imbued with the spirit of sacrifice; there are countless figures and events of evangelism through paintings and cartography. However, the existing literature and physical artifacts concerning the artwork and cartography of that era are relatively scarce today. The curiosity of the Chinese people, who once gazed with fascination upon the religious images in newly established churches or sites, has gradually faded away over time. As a testament to the influence of Western painting on Chinese artists, only the works of two assistants of Matteo Ricci, Manuel Pereira Yeou (1575–1633) and Jacques Niva (1579–1638), serve as exemplars. *Portrait of Matteo Ricci* (1610, preserved at the headquarters of the Jesuits in Rome), painted by Manuel Pereira Yeou, was brought back to Rome by Nicolas Trigault (1577–1628) as early as 1614. Although the Macau Catholic Art Museum retains the painting *Archangel Michael* by Jacques Niva, the extensive

〔1〕 Xu, Guangqi. "Introduction to the Translated Euclid's Elements." *Ming Qing Jian Ye Su Hui Shi Yi Zhu Ti Yao*, edited by Xu Zongze, Shanghai Century Publishing Group, 2010, p. 258.

〔2〕 "One timely painting of God, one antique painting of Virgin Mary, and one timely painting of Virgin Mary" as recorded in Volume Two of *Xi Chao Chong Zheng Ji*. Timely painting refers to the style prevalent during the 15th to 16th century Renaissance period, while antique painting refers to the transitional style from the Middle Ages to the early Renaissance in Italian painting, close to that of Cimabue. See Mo Xiaoye, *Missionaries and the Eastward Spread of Western Painting in the 17th and 18th Centuries* (*Shi Qi-Shi Ba Shi Ji Chuan Jiao Shi Yu Xi Hua Dong Jian*). China Academy of Art Press, 2002, Chapter Two.

decorative paintings of the artist of mixed Chinese and Japanese heritage, along with the churches themselves, were eventually destroyed over time.[1]

It is not an exaggeration to describe the missionaries' proselytization efforts through images as subtle, like scattering stars and flowing waters; they brought numerous religious books from Europe, replete with copperplate engravings and illustrations that influenced Chinese people's visual interpretation habits. Given the limited number of missionaries and the risks involved in travel, one can surmise that the influx of European books to China must have been meager. Moreover, their usage was subject to attrition, owing to the exigencies of the proselytizing cause. Consequently, the missionaries replicated the biblical images with their hand or by commissioning Chinese painters. Imaginably, such commissions fostered mutual influence between the commissioners and the commissioned painters. In most cases, Chinese painters altered the forms and even the predilections of the source images provided by the missionaries. The extant illustrations found within Cheng Dayue's *Cheng's Ink Garden* (*Cheng Shi Mo Yuan,* post-1605), collected at the National Library of China, were meant to illustrate the Passion of Jesus. Yet, they exhibit forms that appear to have been intentionally or unintentionally modified. The participating painters were from Anhui, China, including Ding Yunpeng, Wu Tingyu, Huang Lin, Huang Yingdao, and Huang Yingtai. These painters may have accepted Ricci's suggestions for modifications.[2] Additionally, with the limited realism craft of Chinese painters at the time and the inferior precision of woodblock printing compared to copperplate engravings, the woodblock printing effect was inherently more *Chinese.* The rendering by Chinese artists might naturally exhibit variations in temperament and aesthetic preferences due to their habits and skills, even though they tried to retain the formalities of European art in their depiction of figures and surroundings. In a later period (circa 1619–1624), in *Rules for Reciting the Rosary*, the earliest known Chinese Catholic doctrinal illustration, perhaps students of Dong Qichang boldly pursued imaginative reinterpretations, transforming European copperplate engravings into Chinese woodblock prints: houses, furniture, and rocky terrain veered towards a Chinese aesthetic in their forms and treatment, celestial angels conveying messages through clouds were changed into birds, and the linear composition erased all layers of three-dimensional space from the original

[1] In fact, both Manuel Pereira Yeou and Jacques Niva were students of the painter and friar Cola Nicola Giovanni (1560–1626). Niccolo arrived in Macao with Matteo Ricci in 1581. In 1582, the Jesuits sent him to Japan as a professional art instructor. In 1614, he sought refuge in Macao from Japan and continued to train students.

[2] For instance, Matteo Ricci did not instruct Chinese painters to depict nail wounds on Jesus' hands and feet, nor the scars from the Roman soldiers' spear. This clearly indicates Ricci's missionary strategy. He aimed to prevent the Chinese from experiencing the overly gruesome and stimulating portrayal of Christ's suffering. In contrast, the original works of these images were copied from *Evangelicae Historiae Imagines*, created by European artists Bernardino Passeri (1540–1596) and Maerten de Vos (1532–1603), who undoubtedly adhered to the fundamental doctrines.

work. These modifications seem to have been made to facilitate the propagation of the doctrine in China, and the painters were actively involved in the transformation of Western painting methods. There were, nevertheless, other cases. Under the impetus of Giulio Aleni (1582–1649), another Jesuit priest, illustrations in *Life of Jesus* bore a striking resemblance to *Evangelicae Historiae Imagines*, with painters meticulously emulating Western techniques in aspects of form, architecture, figures, and landscapes. In these illustrations, the painters almost fully adhered to Western painting methods, employing techniques such as chiaroscuro and perspective. The forms they created were relatively accurate, and modification traces remained negligible. This indicates that, at the time, Chinese painters were already proficient in their imitation of Western paintings. However, this does not imply that Chinese painters had a deeper understanding of European art from the Renaissance, particularly in geometry, mathematics, and perspective. The extent to which Chinese painters modified foreign engravings clearly depended on the strategies and requirements of their missionary commissioners. Largely dismissed by the majority of literati and elites of the time, this type of painting practice received the emperor's favor thanks to the efforts of Italian missionary Matteo Ripa (1682–1745). The primary reason for this favor was that the missionary used Western materials and methods to imitate traditional Chinese painting, yielding results that closely resembled the original, leading to the emperor's acceptance of the Western copperplate method.[1] It was the copperplate engraving of Matteo Ripa, *Thirty-Six Views of the Mountain Resort* (1711), that advanced the transformation of European painting themes toward secular content through the imitation of traditional Chinese paintings.[2] Particularly during Emperor Qianlong's reign, the main theme of all paintings was the emperor's achievements; thus, the copperplate engravings from the 18th century mainly focused on imperial life and political accomplishments. On the other hand, when Matteo Ripa's *Thirty-Six Views* and the subsequent *Kangxi Imperial Atlas of China* (*Huang Yu Quan Lan Tu*) were brought to European courts, the accurate cartography of Chinese gardens of the copperplate engravings made a significant impact on European garden design, making these copperplate engravings

[1] Matteo Ripa wrote, "[The Emperor] commanded his Chinese painters to draw a landscape, in order that I might afterwards engrave it. As soon as it was done it was shown, together with the original, to his Majesty, who expressed considerable delight and surprise at finding the copy so perfectly similar to the original, without this being impaired; for this was the first time he had seen an engraving on copper…" (*Memoirs of Father Ripa During Thirteen Years Residence at the Court of Peking in the Service of the Emperor of China*. Selected and translated from the Italian by Fortunato Prandi. China, 1939, p. 66.)

[2] The original work was executed by the Chinese painter Shen Yu using landscape painting techniques. Interested in copperplate engraving, Emperor Kangxi requested Matteo Ripa to replicate the series. In the end, Emperor Kangxi saw that the copperplate engravings were closer to the original than the reproductions produced through traditional Chinese woodblock printing.

an important part of Chinoiserie. As with that of other missionaries, the paintings completed by Matteo Ripa certainly influenced Chinese painters. Nevertheless, it was the devout missionaries who continued to perpetuate European traditions effectively. For instance, the Copper Engravings of *Qianlong's Military Campaign into the Western Regions* (around 1765–1774) were works of missionaries such as Giuseppe Castiglione, Jean-Denis Attiret (1702–1768), Joannes Damascenus Salusti (? –1781), and Ignatius Sichelbart (1708–1780). Of course, the paintings by these Europeans were inevitably influenced by Chinese traditional painting due to the emperor's preferences and requirements.

The basic situation of "East-West Convergence" in China is as follows. The general public initially saw Western oil paintings brought by Matteo Ricci during his missionary efforts. This is believed to have influenced the Ming-dynasty Chinese painters' incorporation of Western painting tastes and techniques. The impact was first evident in portrait paintings: Zeng Jing (1564–1647), who had direct contact with Matteo Ricci, was one of the first painters to learn from Western influence. This led him to found the "Bochen school,"[1] a style of painting characterized by its unique technique of using light ink to render shadows and contours. During the early Qing Dynasty, particularly under the reign of Kangxi (1662–1722), the Western missionaries Johann Adam Schall von Bell (1592–1666) and Ferdinand Verbiest (1623–1688) introduced Western oil paintings directly to the imperial court, bringing forth the emergence of court portraitists such as Jiao Bingzhen, Leng Mei (c. 1669–1742), and Mang Heli (1672–1736), who had all adopted Western painting methods. Chinese artists recognized the Emperor's appreciation of Western painting's precision in anatomical representation and worked hard to learn from Western paintings. The 17th century bore witness to the resolute endeavors of Western missionaries in forging a path and attaining notable achievements. Their efforts yielded a substantial congregation of tens of thousands of adherents[2], including high-ranking government officials, literati, and the general populace. Even though the "Four Wangs" still hold a

〔1〕 In his "A Study on the Introduction of Foreign Paintings into China," the Chinese art historian and painter Pan Tianshou wrote: "China was initially influenced by Western painting, and those who adopted Western techniques were known as the 'Realist School.' The pioneer of this school was the late Ming Dynasty painter Zeng Jing from Putian." (Pan, Tianshou. Appendix. *History of Chinese Painting,* Commercial Press, 1982.)

〔2〕 In 1664, the number of members of the Jesuits community alone had already reached 114,200 people. See Xu, Zongze. *Zhong Guo Tian Zhu Jiao Chuan Jiao Shi Gai Lun* (*Introduction to the History of Catholic Missions in China*). Commercial Press, 2015. Xu Zongze, a renowned scientist of late Ming China, is the descendent of Xu Guangqi, one of China's earliest Catholics. He entered the Jesuit Novitiate and later pursued studies in Europe and the Americas, earning a doctoral degree. Upon returning to China, he served as the editor-in-chief of *The Catholic Review (Sheng Jiao Za Zhi)* and as the director of the St. Ignatius Cathedral Library. Also see Volume 1 of the Japanese edition of *Letters of Jesuit Missionaries in China*, p. 73–77.

prevalent influence over Chinese painters[1], missionaries' impact on culture and art was so profound that Qing scholars categorically coined the term "Haixi School" to denote the portrait style they adopted. This designation signified the recognition of a distinct departure from traditional Chinese painting methods, exemplified by the work of Giuseppe Castiglione. The term "Haixi"[2] originally referred to the territory of the Roman Empire, and it was used to denote foreign lands, particularly those of the Western region. Whether it be the emperor, ministers, or court-appointed painters, the transition from Italian Renaissance influences to Baroque styles remained uncharted territory for the Chinese, underscoring their limited exposure to Western art trends. Moreover, the religious paintings introduced by missionaries most likely adhered to the broader spectrum of Renaissance influence; as Jesuits' usage of paintings was confined mainly to depicting and reproducing religious narrative themes, there were no stylistic requirements. This fluidity in styles and proclivities, evident in all paintings the missionaries produced or brought to China, afforded them the versatility to accommodate the demands of the Chinese emperor by adjusting their methods. Nonetheless, the vivid representation achieved through Western painting's emphasis on anatomical form and chiaroscuro captivated the Chinese imagination. Historical accounts reflect the Qing emperors' profound interest in technology, catalyzed by previous achievements like the emulation and enhancement of the Portuguese red barbarian cannon (*hongyipao*) in the conquest of the Central Plains. Emperor Kangxi was ardently invested in the technological aspect of Western knowledge, albeit theological elements were notably marginalized. A testament to this stance, the emperor articulated a resolute directive to missionaries:

---

[1] Three Chinese painters of the 17th century were documented by art historians for their distinctive styles. Wu Bin, active in the 16th and early 17th century, was known for volumetric effects in his landscapes that bear a resemblance to Western landscape painting. Though there is no documentation on Gong Xian's interactions with missionary painters, his paintings demonstrated chiaroscuro techniques. However, from his writings, we gather that his techniques were products of his personal observation: "Paint the upper part of a rock white and the lower part black. White represents the light, while black signifies shadows. The upper surface of a rock is mostly flat and sunlit, hence white, while the sides with textures, moss, or shaded areas are dark due to lack of sunlight." Another painter, Wu Li (1632–1718), though a Catholic priest with the Western name Simon-Xavier, retained a distinct stance from Western art due to his traditional education and guidance from Wang Jian and Wang Shimin, members of the "Four Wangs." His sensitivity to Western painting was ultimately overshadowed by his profound literary and scholarly temperament.

[2] In ancient times, "Da Qin" referred to the Roman Empire. "*Da Wan Lie Zhuan*" from *Records of the Grand Historian (Shi Ji)* mentioned that "to the north lies the country of *Yancai* and *Lixuan*." Zhang Shoujie's commentary of *Comprehensive Gazetteer (Kuo Di Zhi)* states: "According to *Weilüe*, 'Da Qin is situated west of *Anxi* and *Tiaozhi*, beyond the Western Sea. Thus it is called *Haixi*. Traveling directly from the borders of *Anxi* by ship to *Haixi*, with favorable winds, one can arrive in three months; if the winds were slow, it would take one or two years.'" In *The Book of Later Han (Houhanshu)*, it is recorded in "*Nan Man Zhuan*" that "In the first year of Yongning, the King of Shan, Yongyou, dispatched envoys to the imperial court to offer congratulations... They stated that they were people from *Haixi*. *Haixi* is synonymous with Da Qin."

Amongst you Westerners, should there remain those who persist in individualistic dissent and send out unauthorized communications, they are nothing more than agents of disorder. Such personnel finds no utility within the realm of China. With the exception of those artisans of technical prowess, all other Westerners must be systematically expelled without any hesitance.[1]

In terms of visual preferences, Emperor Kangxi showed limited interest in strong three-dimensional and chiaroscuro effects; at least, he did not develop a habit of appreciating them visually. Therefore, his expectations of missionary painters clearly stemmed from Chinese viewing habits and traditions. This directly influenced Castiglione's approach to painting frontside portraits, downplaying volumetric effects and flattening them. Understandably, brushwork was not preserved. This smooth rendering method created images in line with the visual habits of the Chinese, marking the most evident transformation of Western painting. It was even recognized as a distinct style. Frenchman Jean-Denis Attiret and German-Bohemian missionary Ignatius Sichelbart both adopted such a strategy.

The adaptive stance of Castiglione and his colleagues when fulfilling commissions can be seen as an extension of Matteo Ricci's adaptation strategy in painting. The superior living and working conditions of missionary painters in the imperial court sustained their remarkable patience. However, this does not imply that the paintings, conforming to the standards of the Emperor, are always products of joy. In this regard, these seemingly compromising paintings of the missionaries deviate from the evolution of European painting styles, such as the changes in Late Renaissance Mannerism or the emergence of Baroque art. Jean-Denis Attiret, who dedicated his life to missionary work, expressed his frustration with the Chinese imperial court very clearly in one of his letters:

I have not a Moment to spare; and am forced to borrow Time in which I now write to you, from my Hours of Rest. To which you may add, that for such a Work, it would be necessary for me to have full Liberty of going into any Part of the Gardens whenever I pleas'd, and to stay there as long as I pleas'd [...] [T]he Emperor comes to see us work, almost every Day: so that we can never be absent. We don't go out of the Bounds of this Palace, unless what we are to paint cannot be brought

[1] Liu, Lu. "Emperor Kangxi and Western Missionaries (*Kang Xi Di Yu Xi Fang Chuan Jiao Shi*)," *Palace Museum Journal (Gu Gong Bo Wu Yuan Kan),* 1981, Issue 3. In fact, subsequent Western individuals were not recruited for missionary work but were selected based on their technical skills. For instance, individuals like Joachim Bouvet (1656–1730), Jean de Fontaney (1643–1710), Louis Le Comte (1655–1728), Jean-Francois Gerbillon (1654–1707), and Claude de Visdelou (1656–1737), who were Jesuit missionaries from France, officially entered the Chinese imperial court as "Royal Mathematicians" appointed by the French King Louis XIV.

to us; and in such Cases, they conduct us to the Place under a large Guard of Eunuchs. We are obliged to go quick, and without any Noise; and huddle and steal along softly, as if we were going upon some Piece of Mischief.[1]

Attiret had more than once expressed his anger and despair at being unable to carry on missionary work within the Chinese imperial court.[2] Despite the missionaries' enthusiasm for art—Matteo Ricci's "extreme love" for painting, which he expressed to the superior general of the Jesuits in 1606, for instance—they also experienced frustration and anxiety akin to that of Attiret. The paintings of compromise of Castiglione and others were merely productions of missionaries' last hope of proselytization and their ingratiation of the Emperor's desire to boast his "grand achievements in such prosperous time." They were introduced into the imperial court not for their theology but for their artistic talents. Castiglione, a gentle person whose artworks were admired by Emperor Qianlong, took the risk of applying for permission to carry on missionary work when the Emperor viewed his paintings. While he did not face punishment, the possibility of converting the Chinese people to Catholicism was firmly denied by Emperor Qianlong. Therefore, we should not interpret the Emperor's leniency toward court missionaries as a form of indulgence but rather believe in Fang Hao's assessment:

Emperor Qianlong was originally a monarch who harbored anti-foreign and anti-Christian sentiments. Therefore, his tolerance of missionaries within the palace was purely for his personal interests. They were employed for various tasks such as repairing clocks, constructing the Yuanmingyuan (Old Summer Palace), cartography, creating automatons, and depicting figures. Playing Western musical instruments was also one such task. Missionaries seeking to alleviate the difficulties of various provinces' religious practices occasionally engaged in covert proselytizing. When caught, a few words of explanation could lead to their pardon, allowing them to spend their remaining years in the palace. Their experience was both lamentable and commendable. However, due to this arrangement, Western fine arts, including architecture, paintings, and music, failed

---

〔1〕 Zhu, Jing. ed. *Chinese Imperial Court in the Eyes of Western Missionaries* (*Yang Jiao Shi Kan Zhong Guo Chao Ting*). Shanghai People's Press, 1995, p. 199. The text comes from a letter by Jean-Denis Attiret, S. J. to M. d'Assaut in Paris, 1 November 1743. The French original was first published in 1749 in the *Lettres édifiantes et curieuses écrites des missions étrangères par quelques missionnaires de la compagnie de Jésus* (Paris: Guérin), 27:1-61. The English translation by Joseph Spence was published in 1752 in London (translator's note).

〔2〕 "Will this farce never end? So far from the House of God, deprived of all spiritual sustenance, I find it hard to persuade myself that all this is to the glory of God." Attiret wrote in a 1754 letter to Joseph-Marie Amiot. See Sullivan, Michael "The Chinese Response to Western Art." *Art International,* 1980, Vol. 24, Issue 3-4, p. 8-31.

to penetrate the broader populace promptly. Both Emperor Kangxi and Emperor Qianlong bear responsibility for this, as it hindered the broader dissemination of Western artistic influence.[1]

Therefore, with his talents and Emperor Qianlong's fondness for Western tastes, Castiglione established himself in a unique period of time. However, when we examine his achievements and those of other missionaries, we find that efforts to accommodate the Emperor's preferences in Chinese painting did not lead to a vibrant continuation and development of a distinct style. Subsequent paintings executed in collaboration with Chinese artists by individuals such as Joseph Panzi and Louis Poirot (1735–1814) can only be seen as continuations of the Castiglione style. In fact, in 1785 and 1811, both Emperor Qianlong and Emperor Jiaqing issued punitive regulations against missionary activities. With the eventual cessation of missionary efforts and Emperor Jiaqing's revival of traditional tastes, the Western painting style, which had been predominantly confined to the imperial court, gradually came to an end.[2]

The year 1798 marked the completion of the copperplate printing series *Conquest of Miao Revolt in Hunan, Guizhou, and Sichuan* (*Ping Ding Xiang Qian Chuan Miao Zu Qi Yi*), which celebrated Emperor Qianlong's military achievements. It also marked the beginning of a reevaluation of China by Europeans, as evidenced by their reading of *An Authentic Account of an Embassy from the King of Great Britain to the Emperor of China* (published in 1797). The previously prevalent European fascination with the "Chinoiserie" aesthetic rapidly waned. While the Chinese emperor vigorously promoted and praised his own military accomplishments, European nations were gradually entering the era of the Industrial Revolution. This divergence cannot be simply attributed to differences in cultural and developmental models between countries but should be seen as a reflection of a nation and its people's attitudes towards future survival and progress and the consequent outcomes they are prepared to face. Before 1793, Europeans, including George Macartney himself, were often swayed by the lavish praises of China by European intellectual elites such as Gottfried Wilhelm Leibniz (1646–1716) and François-Marie Arouet

---

〔1〕 Fang, Hao. *Zhong Xi Jiao Tong Shi.* Yuelu Press, 1987, p. 960.

〔2〕 The compromising strategies of Matteo Ricci and his contemporaries were replaced by a more orthodox approach of later Jesuit missionaries like Niccolo Longobardi (1559–1654). However, in the 17th to 18th centuries, the "Chinese Rites controversy" among Western Catholic missionaries about whether Chinese traditional rituals contradicted Catholic doctrine proved fruitless in upholding classic doctrines. In reality, the fusion of these two civilizations has always been a practical issue of political and cultural complexity, and it has yet to find a cultural resolution even to this day. This is evident in the field of painting, where the strategies employed by Castiglione and others to adapt to Chinese customs still reflect the dilemmas faced during their missionary activities. In this context, most of their techniques can be seen as results of compromise rather than the independent and preferred assimilation of Eastern elements, as seen in their European contemporaries like Peter Paul Rubens (1577–1640), Jean-Antoine Watteau (1684–1721), and Francois Boucher (1703–1770).

(1694–1778). However, after 1793, members of the Embassy found that the imperial Chinese “ship” might “drift as wreckage for a while and then run aground, shattered; but she can never be rebuilt on the old foundation.” Even at this point, the Chinese still clung to the “old foundation” of their way of life, with the imperial court literati maintaining traditional brush-and-ink practices without studying Western painting techniques further. Nevertheless, it is evident that the interaction between China and the West, sparked by new maritime routes, never stopped. The missionary activities that brought Western painting into the Chinese court inevitably led to the dissemination of Western art through tribute channels and trade routes, permeating into the common populace. Subsequently, the evolution of Chinese art entered a more secular historical context. As suggested by Liang Qichao, whether willing or not, China had already entered the 19th century of continuous global integration. While missionaries within the imperial court cautiously juggled European art techniques and royal preferences, the Chinese comprehension and practice of Western painting underwent a significant historical transformation due to the escalating mutual trade and increasingly frequent interactions between China and foreign nations, which first emerged within coastal communities. This shift was marked by groundbreaking changes in themes, techniques, materials, and even artistic style. The mutual influence between Chinese and Western civilizations in the 19th century took on a distinct tone. Instead of the European fascination and respect for Chinese culture spanning the 14th to the 18th centuries, this era witnessed the Chinese increasingly learning from and admiring Western practices.

Posfácio

Lü Peng

No domínio da investigação histórica, delimitar o século XIX revela-se uma tarefa complexa. Enquanto os europeus talvez considerem o período desde a queda de Napoleão em 1815 até à eclosão da Primeira Guerra Mundial em 1914 como pertencendo ao século XIX, os historiadores ocidentais tendem a focar-se nas transformações provocadas pela Revolução Industrial, e outros especialistas fazem uso de dados económicos para identificar momentos determinantes ou mudanças paradigmáticas no curso do desenvolvimento humano. Já na China, onde o conceito de contagem dos séculos em função da data de nascimento de Jesus Cristo foi introduzido por missionários, o povo está bem mais familiarizado com a noção de uma história cíclica, marcada pela mudança de dinastias. Na Europa, o movimento estético de inspiração chinesa conhecido como "Chinoiserie" começou a surgir no século XIV e atingiu o seu apogeu no século XVIII. Apesar de ter incluído influências de outras culturas do Extremo Oriente, este movimento era reflexo de um fascínio generalizado pela China.[1] Porém, por altura da chegada à China da embaixada britânica liderada por Lord McCartney em 1793, os ingleses das longínquas ilhas britânicas testemunharam algo bem diferente daquilo que era a China mística e poética da imaginação europeia.

> *O resultado final apresenta à mente um grande e curioso espectáculo de uma proporção tão grande de toda a raça humana, unida por um grande sistema político, submetendo-se silenciosamente, e através de uma extensão tão considerável de país, a um grande soberano; e uniformes em suas leis, costumes e linguagem; mas diferindo essencialmente em cada um desses aspectos, de todas as outras partes da humanidade; e não deseja comunicar-se com o*

---

[1] Este fenómeno europeu, influenciado pela cultura chinesa ou do Extremo Oriente, deu origem, em 1839, ao termo francês "Chinoiserie". O termo foi incluído em 1883 no *Oxford English Dictionary*. Este fenómeno histórico foi pela primeira vez alvo de estudo sério por parte do historiador de arte britânico Hugh Honour em *Chinoiserie: The Vision of Cathay* (1961).

resto do mundo nem formar quaisquer intenções contra ele.[1]

Entretanto, na China da dinastia Qing, já cada vez mais pessoas iam tomando consciência dos problemas que os tempos trariam. A revolta popular liderada pelas seitas do Lótus Branco havia sido reprimida ao fim de nove anos[2], mas essa instabilidade já indiciava o caos que continuaria a reinar no futuro. Colocando a questão em termos actuais, era evidente que se avizinhava um século de crescente insegurança. Em suma, os pontos de referência usados para dividir períodos históricos podem, na verdade, variar consideravelmente.

No domínio da História, uma das primeiras obras de Liang Qichao (1873–1929) foi precisamente *Zhongguo Shi Xulun* (*Discussões sobre a História Chinesa*) (1901), na qual Liang seguiu a lógica da historiografia ocidental ao dividir a história da China em "antiga, medieval e moderna". Relativamente a esta última, escreve Liang:

> *A história moderna estende-se desde o fim do reinado do imperador Qianlong até ao presente. É esta a era da China como nação no mundo, isto é, a era em que a nação chinesa estabeleceu contactos com todas as nações da Ásia e na qual interage e compete com o Ocidente. É uma era na qual testemunhamos também o gradual declínio da monarquia autocrática e a emergência de uma governação constitucional após milénios de estagnação; este é realmente um período de grandes mudanças. Esta era de que falo acaba apenas de começar, mas em tão pouco tempo já assistimos a mudanças realmente sem precedentes em dois mil anos, tanto a nível doméstico como externo.*

Liang sublinha que o "*fim do reinado do imperador Qianlong*" constitui o ponto de viragem da história medieval para a história moderna da China, uma vez que é a partir desta altura que se inicia o mencionado "*período de interação e competição com o Ocidente*", resultando em "*mudanças realmente sem precedentes em dois mil anos, tanto a nível doméstico como externo.*" De facto, para muitos estudiosos e intelectuais dos finais da dinastia Qing e dos inícios do século XX, aplicar esta nova civilização ocidental moderna

[1] Staunton, George, *An Authentic Account of an Embassy from the King of Great Britain to the Emperor of China*, vol.2, London, G. Nicol, 1797, p. 547.

[2] Esta revolta civil armada durou de 1796 a 1804, abrangendo o primeiro ao nono ano do período Jiaqing e atingindo principalmente as regiões de Sichuan, Hubei, Shaanxi e Henan. O movimento religioso popular em torno da Sociedade do Lótus Branco (que derivava de uma síntese de várias religiões como o Maniqueísmo, Maitreyaísmo, Daoísmo e Budismo) teve origem no Maniqueísmo da era Tang, mas não foi reconhecido pela corte imperial por muito tempo. A religião era particularmente atractiva, em grande parte devido à sua mensagem igualitária, que incluía princípios de "ajuda mútua em tempos de dificuldade e de solidariedade face à morte". A revolta foi alimentada principalmente por deslocados que haviam perdido as suas terras e se debatiam com a fome e a pobreza.

em prol da reforma das antigas tradições chinesas havia-se tornado imperativo. Como tal, podemos facilmente imaginar e compreender que o impacto da civilização ocidental alterou a perspectiva e abordagem chinesas em relação à pintura enquanto parte integrante da civilização humana. Ao mesmo tempo que emergia na China uma historiografia de moldes modernos, também no âmbito da pintura, teorias de dinastias passadas e tratados sobre obras pictóricas cederam gradualmente terreno às humanidades ocidentais e às metodologias da história da arte.[1] Para os estudiosos versados apenas no pensamento tradicional e nos clássicos da cultura chinesa, estas mudanças constituíram de facto um grande transtorno.

Por considerações históricas, considero o ano de 1793 como o início da história da pintura do século XIX na China. Os registos históricos consideram a embaixada de Macartney à China, realizada nesse mesmo ano de 1793, apenas como um evento diplomático. Porém, quem conhece a história dos finais da dinastia Qing sabe que o imperador e a maioria dos seus súbditos viam este tipo de embaixadas de nações estrangeiras como meras formalidades cerimoniais. Para o imperador Qianlong, civilizações estrangeiras, juntamente com suas mercadorias, não eram merecedoras de grande atenção. O édito do imperador chinês dirigido ao rei britânico George III contém uma passagem que, sem dúvida, estilhaçou as esperanças de britânicos e europeus ansiosos de fazer comércio com a China:

> *É um facto que a virtude e majestade do Império Celestial se estendem até terras longínquas, que a Nós prestam homenagem príncipes de todos os reinos, e que todo o tipo de mercadorias valiosas nos chegam pelos mares. Não há nada que nos falte, como Vossa embaixada pôde constatar com os seus próprios olhos. Nunca demos grande valor a artigos engenhosos, nem temos a menor necessidade das manufacturas do Vosso reino. Assim sendo, ó Rei, no que toca a Vosso pedido para enviar alguém para permanecer em Nossa capital, sentimos que tal não se encontra em conformidade com as leis do Império Celestial, e que tampouco trará grande vantagem para o Vosso reino.*[2]

Sabemos que esta atitude por parte dos imperadores chineses, e que era partilhada pela maioria

[1] Numa primeira fase, as abordagens de Jiang Danshu (1885–1962), Chen Shizeng (1876–1923), Fu Baoshi (1904–1965) e Teng Gu (1901–1941) derivaram directamente da história da arte alemã. Entre 1949 e 1978, a escrita da história da arte foi fortemente influenciada pelos dogmas ideológicos do materialismo e do idealismo. Somente a partir da década de 1980 é que os círculos de história da arte chinesa tiveram acesso a obras de história da arte ocidental, cujas traduções começaram a ser gradualmente publicadas nesta altura. No entanto, ainda nos dias de hoje, a escrita de muitas fases da história da arte chinesa no século XX, nomeadamente o período Yan'an, a "Revolução Cultural" e o período contemporâneo pós-1978, causa ainda grandes dificuldades aos especialistas. De facto, é necessário ainda algum tempo até que, na China, a história da arte se afirme enquanto ramo de pleno direito no âmbito dos estudos históricos.

[2] J. L. Cranmer-Byng (ed.), *An Embassy to China: Being the Journal Kept by Lord Macartney During His Embassy to the Emperor Ch'ien-lung 1793–1794*, London, 1962, p. 340, cit. in Jonathan D. Spence, *The Search for Modern China*, Editora Yuandong de Shanghai, 2005, p. 140.

dos altos burocratas, durou praticamente até 1900, altura em que as forças Qing foram derrotadas pela Aliança das Oito Nações. Durante esse período, os esforços daqueles que, munidos de conhecimentos ocidentais e temendo pelo futuro do império, procuravam contrariar a falta de visão dos chineses, eram muitas vezes inúteis.

O principal objectivo da embaixada de McCartney era o estabelecimento de relações comerciais com a China, uma vez que os ingleses estavam convencidos de que o trato comercial entre o Império Britânico e a China era, na altura, bastante inferior ao que a China mantinha com os portugueses e holandeses que haviam chegado primeiro às suas costas. Na verdade, foi apenas em 1637 que um navio mercante britânico, o London, obteve autorização expressa para atracar em Macau e aí fazer comércio directo com a China. A atitude proactiva e assertiva da Grã-Bretanha é também um reflexo da imaginação e do fascínio pela China que predominavam na Europa, e que persistiriam até à segunda metade do século XVIII. É bem sabido que o livro das *Viagens de Marco Polo*, protagonizadas pelo mercador do mesmo nome (1254–1324), está na origem das mais antigas e persistentes ilusões europeias em relação ao Oriente, e no qual a China era vista como um símbolo de riqueza material e espiritual. Baseados nessa imagem, os europeus procuraram imitar e replicar a China nos mais variados domínios, desde a literatura, o teatro e a filosofia, até à arquitectura e aos utensílios do quotidiano, procurando manifestar em tudo o estilo e o gosto chineses. A pintura foi, sem dúvida, um importante meio de manifestação desta tendência que permeou a Europa do século XVIII e, também obviamente, a Grã-Bretanha. Porém, as influências entre civilizações não são unidireccionais. Por exemplo, em 1600, podemos já encontrar alguns ocidentais estabelecidos na China[1], e em 1687, Shen Fuzong (1657–1692), um chinês versado em latim, vivia já na Europa, embora nunca tenha regressado à China para partilhar as suas impressões desse continente longínquo. No mesmo ano, foi publicada a versão em latim de *Os Analectos* de Confúcio. No entanto, os relatos em primeira mão da embaixada McCartney, a somar ao crescente volume de informação sobre a China que ia chegando à Europa, colocaram um fim ao fascínio europeu pelo Império do Meio. Sob a perspectiva das relações globais entre as culturas oriental e ocidental, os ventos deixaram de soprar do Oriente para o Ocidente, passando a verificar-se a tendência inversa. Enquanto no século XVIII, pintores franceses incorporavam telas chinesas de múltiplos painéis nas suas pinturas a óleo, já no século XIX pintores chineses incorporavam a técnica da perspectiva em suas representações de pátios e faziam uso de tintas a óleo.

O presente livro compõe um relato histórico de imagens daquilo a que actualmente chamamos

[1] Os portugueses já se tinham estabelecido em Macau em 1535 (o 14° ano do reinado de Jiajing). Em 1564, Macau tinha crescido a tal ponto que "*numerosas casas foram erguidas e o número de estrangeiros atingiu perto de dez mil.*" (ver Pang Shangpeng, "Fu Chu Hao Jing Ao Yi Shu" (Contagem dos Bárbaros de Macau), compilado em *Baike Ting Zhaigao* (*Trechos do Pavilhão Baike*), vol. 1, publicado no 12° ano de Daoguang. Ver também "os Folangji" in *História dos Ming*. Mais tarde, em 1562, estabeleceram-se também em Macau os jesuítas. Com a chegada a Macau do visitador Alessandro Valignano, enviado pelo Geral da Companhia de Jesus, em 1578, a missão católica entrou num período de grande desenvolvimento.

de "arte". Durante muito tempo, certos aspectos essenciais desta narrativa histórica escaparam à compreensão clara do público em geral e, mesmo agora, permanecem desconhecidos para alguns investigadores de história da arte. Para estes investigadores, a principal corrente de pintura chinesa dos finais da dinastia Qing, ou deriva da pintura tradicional sob a influência dos "Quatro Wangs" que viveram no início dessa dinastia, ou então obriga-nos a aguardar a chegada das tendências da "pintura ocidental" que surgiram juntamente com os movimentos políticos e culturais do século XX. Apenas estes dois temas parecem poder tornar-se os principais focos da escrita da história da arte chinesa. Porém, o que resulta daqui é que se torna muito difícil escrever uma "história da pintura" do século XIX focada precisamente nesse século como um período histórico específico. Os valores culturais e as tradições associadas aos "Quatro Wangs" remontam às dinastias Song e Yuan e, como tal, deixa de fazer sentido falar-se da tradição dos "Quatro Wangs" enquanto principal tendência da história da pintura nos últimos cem anos da dinastia Qing. Por outro lado, as experiências de Xu Beihong, Liu Haisu, Lin Fengmian (e até mesmo de Li Tiefu, Feng Gangbai e Li Shutong) são relatos pertencentes à história da arte chinesa no século XX. A lista de pintores que viveram durante os trezentos anos da dinastia Qing é realmente extensa. No entanto, a maioria daqueles que faziam uso dos utensílios tradicionais (pincel, tinta, papel e pedra de tinta) para pintar sobre papel ou seda não fizeram senão, de facto, dar continuidade às técnicas dos "Quatro Wangs" e ir ao encontro das necessidades de lazer e dos gostos dos letrados ou burocratas. Chen Duxiu lembrou-nos certa vez que a maioria dos pintores tradicionais que se seguiram aos "Quatro Wangs" se serviam apenas das quatro principais técnicas de *lin* (cópia à mão livre), *mo* (cópia feita por traçado), *fang* (imitação) e *fu* (reprodução) para fazer réplicas de pinturas antigas.[1] Chen descartou praticamente esta tradição dos "Quatro Wangs" e excluiu-a de uma história que precisava de ser escrita com seriedade. Porém, quem está familiarizado com a pintura tradicional chinesa sabe que as técnicas mencionadas por Chen Duxiu não podem ser reduzidas a mera "reprodução", uma vez que os tipos de pincelada possuem nuances distintas que conferem a estas obras grandes implicações para o gosto e a educação culturais. No entanto, é também verdade que, até agora, esta tradição não tem visto um aumento significativo do espaço que lhe permita continuar a evoluir. Já no início do século XX, havia a opinião nos círculos intelectuais de que "*não havia pintura nos trezentos anos da dinastia Qing*" (Chen Xiaodie, 1897-1989), considerando-se, no fundo, a história da pintura chinesa do século XIX, durante os finais da dinastia Qing como uma tela em branco. A tradição pictórica associada aos "Quatro Wangs" pertence, obviamente, ao que hoje chamamos de arte. Ainda assim, no âmbito de uma história da arte centrada em "problemas" e "métodos", em materiais e em mudanças de paradigmas conceptuais, a maioria dos pintores que seguiram a tradição do pincel e da tinta podem, ainda assim, ser estudados do ponto de vista da história do gosto estético. Compor uma história da pintura no século XIX alicerçada unicamente nesta tradição do pincel e da tinta tem-se provado uma tarefa extremamente

[1] Ver Lang Shaojun e Shui Tianzhong (eds.), *Ershi Shiji Zhongguo Meishu Wenxuan* (*Antologia de Ensaios sobre a Arte Chinesa do Século XX*), vol.1, Editora de Pintura e Caligrafia de Shanghai, 1999, p. 30.

desafiadora. Por outro lado, a influência contínua da civilização ocidental na vida social, cultural e artística chinesas tornou-se cada vez mais discernível. Tal influência permite-nos encarar os contactos entre a China e o Ocidente, que ocorreram inicialmente através da missionação e do trato comercial, entre outros meios, como materiais históricos que se fizeram sentir em termos de imagens, métodos de produção, materiais e ferramentas, e que permitiram ir além da tradição do "pincel, tinta, papel e pedra de tinta".

A aceitação de culturas estrangeiras e das ideias que as sustentam surgiu e evoluiu constantemente, como exemplifica o tratamento benevolente do imperador Kangxi e a considerável confiança depositada em estrangeiros que serviam o império através da ciência e da tecnologia. Isso nos leva a pensar em como discernir ou determinar pinturas com significado histórico para construir uma compreensão e uma narrativa da história da arte. Além da influência subtil e contínua de civilizações estrangeiras na pintura tradicional, as obras daqueles que eram desdenhosamente rotulados de *"habilidosos, embora artesãos"* pelos literatos (ou as elites da cultura tradicional) (Zou Yigui: *Xiaoshan Hupu* (*Livro de Pintura Xiaoshan*) difundiram-se largamente nas cidades costeiras no século XIX. Essas obras devem merecer, obviamente, a atenção dos historiadores da arte nos nossos dias.

Uma análise da influência da pintura europeia na China deve começar com o trabalho dos primeiros missionários italianos em terras chinesas.[1] A documentação histórica, ainda que vasta e numerosa, leva actualmente os especialistas a considerar que o período que vai de Matteo Ricci (1552–1610) a Giuseppe Castiglione (1688–1766) constitui uma trajectória de investigação sobre a influência mútua da arte oriental e ocidental que tem início durante as dinastias Ming e Qing.[2] Tal trajectória exige ainda um exame mais aprofundado da documentação histórica, marcando o início de um diálogo renovado entre a China antiga e a civilização ocidental após a dinastia Yuan. No entanto, a influência dos esforços contínuos dos missionários foi confinada, em grande parte, à corte chinesa. Ainda assim, ao contrário dos europeus que chegaram no século XIX e que, com "navios fortes e canhoneiras", abriram completamente as portas da China, os missionários das dinastias Ming e Qing

---

[1] O primeiro destes missionários a chegar à China foi São Francisco Xavier (1506–1552), católico nascido em Espanha. Enviado à Ásia pelo império português, chegou ao Japão em 1549 e levou o cristianismo à ilha chinesa de Shangchuan em 1552. Infelizmente, faleceu nessa mesma ilha a 2 de dezembro do mesmo ano.

[2] O primeiro defensor do papel de Matteo Ricci na difusão da pintura ocidental foi Xiang Da, no artigo "A Influência do Ocidente na Arte Chinesa durante a Transição Ming-Qing" publicado no vol. 1, no. 2 da *The Eastern Miscellany* em 1930. No referido ensaio, Xiang Da afirma: "Matteo Ricci chegou à China em 1581, seguido pelo estabelecimento do catolicismo, através do qual foram introduzidos os saberes ocidentais. Foi também neste contexto que a arte ocidental foi introduzida na China, de modo que possamos dizer que a mesma começou com Matteo Ricci." A história dos contactos entre Oriente e Ocidente anteriores a este período, dependente das rotas terrestres, constitui por si só outro tópico de investigação. Porém, relativamente a esse período, é importante notar a falta de elementos específicos que confirmem a influência ocidental na pintura chinesa. Por exemplo, a origem dos padrões florais entrelaçados de estilo ocidental na cerâmica (como motivos de rosas gregas e romanas, de palmeiras e de videiras) não se encontra dentro do escopo do presente estudo.

chegaram à China trazendo a ciência e a cultura europeias, e contribuíram para conduzir esta nação antiga em direcção a uma nova civilização. No âmbito da pintura, os missionários deixaram um legado artístico impressionante na corte chinesa: desde obras originais trazidas do ocidente por Matteo Ricci, até ao equilíbrio de estilos e técnicas chinesas e ocidentais atingido por Castiglione e outros, juntamente com numerosos registos históricos e obras de arte de valor histórico por eles deixados. No entanto, em comparação com as "pinturas ao estilo ocidental" que surgiram nas comunidades costeiras no século XIX e as suas influências em matéria de temas, pontos de partida e metodologia, as obras dos pintores jesuítas são geralmente o resultado de estratégias forçadas de acomodação cultural que os missionários tiveram que adoptar. Em termos de ponto de partida e de finalidade, essas obras claramente não pertencem ao mesmo período histórico que aquelas que resultaram da influência da pintura europeia na China no século XIX.

A chegada de Matteo Ricci à China foi motivada e organizada por Alessandro Valignano (1539-1606), visitador jesuíta que havia estado já em Macau. Ricci foi destacado para estudar a língua chinesa, assim como os assuntos relacionados ao seu propósito missionário. Muito era esperado dos jesuítas, e a sua formação incluía filosofia, ética, lógica, matemática, física, assim como outros tipos de conhecimento que incluíam pintura. Suspeita-se que a pintura *Yeshu Pinglin Tu* (*Solar na Floresta*), datada dos inícios do século XVII e preservada agora no Museu da Província de Liaoning, seja da autoria de Matteo Ricci. Ainda que a nível técnico a obra revele influências da pintura tradicional chinesa, o uso da perspectiva na composição torna-a claramente distinta das pinturas tradicionais na China. A aparente influência europeia numa pintura dos inícios do século XVII remete claramente para o trabalho dos missionários. Ricci ensinou inclusive Xu Guangqi a colocar a geometria ao serviço da perspectiva na pintura:

> *Ao observar os olhos e os ângulos visuais, podemos usar a distância, a altura e as diferenças horizontais para determinar as proporções de círculos e cubos erectos em uma superfície plana, permitindo-nos medir objectos à distância e reproduzir as suas verdadeiras formas. Para imagens pequenas, o olhar do observador as faz parecer maiores; para imagens próximas, o olhar do observador as faz parecer mais distantes; ao pintar círculos, o olhar do observador os faz parecer esféricos; ao pintar retratos, podemos reproduzir características côncavas e convexas; ao pintar espaços fechados, podemos reproduzir luz e sombra.*[1]

A pedido de Matteo Ricci e de outros missionários, que haviam trazido cópias de retábulos de igrejas para a China, pinturas a óleo originais com representações da Virgem Maria foram enviadas da Europa para Macau para fins puramente missionários. Mais tarde, Ricci levou-as para a cidade de

[1] Xu, Guangqi, "Introdução aos Elementos de Euclides Traduzidos." em *Ming Qing Jian Yesuhui Shi Yizhu Tiyao* (*Resumos de Obras Traduzidas pelos Jesuítas durante as épocas Ming e Qing*), editado por Xu Zongze, Shanghai Century Publishing Group, 2010, p. 258.

Zhaoqing da província de Guangdong. Embora mantivessem a sua temática religiosa, estas pinturas imbuídas dos conhecimentos humanísticos do Renascimento eram mais acessíveis aos observadores. Os especialistas hoje consideram que esse tipo de pinturas produz efeitos de ilusão visual e possuem uma forte capacidade de persuasão, uma vez que as figuras são representadas de modo muito realista, como se se tratassem de pessoas vivas. Este efeito contribuiria para minimizar o sentimento de alienação cultural do observador chinês, tornando-o mais receptivo à conversão religiosa. Por fim, Matteo Ricci ofereceu de tributo ao imperador chinês as pinturas a óleo que trouxe da Europa e nas quais estavam representados Deus e a Virgem Maria.[1]

Dos esforços incansáveis dos missionários resultou uma grande narrativa histórica repleta de espírito de sacrifício. São inúmeras as figuras e os episódios de evangelismo representados através de pinturas ou da cartografia. No entanto, não dispomos actualmente de muita documentação e de artefactos físicos referentes às pinturas e cartografia desta época. A curiosidade do povo chinês, que outrora olhava com fascínio para essas imagens religiosas expostas em igrejas ou em locais de culto recém-estabelecidos, desapareceu gradualmente com o passar do tempo. Como únicos exemplos da influência da ocidental na pintura chinesa, temos somente as obras de dois dos assistentes de Matteo Ricci, Manuel Pereira Yeou (1575–1633) e Jacques Niva (1579–1638). O Retrato de Matteo Ricci da autoria de Manuel Pereira Yeou (datado de 1610 e conservado na sede dos Jesuítas em Roma), foi levado de volta para Roma em 1614 por Nicolas Trigault (1577–1628). A pintura São Miguel Arcanjo de Jacques Niva encontra-se ainda no Museu de Arte Sacra de Macau, mas muitas das pinturas ornamentais deste pintor de ascendência chinesa e japonesa, foram destruídas ao longo do tempo, juntamente com as igrejas que as albergavam.[2]

Não é exagero descrever os esforços de proselitismo dos missionários através de imagens como subtis como estrelas dispersas, e constantes como água corrente. Eles trouxeram da Europa muitos livros religiosos repletos de gravuras em cobre e ilustrações, que acabaram por influenciar os hábitos de interpretação visual do povo chinês. Devido ao número reduzido de missionários e aos riscos da viagem para a China, podemos supor que o fluxo de livros vindos da Europa tenha sido reduzido, ao qual se soma o desgaste derivado do seu uso constante pelos missionários na sua causa evangélica. Tal levou a que os missionários fizessem cópias à mão das imagens bíblicas, ou que as encomendassem a pintores chineses. Pode-se imaginar que este tipo de comissões tenha

[1] "Uma Pintura Contemporânea de Deus, uma Pintura Antiga da Virgem e uma Pintura Contemporânea da Virgem", conforme se pode ler no segundo volume de *Xi Chao Chongzheng Ji*, vol. II. Por "pintura contemporânea" entende-se o estilo predominante durante o período renascentista dos séculos XV a XVI, enquanto "pintura antiga" se refere ao estilo de transição da Idade Média para o início do Renascimento na pintura italiana, semelhante ao do florentino Cenni di Petro Cimabué. Ver Mo Xiaoye, *Shi Qi-Shi Ba Shiji Chuanjiaoshi Yu Xihua Dong Jian* (*Missionários e a Propagação da Pintura Ocidental para o Leste nos Séculos XVII e XVIII*), China Academy of Art Press, 2002, cap. 2.

[2] Tanto Manuel Pereira Yeou como Jacques Niva foram alunos do pintor e frade Giovanni Cola (1560–1626), que chegou a Macau com Ricci em 1581. Em 1582, foi enviado ao Japão pelos jesuítas como instrutor profissional de arte. Em 1614, refugiou-se em Macau vindo do Japão, e aí continuou a formar aprendizes.

permitido a influência mútua entre clientes e pintores comissionados, uma vez que, geralmente, o pintor chinês introduzia alterações formais ou até mesmo estilísticas na reprodução da imagem-modelo fornecida pelo missionário. As ilustrações que encontramos em *Cheng Shi Mo Yuan* (*Jardim de Tinta de Cheng Dayue*, pós-1605), compiladas por Cheng Yue e hoje conservado na Biblioteca Nacional da China, pretendem ilustrar a Paixão de Jesus, mas parecem ter sido modificadas, intencional ou inadvertidamente, pelos artistas encarregados pelo trabalho. Os pintores envolvidos, nomeadamente Ding Yunpeng, Wu Tingyu, Huang Lin, Huang Yingdao e Huang Yingtai, eram naturais da região de Anhui e podem ter recebido instruções de Matteo Ricci para modificar o trabalho.[1] Ao mesmo tempo, com a limitada habilidade realista dos pintores chineses da época e a precisão inferior da impressão em xilogravura em comparação com as gravuras em placa de cobre, o efeito da impressão em xilogravura era inerentemente mais próximo da tradição chinesa. As pinturas dos artistas chineses eram naturalmente capazes de exibir diferenças de temperamento e preferências estéticas devido aos hábitos e técnicas próprios que empregam, embora tentassem manter as formalidades da arte europeia na representação quer de figuras, quer de paisagens. Em *Song Nianzhu Guicheng* (*Regras para Recitar o Rosário*), o mais antigo livro ilustrado da doutrina católica em chinês publicado pouco mais tarde (por volta de 1619–1624), é possível que os alunos de Dong Qichang tenham ousado basear-se na sua própria imaginação para transformar as imagens de gravuras em cobre em xilogravuras chinesas. Como resultado, edifícios, peças de mobiliário e mesmo o terreno rochoso e montanhoso adquiriram características formais e um tratamento consoante ao gosto estético chinês. Por exemplo, os anjinhos mensageiros que descem das nuvens foram simplesmente transformados em pássaros, e a composição linear dissolveu todas as camadas do espaço tridimensional do original. Estas alterações parecem ter tido o propósito de facilitar a difusão dos ensinamentos cristãos na China, tendo os pintores envolvidos uma participação activa na transformação dos métodos de pintura ocidentais. No entanto, existem também casos de diferente índole. As ilustrações em *Fuyin Shishi Tujie* (*Vida de Jesus*), promovidas pelo padre jesuíta Giulio Aleni (1582–1649) e concluídas entre 1635 e 1637 com base na *Evangelicae Historiae Imagines*, mostram-nos um artista que procurava aderir o mais possível aos métodos de pintura ocidentais na representação de formas, arquitectura, figuras e paisagens. Neste caso, foram utilizadas ao máximo técnicas da pintura europeia como o chiaroscuro e a perspectiva; as formas criadas são relativamente precisas e não se verifica muitos traços de modificação, o que indica que, nesta época, os pintores chineses eram já capazes de reproduzir com fidelidade pinturas ocidentais. Porém, tal não significa que estes artistas possuíssem as noções aprofundadas de geometria, matemática e perspectiva que caracterizam a arte europeia do Renascimento. Para além disso, o

[1] Por exemplo, Ricci não pediu aos artistas chineses que retratassem as chagas nas mãos e pés de Jesus, nem a cicatriz causada pela lança do soldado romano. Isto é um indício claro da estratégia missionária de Ricci, que procurava evitar expor os observadores chineses aos elementos mais cruéis e impressionáveis da Paixão de Cristo. Em contrapartida, as obras originais destas imagens foram copiadas da *Evangelicae Historiae Imagines*, da autoria de Bernardino Passeri (1540–1596) e Maerten de Vos (1532–1603), que sem dúvida seguiam a imagem canónica cristã.

grau de modificação das gravuras estrangeiras por parte dos pintores chineses dependia obviamente das estratégias e necessidades de missionação de quem fazia o pedido. Este tipo de prática de pintura, desprezada pela maioria dos letrados e mandarins, foi apreciado pelo imperador em virtude dos esforços do missionário italiano Matteo Ripa (1682–1745). Para tal contribuiu o facto de Ripa ter usado materiais e métodos ocidentais para emular pinturas tradicionais chinesas e obter efeitos semelhantes aos das obras originais, levando a que o imperador passasse a apreciar a tecnologia ocidental de gravação em placa de cobre.[1] Aliás, foi precisamente a gravura em cobre de Matteo Ripa intitulada *Bishu Shanzhuang Sanshiliu Jingtu* (*Trinta e Seis Paisagens da Residência de Verão*), concluída em 1711 para o imperador Kangxi, que, contribuiu para a reprodução de temas seculares na pintura europeia através da imitação da pintura chinesa.[2] Especialmente durante o período Qianlong, o principal tema de pintura era os feitos dos monarcas e, por conseguinte, as gravuras em cobre do século XVIII que nos foram deixadas centram-se em temáticas da vida e carreira políticas da família imperial. Por outro lado, após a demonstração, nas cortes europeias, das *Trinta e Seis Paisagens* de Ripa e do seu subsequente *Huang Yu Quanlan Tu* (*Atlas Imperial da China de Kangxi*), as representações precisas dos jardins chineses em gravuras de cobre tiveram um impacto significativo na configuração dos jardins europeus. Como tal, estas impressões de cobre constituíram um elemento importante da moda da "Chinoiserie" na Europa. Porém, assim como aconteceu com outros missionários, apesar de as pinturas de Ripa na corte chinesa terem certamente influenciado os pintores chineses, quem perpetuou eficazmente a tradição europeia foram ainda os missionários devotos como Castiglione, Jean-Denis Attiret (1702–1768), Jean-Damascène Sallusti (? –1781) e Jgnatius Sickeltart (1708–1780), autores de *Pingding Xiyu Zhantu* (*Gravuras de Pacificação das Regiões Ocidentais*), produzidas por volta de 1765–1774. É claro que estas pinturas feitas por europeus não eram imunes aos gostos e exigências imperiais e, como tal, revelavam inevitavelmente influências da pintura tradicional chinesa.

Esta "convergência de Oriente e Ocidente" em território chinês teve por base o primeiro encontro do público com as pinturas ocidentais a óleo trazidas por Matteo Ricci quando este chegou à China para missionar. Considera-se que estas obras influenciaram os pintores chineses dos finais da dinastia Ming e levaram à incorporação dos gostos e técnicas da pintura ocidental.

---

[1] Matteo Ripa escreveu: "*[O Imperador] ordenou que os seus pintores chineses desenhassem uma paisagem para que eu depois a pudesse gravar em cobre. Assim que tal foi feito, mostrou-se o resultado, juntamente com a pintura original, a Sua Majestade, e este expressou considerável alegria e surpresa ao achar na cópia tão perfeita semelhança com o original, sem que esse último fosse danificado; pois era a primeira vez que via uma gravura em cobre...*" em *Memórias do padre Ripa Durante Treze Anos de Residência na Corte de Beijing ao Serviço do Imperador da China*. Seleccionado e traduzido do italiano por Fortunato Prandi, China, 1939, p. 66.

[2] A pintura original é da autoria de Shen Yu, utilizando técnicas de pintura paisagística. O imperador Kangxi revelou interesse pela gravação em cobre e pediu a Matteo Ripa que fizesse uma réplica da série. Como resultado, o imperador constatou que as gravuras em cobre eram mais fiéis ao original do que as reproduções resultantes da impressão em xilogravura chinesa.

Este impacto fez-se sentir primeiramente na pintura de retratos. Zeng Jing (1564-1647), que contactou diretamente com Ricci, foi um dos primeiros pintores a incorporar esta influência ocidental, tanto que fundou a "escola Bochen"[1], com um estilo de pintura caracterizado pela sua técnica única de "usar tinta diluída para representar sombras e contornos." Durante o início da dinastia Qing, e especialmente durante o reinado do imperador Kangxi (1662-1722), missionários como Johann Adam Schall von Bell (1592-1666) e Ferdinand Verbiest (1623-1688) introduziram pinturas a óleo ocidentais directamente na corte imperial, levando ao surgimento de pintores de retratos como Jiao Bingzhen, Leng Mei (c. 1669-1742) e Mang Heli (1672-1736), que faziam uso de técnicas ocidentais. Os pintores chineses eram naturalmente sensíveis ao gosto do imperador pelas formas precisas da pintura ocidental e, como tal, fizeram grandes esforços para as aprender. Basicamente, o século XVII foi um período no qual os missionários ocidentais não pouparam esforços para abrir caminhos na China e aí alcançar resultados frutíferos, e esses esforços renderam-lhes centenas de milhares de conversos, entre os quais se contavam altos burocratas, letrados, para além da população em geral.[2] Embora os "Quatro Wangs" ainda constituíssem a fonte de influência dominante para os pintores chineses[3], a influência dos missionários na cultura e nas artes foi tão profunda que, para designar as técnicas de pintura de

〔1〕 No seu "Estudo sobre a Introdução de Pinturas Estrangeiras na China", o historiador da arte e pintor chinês Pan Tianshou escreveu: "*Durante os primórdios da influência da pintura ocidental na China, aqueles que adoptavam técnicas ocidentais eram considerados como pertencendo à 'escola realista'. O pioneiro dessa escola foi Zeng Jing, natural de Putian durante a dinastia Ming.*" Ver Pan Tianshou, Apêndice, *Zhongguo Huihua Shi* (*História da Pintura Chinesa*), Commercial Press, 1982.

〔2〕 Em 1664, só o número de membros da comunidade jesuíta já atingia 114.200 pessoas. Ver Xu Zongze, *Zhongguo Tianzhujiao Chuanjiaoshi Gailun* (*Introdução à História das Missões Católicas na China*), 1938, edição contemporânea da Commercial Press, 2015. Célebre cientista dos finais da dinastia Ming, Xu Zongze era descendente de Xu Guangqi, um dos primeiros chineses convertidos ao catolicismo na China. Xu ingressou no noviciado dos Jesuítas e mais tarde prosseguiu estudos na Europa e nas Américas, onde obteve o seu doutoramento. Após regressar à China, actuou como editor-chefe da publicação *Sheng Jiao Zazhi* (*The Catholic Review*) e foi director da Biblioteca da Catedral de Santo Inácio. Ver também *Cartas Ânuas da China*, vol. 1 da edição japonesa, p. 73-77.

〔3〕 Os historiadores da arte destacam três pintores chineses do século XVII reconhecidos pelo seu estilo distinto. Wu Bin, activo no século XVI e nos inícios do século XVII, era conhecido pelos efeitos volumétricos das suas paisagens, que lembram a pintura paisagística ocidental. Já os trabalhos de Gong Xian (1618-1689) distinguem-se pela sua aplicação da técnica de chiaroscuro. Embora não seja possível provar que Gong tenha tido contacto com pintores missionários, podemos concluir pelos seus escritos que as suas técnicas resultaram da sua observação pessoal: "*Pinta-se a parte superior de uma rocha de branco, e de preto a parte inferior. O branco representa a luz, enquanto o preto indica a sombra. A superfície superior de uma rocha é quase toda plana e iluminada pelo sol; como tal, é branca. A parte lateral revela texturas, marcas de musgo ou áreas sombreadas que são representados a cor escura, também devido à ausência de luz solar.*" O terceiro pintor, Wu Li (1632-1718), foi ordenado padre católico e baptizado com o nome de Simão Xavier. Ainda assim, devido à sua educação tradicional e ao seu aprendizado junto de Wang Jian e Wang Shimin (dois dos "Quatro Wangs"), mostrou-se impermeável às influências da arte ocidental. A sua sensibilidade relativamente à pintura ocidental acabou por ser ofuscada pelo seu temperamento profundamente literário e académico.

retratos que adoptaram, os estudiosos da dinastia Qing cunharam categoricamente o termo "Haixi Fa". Esta designação significou o reconhecimento de um afastamento em relação aos métodos tradicionais da pintura chinesa, exemplificado pelo trabalho de Giuseppe Castiglione. O termo "Haixi"[1] era originalmente utilizado para descrever as regiões sob o domínio do Império Romano, e mais tarde passou a referir-se em geral às terras estrangeiras a Ocidente da China. Na China, nem o imperador, nem os seus súbitos ou pintores imperiais estavam expostos às tendências da arte ocidental, nem devem ter estado conscientes da viragem da arte renascentista italiana para o estilo barroco. Além disso, as pinturas religiosas trazidas para a China pelos missionários provavelmente aderiam ao espectro mais amplo da influência renascentista. De qualquer modo, a utilidade destas pinturas para os jesuítas era geralmente limitada à ilustração e reprodução de histórias com temas religiosos, propósitos que eram indiferentes a questões de estilo. Tal pode também explicar porque é tão difícil identificar tendências de estilo nas pinturas a óleo trazidas para a China pelos missionários ou nas da sua própria autoria. Esta fluidez estilística permitiu-lhes adaptar os seus métodos de modo a atender às exigências do imperador, mas, ainda assim, o realismo de representação e a aplicação da técnica de chiaroscuro da pintura ocidental cativaram a imaginação chinesa. A documentação histórica revela que o sucesso da conquista das Planícies Centrais, obtido através da imitação e melhoria do "Canhão dos Bárbaros" português, levou a que os imperadores da dinastia Qing como Kangxi conferissem grande importância no aspecto tecnológico da ciência ocidental. Já a teologia, porém, foi claramente marginalizada, como se depreende pela forma como o imperador Kangxi se dirigiu aos missionários:

> *Se vocês, ocidentais, persistirem em agir como outrora e enviarem comunicações não autorizadas, serão considerados agentes de desordem e não mais bem-vindos no Império da China. Com a excepção dos artesãos de proeza técnica, todos os outros ocidentais deverão ser expulsos sem hesitação e não mais autorizados a cá permanecer.*[2]

---

[1] Durante a antiguidade chinesa, o Império Romeno era referido como "*Da Qin*". No capítulo "*Da Wan Lie Zhuan*" do *Shiji* (*Registos do Grande Historiador*), pode ler-se: "*A norte fica o país de Yancai e Lixuan*". Em *Kuodi Zhi* (*Descrição Geral dos Territórios*) lemos: "*De acordo com a Breve História de Wei, 'Da Qin está situado a oeste de Anxi e Tiaozhi, para lá do Mar Ocidental. Por essa razão é também chamado de Haixi. Viajando directamente de barco desde as fronteiras de Anxi para Haixi, é possível lá chegar em três meses, com ventos favoráveis; se os ventos não estiverem de feição, a viagem pode levar um ou dois anos.'*" Pode também se ler no capítulo "*Nan Man Zhuan*" do *Houhanshu* (*Livro de Han Posterior*): "*No primeiro ano de Yongning, o rei de Shan, Yongyou, despachou enviados à corte imperial para dar felicitações... Eles afirmaram que eram gente de Haixi. Haixi é sinónimo de Da Qin.*"

[2] Liu Lu, "Kangxi Di Yu Xifang Chuanjiao Shi (O Imperador Kangxi e os Missionários Ocidentais)," in *Gu Gong Bowuyuan Kan* (*Palace Museum Journal*), 1981, no. 3. Na prática, daí em diante, o critério de aceitação de ocidentais baseou-se não nas suas qualidades missionárias, mas nas suas capacidades técnicas. Por exemplo, indivíduos como Joachim Bouvet (1656–1730), Jean de Fontaney (1643–1710), Louis Le Comte (1655–1728), Jean-François Gerbillon (1654–1707), e Claude de Visdelou (1656–1737), todos missionários jesuítas franceses, foram oficialmente aceites na corte imperial chinesa enquanto "Matemáticos Reais" nomeados pelo rei francês Luís XIV.

No que diz respeito aos padrões estéticos visuais, o imperador Kangxi não mostrou grande interesse em fortes efeitos tridimensionais e no chiaroscuro. No mínimo, não parece que o imperador tenha desenvolvido o hábito de os apreciar visualmente. Portanto, as expectativas imperiais para os pintores missionários derivavam naturalmente dos hábitos e tradições de visualização chinesas. Isso teve um impacto directo no trabalho de Castiglione, que passou a pintar retratos partindo de uma perspectiva frontal, reduzindo a sensação volumétrica e achatando-os. Podemos compreender que o traço da pincelada deste pintor missionário não foi preservado. Esses métodos de expressão mais suaves resultavam em imagens que iam mais ao encontro da estética visual do povo chinês, e que são o produto mais óbvio da transformação da pintura ocidental. Obras como essas são até consideradas como um estilo distinto. O francês Jean Denis Attiret e o missionário alemão-boémio Ignatius Sichelbart adoptaram semelhantes estratégias de composição.

A postura adaptativa assumida por missionários como Castiglione no cumprimento de encomendas pode ser vista como uma manifestação, no domínio da pintura, da estratégia de adaptação de Matteo Ricci. As boas condições de vida e de trabalho dos pintores missionários na corte permitiam-lhes um elevado grau de paciência, mas tal não implica que as pinturas que iam ao encontro dos gostos do imperador fossem sempre produtos de um espírito satisfeito. Neste aspecto, a produção aparentemente eclética dos missionários não coincidia com a lógica evolutiva dos estilos de pintura na Europa, nomeadamente a passagem do Renascimento tardio para o Maneirismo ou o surgimento da arte barroca. Jean Denis Attiret, que dedicou toda a sua vida ao trabalho missionário, expressou muito claramente na sua correspondência a frustração que sentia na corte chinesa:

> *Só vos consigo escrever à custa de horas de sono, uma vez que não tenho um momento de sobra. Também para sair dos meus aposentos e entrar em outras partes do palácio é necessária autorização... Uma vez que o Imperador nos visita quase diariamente, temos que nos apresentar ao trabalho todos os dias. A menos que o objecto da pintura não possa ser trazido para o palácio, nenhum de nós pode ir muito longe, porque somos sempre escoltados no nosso caminho por uma trupe de eunucos. Temos que andar sempre rápida, mas suavemente, deslizando na ponta dos pés, como alguém que cometeu alguma travessura.*[1]

Attiret expressou várias vezes a sua raiva e desespero por não lhe ser permitido pregar na corte.[2] Apesar do entusiasmo dos missionários pela arte—como o "extremo amor" de Matteo Ricci pela

〔1〕 Zhu Jing (ed.), *Yang Jiao Shi Kan Zhongguo Chaoting* (*A Corte Imperial Chinesa aos Olhos dos Missionários Ocidentais*), Shanghai People's Press, 1995, p. 199.

〔2〕 *"Haverá algum fim para esta farsa? Tão longe da Casa de Deus, privado de todo o sustento espiritual, acho difícil convencer-me de que tudo isso é para a glória de Deus."*, escreveu Attiret em uma carta de 1754 a Joseph-Marie Amiot. Ver Sullivan, Michael "The Chinese Response to Western Art (A Resposta Chinesa à Arte Ocidental)." *Art International*, 1980, Vol. 24, no. 3–4, pp. 8–31.

pintura, que o mesmo expressou ao Superior Geral dos Jesuítas em 1606—cada um deles, de um modo ou de outro, sentiam frustração e ansiedade análogas aos manifestados por Attiret. Podemos afirmar com bastante certeza que missionários como Castiglione foram produtos da última esperança da missão evangélica e da sua insinuação ao desejo do imperador de se vangloriar da sua fama e glória nos tempos prósperos. Aceite na corte mais pelo seu talento como pintor do que pelo seu papel de missionário, Castiglione, cujo temperamento era gentil e cujas obras eram apreciadas pelo imperador Qianlong, arriscou-se a solicitar autorização para pregar quando o imperador estava a apreciar as suas pinturas. Embora não tenha sido punido Castiglione pela sua audácia, o imperador Qianlong ainda assim negou categoricamente a possibilidade da conversão do povo chinês ao catolicismo. Portanto, não devemos interpretar a tolerância dos imperadores chineses para com os missionários residentes na corte como uma forma de indulgência, mas sim acreditar no que nos diz Fang Hao:

> *O imperador Gaozong [Qianlong] nutria originalmente sentimentos contra estrangeiros e a sua religião. Portanto, se permitia a permanência de sacerdotes no palácio, era simplesmente por interesses pessoais, e estes eram empregados na reparação de relógios, na construção do Palácio de Verão, na realização de levantamentos e na elaboração de mapas, na criação de autómatos e na pintura de retratos. Também lhes era pedido que tocassem instrumentos musicais do Ocidente. Missionários que procuravam aliviar as dificuldades das práticas religiosas de várias províncias envolviam-se ocasionalmente em proselitismo secreto. Se fossem descobertos, algumas palavras de explicação podiam levar ao seu perdão, e era-lhes permitido passar os anos restantes no palácio. A sua experiência foi lamentável e louvável. No entanto, devido a esse arranjo, as belas artes ocidentais, incluindo arquitectura, pintura e música, não conseguiram penetrar prontamente no seio da população em geral. Tanto o Imperador Kangxi como o Imperador Qianlong foram responsáveis por isto, uma vez que dificultou a disseminação mais ampla da influência artística ocidental.*[1]

Portanto, graças ao seu talento e à predilecção do imperador Qianlong pela estética ocidental, Castiglione estabeleceu-se em um período peculiar. No entanto, ao examinar as suas realizações e as de outros missionários, descobrimos que os esforços para acomodar os gostos do imperador não foram continuados nem se desenvolveram num estilo distinto. Os trabalhos subsequentes de Joseph Panzi e Louis Poirot (1735–1814), feitos em colaboração com pintores chineses, apenas podem ser considerados uma continuação do estilo de Castiglione. De facto, em 1785 e 1811, tanto o imperador Qianlong como o imperador Jiaqing emitiram regulamentos punitivos contra as actividades missionárias. Com a proibição definitiva da missionação e a restauração dos gostos tradicionais

〔1〕 Fang Hao, *Zhong Xi Jiaotong Shi* (*História dos Contactos entre a China e o Ocidente*), Editora Yuelu, 1987, p. 960.

durante o período Jiaqing, o estilo ao pintura ocidental, cujo âmbito estava originalmente limitado à corte, tendeu gradualmente a desaparecer.[1]

Em 1798, foi concluída a impressão de uma série de chapas de cobre intituladas *Pingding Xiang Qian Chuan Miaozu Qiyi (Pacificação das Revoltas dos Miao em Hunan, Guizhou e Sichuan)*, que celebravam as realizações militares do imperador Qianlong. O mesmo ano marcou também o início de uma reavaliação da China pelos europeus, que tiveram acesso à leitura de *Yingshi Yejian Qianlong Jishi (Um Relato Autêntico de uma Embaixada da Grã-Bretanha ao Imperador da China)*, publicado em 1797. Presume-se que a moda da "Chinoiserie", tão em voga na altura, tenha começado a decair rapidamente a partir desta data. Por outras palavras, ao mesmo tempo que o imperador chinês louvava e promovia as suas realizações militares, os países europeus davam já os primeiros passos em direcção à Revolução Industrial. Tal contraste não pode ser explicado apenas por diferenças de modelos culturais e de desenvolvimento entre países, antes deve ser considerado como um reflexo das atitudes de uma nação e de um povo relativamente à sua sobrevivência e progresso futuros, e aos consequentes resultados que estão preparados para enfrentar. Antes de 1793, os europeus, incluindo o próprio George Macartney, eram ainda muito influenciados pelos elogios à China difundidos por elites e intelectuais europeus como Gottfried Wilhelm Leibniz (1646–1716) e Voltaire (François-Marie Arouet, 1694–1778). Porém, após 1793, os membros da embaixada britânica tomaram consciência de que o "navio" imperial chinês poderia "ficar à deriva por algum tempo como um amontoado de destroços, para depois encalhar, despedaçado; porém, jamais poderá ser reconstruído sobre os seus alicerces antigos". Até então, o povo chinês vivia ainda sobre os seus "alicerces antigos". Os gostos da corte, dos letrados e dos mandarins continuavam fiéis às técnicas tradicionais da tinta e do pincel, sem estudarem de modo mais aprofundado as técnicas da pintura ocidental. No entanto, pode também constatar-se que o diálogo entre a China e o Ocidente, impulsionado pela abertura das novas rotas marítimas, não foi mais interrompido. As actividade dos missionários que chegavam à China através das rotas marítimas trouxe à corte chinesa a pintura ocidental, que acabou inevitavelmente por se disseminar através dos canais de tributo e das rotas comerciais, penetrando finalmente no seio da população comum. Mais

---

[1] As estratégias conciliadoras de Matteo Ricci e dos seus contemporâneos foram substituídas por uma abordagem mais ortodoxa por parte de missionários jesuítas posteriores, como Niccolo Longobardi (1559–1654). No entanto, nos séculos XVII a XVIII, a "Controvérsia dos Ritos Chineses" entre os missionários católicos, incidindo sobre se os rituais tradicionais chineses eram ou não conciliáveis com a doutrina católica, mostrou-se infrutífera na defesa das doutrinas clássicas. Na realidade, a fusão de ambas as civilizações foi, desde sempre, uma questão prática de grande complexidade política e cultural e para a qual, até hoje, não foi encontrada uma solução cultural. Tal se refletiu no domínio da pintura, onde as estratégias empregadas por Castiglione e outros para se adaptarem aos costumes chineses ainda encerram os dilemas enfrentados durante as suas actividades missionárias. Neste contexto, a maioria das técnicas empregadas por estes missionários devem ser encaradas como o resultado de um compromisso, em vez de uma assimilação independente e de uma preferência estética por elementos orientais, como se pode ver na obra dos seus contemporâneos europeus Peter Paul Rubens (1577–1640), Jean-Antoine Watteau (1684–1721) e François Boucher (1703–1770).

tarde, a evolução da pintura chinesa entrou em um contexto histórico mais secular. Conforme nos lembra Liang Qichao, a China tinha já, quisesse ou não, entrado no século XIX, uma era de contactos constantes com o mundo exterior. Enquanto os missionários residentes na corte imperial procuravam preservar cuidadosamente os métodos artísticos europeus e adaptá-los o mais possível aos gostos imperiais, a compreensão e a prática da pintura ocidental entre os chineses começaram também a mudar com o aumento do comércio mútuo e das trocas cada vez mais frequentes entre a China e o exterior, que surgiram primeiro nas comunidades costeiras. Essa mudança foi marcada por transformações históricas em termos de temáticas, técnicas, materiais e até mesmo estilos artísticos. A influência mútua entre as civilizações chinesa e ocidental no século XIX assumiu um tom distinto. Em contraste com a fantasia e admiração que os europeus nutriam pela cultura chinesa do século XIV ao século XVIII, a partir do século XIX, a influência mútua entre as civilizações chinesa e ocidental levou a que os chineses aprendessem e admirassem cada vez mais as práticas ocidentais.